오래된 여행자의
주제 넘는 여행기

이지상

의미와
재미

여행작가 생활을 한 지 30여 년째다. 그것이 되고 싶어서 여행을 한 것이 아니라 여행을 하다 보니 그렇게 되었다. 30대 초반, 몇 년 다니던 직장을 그만 두고 세계여행을 떠날 때는 집도 싫었고, 직장도 숨 막혔고, 내 나라도 답답했었다. 무조건 탈출해서 내 멋대로 세계를 떠돌고 싶었다. 그러나 여행은 거저 하나? 돈을 벌기 위해서 다시 돌아와 활동해야 했다. 하지만 마음은 늘 콩밭에 가 있었다. 여행을 나가면 숨통이 트이고 국내로 들어오면 다시 굴레에 들어온 느낌. 내 정체성과 나의 행복이 다 밖에 있는 것 같았다.

하지만 차차 생각이 바뀌기 시작했다. 부모님과의 이별, 나의 작은 병치레, 경제적 고민, 관계의 갈등 속에서 주눅 들어가던 나를 위로해준 것은 밖이 아니라 내가 사는 동네, 내가 자라온 도시, 우리가 살아가는 대한민국이었다. 익숙한 동네도 천천히 걸으면 잔잔한 기쁨이 솟구쳤고 훌쩍 기차나 버스를 타고 낯선 도시에 가면 가슴이 설렜다. 그 감동을 어떤 형태로든 표현해보고 싶었다.

코로나 시국이지만 마음을 가다듬고 다시 여행을 시작했다. 어떤 상황에서도 삶은 전진해야 하니까. 마음 가는 대로 2박 3일 정도 여행을 하고 나서 글을 썼다. 무슨 여행기가 될지, 어떤 주제가 될지도 모르는 상태에서 무조건 썼다. 늘 갔다 오고 나면 노래를 불렀다. 정말 우리나라는 아름답고 사랑스러워! 풍경도 아름답지만 험한 역사 속에서 버티고 생존해낸 우리가 자랑스러워! 그토록 벗어나고 싶어 했던 나의 터전이 이렇게나 자랑스럽고 아름다웠나? 여행을 본격적으로 하면서 '우리의 역사'가 보였다. 머리로 암기하는 역사가 아니라 느끼고 감동하는 역사였다. 쓰다 보니 내 과거의 경험들이 나를 인도한 것 같았다. 이상하게도 신라, 백제, 가야, 마한 지역을 많이 다녔고 탐라 왕국, 즉 제주도가 추가되었다. **그곳에 깃든 수수께끼 같은 역사적 상상력이 나를 흥분시켰다. 그것은 역사라는 이름의 시간여행이었다.**

유홍준 선생이 『나의 문화유산답사기』에서 한 유명한 말이 있다. "아는 만큼 보인다." 크게 공감하고 있다. 그 말을 모방해서 말한다면 "아는 만큼 느끼고 상상한다." 나는 학자가 아니라 발로 걸으며 체험하는 여행작가지만 더 느끼고 상상하기 위해서 공부했다. 평범한 도시의 거리에서, 작은 탑 앞에서, 폐허 속에서도 전율을 일으키며 감동한 것은 역사적 상상력 때문이었다. 나에게 역사적 상상력은 허구적인 이야기를 생산하는 힘이 아니라 역사의 현장에 몰입해서 느끼는 감동과 각성을 현재와 연결시키는 힘이다. 일단 저질렀던 여행은 다양한 주제를 넘나들었고 우리 강산과 사람들에 대한 사랑으로 끝났다. 이 책을 읽는 분들이 함께 그것을 느낀다면 더 바랄 나위가 없다.

한 분야를 깊이 있게 공부하는 학자들, 사명감으로 책을 번역하는 분들, 힘든 환경 속에서 일하는 출판인들, 역사 프로그램을 만드는 방송인들, 인류 문화의 유산인 지식을 독자들과 연결시키기 위해 애쓰는 도서관 사서들에게 감사를 전한다. 나는 수많은 이들의 수고에 나의 조그만 여행 체험을 결합시켰을 뿐이다. 작가의 뜻을 존중해 주면서도 좋은 조언을 해주고 멋진 책을 만든 출판사 '의미와 재미' 그리고 다리를 놓아준 여행작가 조현숙에게 감사를 전한다. **우연같으면서도 필연적인 일들이 세상에서는 일어나고 있다.**

참고문헌에 대한 소개

　역사 이야기를 찾다 보면 학술서, 논문은 물론 인터넷을 떠도는 주장들이 엄청나게 많이 보인다. 이런 설들을 적당히 '짬뽕'해서 소개하면 독자들이 혼란스럽게 된다. 그래서 가급적이면 『삼국사기』, 『삼국유사』, 『일본서기』 그리고 『조선왕조실록』 등의 원전을 중심으로 인용하고 차이가 있을 때는 비교 분석도 했다. 또 필요에 따라 역사학자들의 문헌을 참고했다. 독자들이 수많은 설의 숲속에서 길을 헤쳐가는 과정을 즐겨주시면 고맙겠다.

　『삼국사기』는 고려의 문장가이며 유학자인 김부식(1075-1151년)이 1145년에 편찬했는데 거기에는 「신라본기」, 「고구려본기」, 「백제본기」 등이 따로 실려 있다. 특별하게 신라, 고구려, 백제를 구분할 필요가 있을 때 빼고는 『삼국사기』라고만 밝혔다. 『삼국유사』는 고승 일연(1206-1289년)이 1280년대 무렵에 불교적 관점에서 편찬한 설화집 같은 역사서다. 역사서로는 낮게 평가되지만 문화, 예술로써 우리에게 더 가깝고 익숙한 책이다. 『일본서기』는 일본에서 720년에 편찬된 사서인데 백제, 신라와 관련된 왜곡과 허구적인 기록으로 인해 논란이 많다. 하지만 백제의 무령왕, 성왕 등에 관한 기록 등, 삼국사기보다 더 자세하고 정확한 부분이 있어서 또 일본 학자들이 주장했던 '임나일본부설'을 분석하기 위해서 참고했다. 『조선왕조실록』은 인터넷에서 접속하여 그 번역판을 볼 수 있었다.

　『삼국사기』, 『삼국유사』는 여러 번역판이 있는데 『역주 삼국사기 2, 번역편』(김부식 원저, 정구복 노중국, 신동하, 김태식, 권덕영 번역, 한국학 중앙연구원 출판부), 『삼국사기, 신라본기 1』(김부식 원저, 정민호 현토 및 주해, 문경현 교수 추천 및 감수, 명문당, 2020), 『삼국유사1, 2』(일연 저, 최광식·박대재 역주, 고려대학교 출판부, 2015), 『삼국유사』(일연 저, 김원중 옮김, 을유문화사, 2004)를 참고했다. 일본서기 번역판은 『역주 일본서기 1, 2, 3』(연민수·김은숙·이근우·정효운·나행주·서보경·박재용 저, 동북아역사재단, 2013)를 참고했는데 하나밖에 없는 것으로 알고 있다. 그 외 학자들의 참고문헌은 본문 중에서 각주로 밝혔다.

또 나름대로 인용하는 원칙을 정리했다. 신라 시절에는 지증왕 이전의 임금에게 거서간, 차차웅, 이사금, 마립간 등의 표현을 썼는데 모두 '왕'으로 통일해서 표현하고 괄호를 이용하여 다른 칭호를 언급했다. 또 익숙한 표현을 쓰기로 했다. 예를 들면 삼국사기에서 17대 '나물奈勿이사금'이란 표현은 생소했다. 학교 다닐 때 '내물奈勿왕'으로 배웠고 현장에 가면 내물왕으로 소개되고 있기 때문이다. 奈勿이란 한자를 '나물'로 읽는 것은 문경현 교수의 학설이라고 한다. '奈'가 부사일 때는 '내'로, 명사일 때는 '나'로 읽는다고 한다.

학술서가 아니고 대중서인데도 이런 방식을 택한 이유는 혼란스런 수많은 이야기의 숲에서 길을 잃지 않기 위해서였다. 역사, 특히 고대사에는 너무나 많은 설들이 있고 이런 것들이 대중서나 인터넷 또 드라마를 통해 각색되는 과정에서 왜곡된 측면이 많다. 우리가 알고 있는 상식 중에 허구가 많다는 것을 알게 되면서 조심스러워졌다. 더 자세하고 정확한 것을 원하는 분들은 직접 원전을 읽으시기 바란다.

차례

경상

경주 X 천년을 간직한
처음시간

죽음의 흔적은 평화롭고,
삶의 몸짓들은 정겹다

———

7년 전 8월 중순, 경주 한낮의 무더위는 무자비했다. 뜨거운 햇살에 머리가 어지러울 정도였다. 비실거리던 나에게 한옥 도서관 겸 카페인 '문정헌'은 오아시스였다. 통풍이 잘되는 곳에서 바람을 쐬며 아이스 아메리카노를 마시니 살 것 같았다. 문정헌은 2012년 경주에서 개최한 국제 펜대회를 기념해 만든 도서관으로 2013년 6월에 준공된 곳이었다.

2021년 5월 중순, 근처 게스트하우스에 짐을 풀자마자 찾아간 곳이 문정헌이었다. 건재한 모습을 보니 옛친구를 만난 것처럼 반가웠다. 커피

한 잔을 들고 고즈넉한 마당의 의자에 앉아 경주 지도를 펴놓고 작전을 짰다. 기온은 17도, 하늘은 맑고 바람은 서늘했다. 여정을 짜는 순간은 늘 가슴이 설렌다. 우선 박혁거세의 탄생지인 나정과 그가 묻힌 오릉을 가기로 했다. 여기서 3킬로미터니 걸어서 30분 정도. 처음 가는 곳이다. 여러 번 와본 경주지만 올 때마다 새롭게 여행을 시작하는 기분이다. 나오다가 그곳에서 일하는 여직원과 잠시 이야기를 나누었다.

"요즘 여기 사람들이 오나요?"

"몇 년 전에 황리단길이 뚫려서, 사람들이 거기 산책하고 나서 노동동, 노서동 가는 길에 문정헌에도 종종 들립니다. 황리단길, 꼭 가보세요. 바로 길 건너, 대릉원 옆으로 뚫린 길이에요."

황리단길? 예전에는 들어보지 못한 곳이었다. 대릉원을 끼고 잠시 걸어가자 "와, 경주에 이런 데가 있었어?"라는 탄성이 절로 나왔다. 아기자기한 카페, 빵집, 옷집, 초콜릿 가게, 셀프 사진관, 타로 카페, 호프집, 식당, 닭꼬치·쫀드기·액세서리 가게 등이 줄을 이었다. 단층집을 개조해서 만든 작은 가게들은 그리 화려하지 않았지만 경주 아닌가? 천 년의 고도, 고풍스런 유적지, 박물관, 절터, 오래된 한옥집, 찰보리빵, 황남빵 그리고 개발하지 못하는 낡은 집들이 가득한 경주에 이런 거리가 있다니. 대릉원 주변의 지역을 황리단이라 부르는데 실핏줄처럼 퍼져나간 골목길에는 고즈넉한 한옥 식당, 한옥 카페, 한옥 스테이 등이 들어서 있었고 벽화들도 보였다. 관광객뿐만 아니라 경주시민으로 보이는 사람들도 많았다. 개를 데리고 산책하는 커플들, 아이와 함께 걷는 엄마들은 하나같이 밝은 기운이 넘쳐 흘렀다.

관광객을 위한 멋진 건물만 있는 것은 아니었다. 세월의 흔적이 느껴지는 허름한 가정집들, 가겟집들도 섞여 있어서 편안해 보였다. 거리를 거닐다 루프탑 카페로 올라갔다. 2층 넓은 테라스로 나가니 하얀 구름이 둥둥 떠간다. 멀리 대릉원 쪽의 무덤들이 따스한 햇살 아래 평화롭고, 거리를 지나가는 사람들의 몸짓은 정겹다. 아, 마음이 편안해진다. 죽음의 평안함이 마음 속으로 스며들고, 충만한 삶의 기운이 죽음 너머로 확장된다. 눈을 감고 햇살을 쬐니 몸이 둥둥 떠오르는 것만 같다. 이 세계에 경주보다 더 장엄하고 화려한 유적지는 많다. 그러나 경주처럼 삶과 죽음, 전통과 현대가 자연스럽게 어우러진 곳은 드물다. 사랑스런, 경주. 이런 도시가 우리나라에 있다는 것은 얼마나 축복받은 것인가?

다시 길을 걷다가 쫀드기 가게에 들렀다. 어릴 때 종종 먹었던 추억의 불량식품. 그런데 아무도 없다. 가려고 하니 저쪽 30~40미터 떨어진 곳에서 웬 60대 아줌마가 소리치며 필사적으로 달려오고 있었다.

"잠깐만 기다려요! 기다려요! 기다려요!"

아줌마의 투지 넘치는 생존 의욕이 눈물겹다. 안 사면 큰일 날 것 같다. 그렇지. 두드리는 자에게 문이 열리는 법. 쫀드기를 사며 물었다.

"쫀드기는 뭘로 만든 거예요?"

"호박이요."

호박채를 기름에 살짝 튀겼다는데 쫀득쫀득하고 고소하다. 사실 맛보다 이야기를 나누고 싶어서 샀다.

"황리단길이 언제 생긴 거예요?"

"몇 년 됐지예. 여기 원래 무당들이 많았는데 다 도망갔어. 하하하."

"정부에서 쫓아냈나요?"

"아니, 집주인들이 쫓아냈지."

"어디로 갔을까요?"

"어디로 갔는지 몰라예. 하하. 싸악 다 도망갔어! 도망갔지!"

눈을 지그시 감은 채 아줌마는 웃어 가며 이야기를 했다. 하하. 무속인들과 안 좋은 감정이 있었나? 그러나 내가 보기에 점집은 다른 버전으로 등장하고 있었다. '타로점' 집들이 곳곳에 보였으니.

(2박 3일 후, 경주를 떠나기 전에 황리단의 어느 수제 맥주집에서 이른 저녁으로 버거와 맥주를 마셨다. 수제 맥주집 옆 식당에서는 오키나와 타코도 팔고 있었다. 경주에는 전통적인 찰보리빵과 황남빵이 굳건하게 버티고 있었지만 또한 이렇게 세계적인 것들이 함께 어우러지고 있었다.)

알에서 나온 박혁거세, 알이 발견된 우물 나정

약 1킬로미터의 황리단길을 벗어나자 한적한 들판이 나왔다. 길을 건너 계속 걷다 보니 왼쪽에 큰 무덤들이 보였다. 사람들이 봉긋하게 솟은 커다란 무덤 앞에서 사진을 찍고 있었다. 안내문을 보니 황남고분군이다. '신라 초기의 무덤들'이라고 적혀 있을 뿐 관광지가 아니어서 고요했다.

　다시 길을 따라 걸었다. 가끔 자전거 탄 노인이 길을 지나갔을 뿐 차량이 드물었다. 들판을 지나니 낮은 집들이 보였다. 번듯한 식당, 한옥 게스트하우스, 작은 민박집도 보였고 한옥 미용실도 있었다. 경주답다. 개천이 나왔다. 문천교를 건너 나정을 향해 계속 걸어 나갔다. 걷는 사람은 아무도 없고 차들만 씽씽 달린다. 경주는 관광지만 벗어나면 이렇게 한적한 들판이다. 주유소가 보였다. 지도를 보며 그 앞에서 왼쪽 산길을 올라가니 나정이 나타났다. 가로, 세로 1백여 미터 정도의 공간 안에 소나무가 그득했다. 하늘이 파랗고 새들의 지저귀는 소리가 상쾌했다. 오른쪽 구석에 우물터와 비석이 뉘어있었고 돌무더기도 보였다. 원래 누각이 있었는데 현재 보수 중인 것 같았다. 이곳이 바로 박혁거세 알이 발견된 '나정'이란 우물터다. 『삼국사기』「신라본기」에 보면 이렇게 나와 있다.

　"시조의 성은 박씨이고 이름은 혁거세다…. 왕위에 오르니 왕호는 거서간이다…. 이보다 앞서 조선 유민들이 산골에 흩어져 살며 6촌을 이루었는데…, 고허촌장이 양산 기슭을 바라보니 나정 옆의 숲 사이에 말이 꿇어앉아 울고 있었다. 즉시 가서 보니 큰 알이 있었다. 이것을 쪼개니 어린아이가 나왔다. 아이의 나이 10여 세가 되자 지각이 들고 행동이 숙성하여 6부 사람들이 높이 받들다가 13세에 이르러 임금으로 삼았다(기원전 57년)…. 큰 알이 박의 모양과 비슷하게 생겼으므로 그의 성을 박이라고 하였다. 거서간은 진한에서는 왕이라는 말이었다(혹은 귀인을 칭하는 말이라고도 한다)…. 재위 21년(기원전 37년) 성을 쌓고 금성이라 불렀다."

조선 유민은 고조선에서 온 유민을 말한다. 학자들은 고조선에서 내려온 유민들이 6촌을 이루어 살아가고 있을 때 더 발전된 문명을 갖고 내려온 북방 출신의 김수로 세력이 이들을 지배한 것으로 보고 있다.

나정에서 얼마 안 떨어진 곳에 육부전 사당이 있었다. 신라 3대 유리왕(이사금)이 여섯 촌장들의 신라 건국 공로를 인정하여 육촌을 육부로 고치고 각 촌마다 이씨, 최씨, 손씨, 정씨, 배씨, 설씨 등의 성을 내렸다고 한다. 유리왕 재위 9년, 서기 32년의 일인데 6촌은 서라벌 소국(사로국)이 형성되기 이전의 촌락 형태로, 촌은 면 정도의 영역을 가진 것으로 추정된다. 이런 6개의 촌락을 박혁거세가 지배하면서 현재의 군 또는 경주시 정도에 해당하는 서라벌 소국이 탄생한다.●

『삼국사기』에는 "중국 사람들이 진秦나라의 난리에 괴로워하여 동쪽으로 오는 사람들이 많았는데 그 다수가 마한의 동쪽에 터를 잡고 진한 사

●. ●● 『신라가 한국인의 오리진이다』 이종욱, 고즈원, 2012

람들과 더불어 섞여 살았다"는 기록도 있다. 중국의 진시황(기원전 221-207년)이 만리장성을 쌓으며 백성들을 괴롭히고 또 진시황이 죽은 후 항우와 유방이 싸우자 도망쳐 왔다는 것이다. 그래서일까? 경상도 말에는 성조가 남아 있어서 얼핏 들으면 중국어와 비슷하게도 들린다. 그러나 신라 사람들이 모두 진나라에서 온 사람들은 아니다. 기원전 12세기(더 올라갈 수도 있다)부터 기원전 2세기까지 지속적으로 외부인들이 온 것으로 본다. 기원전 2~3세기 중국의 진나라와 한나라가 교체되는 혼란기에 온 사람들, 고조선으로부터 온 사람들, 부여, 고구려, 백제의 성장 과정에서 쫓겨 온 사람 등이 여러 차례에 걸쳐 혼합된 것으로 보고 있다. 각 촌락에는 2,000명 미만의 인구가 살았을 것으로 추정하고 여섯 촌락으로 이루어진 소국 서라벌의 인구는 1만 명 정도로 보고 있다. 현재 한국인의 과반수가 이씨, 최씨, 손씨, 정씨, 배씨, 설씨 등 6촌에서 유래한 성씨와 외부에서 유입된 신라왕들에서 유래한 박씨, 석씨, 김씨 성이라고 한다. 거기에다 전주 이씨는 경주 이씨에서 갈라진 본관이고 전주 김씨도 원래 경주 김씨에서 갈라진 본관이며, 또한 위의 성이 아니더라도 안동 권씨 등도 신라인을 시조로 하는 성이기에 신라에서 유래한 성씨는 훨씬 더 많아진다고 한다. 역사학자 이종욱 교수는 이렇게 많은 이가 신라에서 기원한 성씨를 갖고 있다는 것은 '한국인의 오리진이 신라에 있다'는 하나의 증거라고 말한다.••

하긴 백제가 통일했다면 현재 김씨, 박씨, 이씨보다 부여씨, 귀실씨,

흑치씨. 해씨 등이 많지 않을까? 물론 신라에서 유래한 성씨를 썼다고 우리 모두가 그들의 자손이라고 말할 수는 없다. 백제, 고구려 영토 밑에서 다른 뿌리로 살아온 사람들이 나중에 그 성씨로 편입되었을 것이다. 한자식 두 글자로 된 세련된 이름과 성씨가 쓰이게 된 것은 통일신라 후기인 800년대부터라고 한다. 1500년대까지만 해도 성씨를 가지지 못한 층이 40퍼센트 정도였으며 1600년대까지만 하더라도 특별한 가문 빼고는 자기 증조, 고조할아버지를 아는 사람이 많지 않았다고 한다. 17세기만 해도 극소수 양반만 족보를 가졌으며 18세기 들어서 본격적으로 족보가 만들어졌다. 그러다 점점 족보를 사고파는 일이 흔해지면서 신분 상승의 수단이 되었다고 한다. ●●● 즉 성은 후대에 소급해서 붙인 경우가 많다는 것이다.

그렇다면 그 시절에는 성 없이 혁거세, 알지로 불리다가 800년대 이후 족보를 정리하는 가운데 박혁거세, 김알지라고 불린 것일까? 서기 32년, 유리왕이 육촌에게 성을 부여했다는 것도 만든 이야기이고 훗날 부여된 것인가? 아니면 그전부터 전해 내려오던 성씨를 정말 갖고 있던 것일까? 그 정확한 시기와 과정을 알기란 힘들지만 어쨌든 통일신라 후, 신라인들의 성씨 체계가 중심이 되어 많은 사람들이 모방하고 또 거기에 편입된 것으로 보인다.

●●● 『우리 성씨와 족보 이야기』 박홍갑, 산처럼, 2014

죽음과 탄생의 흔적들,
오릉과 알영정

———

　나정에서 10분 거리에 있는 오릉에는 신라 시조인 박혁거세왕과 그의 왕후 알영부인 그리고 2대 남해왕, 3대 유리왕, 5대 파사왕의 무덤이 있었다. 신라 초기의 박혁거세 가족의 묘다. 소나무로 둘러싸인 평화로운 곳이었다. 가장 왼쪽의 커다란 능이 박혁거세의 묘였다. 정말 이곳에 그가 묻혀 있을까? 부드럽게 솟아오른 무덤의 자태가 어머니의 가슴처럼 포근해 보였다. 안기고 싶다. 죽음이 이렇게 안식처럼 다가오다니. 떠나기가 아쉬워 자꾸자꾸 거닐었다. 다른 이들도 비슷한 심정인 것 같았다. 빙빙 돌거나 앉아 있거나 쉽게 떠나지를 못한다. 사람들이 많이 오는 유명한 곳이 아니라서 더 아늑했다. 그러나 역사를 알고 상상하면 한적한 이곳은 치열하고 드라마틱한 권력 투쟁의 현장이 된다. 오릉에 대한 『삼국사기』의 기록은 담담하다.

　"재위 60년 가을, 9월에 용 두 마리가 금성 우물에 나타나니 우레와 비가 심하고 성의 남문에 벼락이 쳤다."
　"재위 61년 봄, 3월에 거서간이 승하하여 사릉에 장사 지냈으니 사릉은 담암사 북쪽에 있었다."

　반면에 『삼국유사』의 기록은 뭔가 불길하다.

"나라를 다스린 지 61년 만에 왕이 승천했는데 7일 후, 그 몸이 흩어져 땅에 떨어졌으며, 왕후도 세상을 떠났다. 사람들이 한곳에 장사 지내려 하자 큰 뱀이 쫓아다니며 이를 방해했다. 그래서 머리와 사지를 제각기 장사 지내 오릉으로 만들었다. 이것을 사릉蛇陵이라고도 한다. 담엄사 북쪽의 능이 바로 이것이다. 태자 남해왕이 왕위를 이었다."

승천한 지 7일 후에 몸이 흩어졌고 머리와 사지를 제각기 장사지냈다? 사지가 해체되어서 하나로 합쳐 장사를 지내려 하자 큰 뱀이 방해를 했다? 섬뜩하다. 그럼 박혁거세의 능이 다섯 개가 되어야 하지 않나? 나중에 합쳐서 한 개로 만들었다는 기록은 보이지 않는다. 혁거세왕은 어떤 세력에 의해 시해당한 것이 아닐까? 함부로 그런 '썰'을 유포시키고 싶지는 않지만 옛사람들이 단지 재미로 이런 끔찍한 이야기를 만들었을까? 신라의 초대 왕인데. 물론 추정과 상상일 수밖에 없다.

오릉 근처에 박혁거세 왕비인 알영부인이 탄생한 우물터인 알영정이 있다. 대나무숲 뒤에 숨어 있는데 사당의 문은 잠겨 있었고 알영부인이 탄생했다는 글이 적힌 비석이 보였다. 그 앞의 문 위에 용이 그려져 있었다. 『삼국사기』에는 "박혁거세 재위 5년 봄, 정월에 용이 알영 우물에 나타나서 오른쪽 옆구리로 여자아이를 낳아서 한 할멈이 데려다 길렀으며 혁거세가 그녀를 받아들여 왕비로 삼았다"고 기록되어 있다.
박혁거세의 탄생지 나정과 왕비의 탄생지 알영정은 그리 멀지 않다.

그래서 나정에 기반을 둔 혁거세 세력과 알영정에 기반을 둔 왕비 세력이 연합하여 서라벌 소국을 만든 것으로 학자들은 추정하고 있다.

석탈해가 인도 타밀지방에서
왔을 가능성

오릉에는 1대 박혁거세와 왕비, 그리고 5대까지 박혁거세의 핏줄이 묻혀 있는데 중간에 4대 탈해왕(57-80년)만 쏙 빠져 있다. 물론 그는 박씨가 아니라 석씨다. 탈해는 62세에 즉위하여 23년 만에 세상을 떠났는데 『삼국사기』에 의하면 성의 북쪽 양정구에 장사지냈다. 하지만 지금은 월성에서 떨어진 북쪽 산기슭에 있다.

『삼국유사』의 기록에 의하면 탈해왕의 유해는 곡절이 많았다. 죽은 후, 신의 명령으로 무덤을 파내고 뼈를 부수어서 소상(찰흙 형상)을 만들어 궐내에 모셨다고 한다. 탈해왕의 두개골은 둘레가 3척 2촌(약 73.6cm)이고 몸의 뼈의 길이가 9척 7촌(약 2m23cm)이었다고 한다. 척이란 단위는 시대마다 조금씩 다른데• 그 시절과 근접한 '후한척' 즉 1척을 23cm로 보고 계산했다. 궁금해서 줄자로 내 머리를 재보니 58cm다. 탈해왕의

• 『백제사회사상사』 노중국 지음, 지식산업사, 2011에 의하면 중국의 경우 후한척(약 23cm)과 서진척(약 24cm), 동진척(약 25cm) 등이 쓰였다. 후한(25-220), 서진(215-316), 동진(317-429) 시대 중에서 탈해왕(재위 57-80) 시절은 후한에 해당한다.

머리 둘레는 나보다 15.6㎝ 정도가 크고 키는 현대인의 시각으로 보아도 엄청나게 크다. 그는 거구였다. 그는 묘한 인물이다. 『삼국사기』에 소개된 내용을 압축하면 이렇다.

"탈해 이사금이 왕위에 오른 나이는 62세. 성은 석이다. 탈해는 본래 '다파나국'에서 태어났으니 이 나라는 왜국의 동북쪽으로 천 리 밖에 있다. 그 나라 왕비가 임신한 지 7년 만에 큰 알을 낳자 왕비는 비단으로 알과 보물을 싸서 상자에 넣어 바다에 띄웠다. 그 상자는 금관국(가야)의 바닷가에 이르렀다가 다시 진한의 아진포 어구에 닿았다. 이때가 시조 혁거세 재위 39년(기원전 19년)이다. 해변에 사는 할멈이 궤짝을 열어보니 어린아이가 있어서 데려다 키웠다. 아이가 장년이 되자 키가 9척(약 2m7㎝)이나 되었다. 어떤 사람이 '처음 상자가 도착했을 때 까치 한 마리가 울면서 따라왔으니 까치 작鵲자에서 새 조鳥를 떼어내 석昔으로 성을 삼는 것이 좋겠고 또한 상자를 풀고 나왔으니 벗을 탈과 풀 해로 이름을 짓는 것이 좋겠다'고 말해 이름이 탈해가 되었다. 탈해는 고기잡이를 하며 학문에 전념하였다. 그는 꾀를 써서 호공이란 사람의 집을 빼앗았는데 이 땅은 뒷날 월성터가 되었다. 2대 남해왕 5년에 이르러 그가 어질다는 소문이 나자 왕은 자기의 딸을 그에게 시집보냈고 재위 7년에 그를 대보(현재 국무총리 정도)로 임명해 정치의 일을 맡겼다."

비슷하지만 조금 다른 이야기가 『삼국유사』「탈해왕」편에 실려 있다.

대부분 삼국사기와 비슷한데 여기서 탈해는 자신이 용성국 사람이며, 용성국은 왜의 동북쪽 일천 리 지점에 있다고 말한다. 탈해는 호공의 집을 뺏기 위해 먼저 집 옆에 숫돌과 숯을 묻고 다음 날 이른 아침에 그 집에 가서 조상 대대로 살던 집이라고 주장한다. 분란이 생기자 관청에 가서 자신의 집은 대대로 대장장이었고 잠깐 이웃 고을에 간 사이에 다른 사람이 집을 차지했다고 주장하며 땅을 파보라고 한다. 파보니 숫돌과 숯이 나와서 결국 집을 뺏게 된다.

『삼국유사』의 「가락국기」 편에는 다른 이야기가 실려 있다. 탈해는 가락국(가야)에 나타나 김수로왕에게 감히 '왕위를 빼앗으러 왔다'고 선포한다. 그 후 술법 겨루기를 하는데 탈해가 매로 변하면 수로왕은 독수리로 변하고 탈해가 참새로 변하면 수로왕은 매로 변했다. 그러자 탈해는 졌다고 선언하고 가야를 떠난다. 수로왕은 그가 머물며 반란을 일으킬까 걱정해서 500척의 배를 보내 그를 추격했으나 탈해는 계림(신라) 땅으로 갔다.

이처럼 탈해는 외부에서 온 사람임에 틀림없다. 일본학계에서는 다파나국이 큐슈의 구마모토 부근이거나 교토 서북방 해안으로 보는 설도 있고, 한국에서는 탈해의 출신지를 북방 흉노의 세력권으로 파악하기도 한다. 그가 처음에 와서 거주한 아진포는 어디일까? 경주의 동쪽 해안은 맞는데 영일군, 양남면 나아리, 감포 등 여러 설이 있다. 탈해는 철을 다루는 사람이었던 것으로 추정되는데 철기는 요즘 시절로 말하면 컴퓨터

같은 최첨단 문물이었다.

탈해는 훗날 자신이 왕이 되자 집을 빼앗았던 '호공'이란 사람을 '대보(국무총리)'로 임명했다. 호공은 이미 혁거세왕 시절부터 등장한다. 『삼국사기』에는 탈해가 신라에 오기 1년 전인 기원전 20년에 혁거세왕의 명으로 마한에 사신으로 갔으며 본래 왜인으로 박을 허리에 차고 바다를 건너왔기에 호공이라 불렀다는 기록이 있다. 탈해와 호공은 이전부터 서로 잘 알고 있었으며 집을 뺏고 뺏기는 것도 짜고 치는 고스톱 정도로 보는 시각도 있다. 탈해가 왕이 되자마자 그를 대보로 임명했다는 점을 보아 그렇다는 것이다. 그러나 집을 빼앗긴 호공의 원한을 누그러트리기 위해 대보라는 직책을 주었다는 설도 있다.

『삼국사기』에 의하면 2대 남해왕(4-24년)은 죽기 전에 너희 박, 석 두 성씨, 즉 아들과 사위 가운데 나이가 많은 사람이 왕위를 이으라고 유언했다. 그런데 좀 이상하다. 남해왕은 아들과 사위의 나이를 몰랐을까? 어쨌든 아들은 탈해가 덕망이 있다고 생각해서 그에게 왕위를 사양했다. 그러자 탈해는 성스럽고 지혜로운 사람은 이(이빨)가 많다는 말이 있으니 떡을 깨물어서 잇자국을 보자고 제안한다. 그런데 아들이 잇자국이 더 많아서 유리왕이 되었다. 김대문에 의하면 거기서 유래되어 잇자국이란 뜻인 '이사금'이 왕의 칭호가 되었다고 한다.

여기서 상상을 하게 된다. 2대 남해왕과 3대 유리왕은 탈해의 기운에 눌려 눈치를 본 것은 아닐까? 몸집도 거구고 최첨단 문물인 쇠를 다루는 인물이며 그를 지지하는 집단도 있었을 것이다. 현재 우리 정치판에서 일어나고 있는 갈등, 투쟁을 연상하면 충분히 있을 법한 상황이다. 유리왕은 탈해에게 왕위를 주지 않으면 자기 가족에게 미칠 후환이 두려웠을지도 모른다. 탈해는 이미 가야의 김수로왕에게 가서 왕위 자리를 내놓으라 하고, 꾀로 호공의 집을 빼앗은 전력이 있다. 인구 1만 명 정도의 촌락 사회에서 조금이라도 앞선 인물은 금방 두각을 드러내기 마련이다.

물론 개인적인 상상이다. 어쩌면 그 시절의 사람들은 정말 순박하고 공정해서 능력 있는 사람에게 지도자 자리를 양보하는 미덕을 가졌을 수도 있다. 탈해는 유리왕이 33년간이나 왕위에 있는 바람에 62세가 되어서야 왕이 되었으니 그의 인내심도 대단하다. 혹은 탈해는 이미 권력을 다 가져서 왕이 될 필요가 없었는지도 모른다.

그런데 〈뉴스메이커〉 687호(2006)에 보면 이런 기사가 나온다. 탈해는 인도 타밀 지방에서 왔을 가능성이 많다는 것이다. 그 기사를 작성한 캐나다 토론토의 김정남 통신원은 토론토대학의 남아시아연구센터의 학자들, 타밀어 교사, 힌두교 성직자 등 수많은 인도인을 직접 취재하고 여러 도서관 자료를 추적한 후, 석탈해가 왔다는 다파나국多婆那國 또는 용성국龍城國은 인도 남부 타밀 지역이라고 주장한다.

석탈해는 자신이 "숯과 숯돌을 사용하는 대장장이 집안"이라고 밝혔는데 석탈해의 성姓인 '석Sok'은 당시 타밀어로 '대장장이'를 뜻하는 '석갈린감Sokalingam'의 줄인 말이고 '탈해Talhe'는 타밀어로 '머리, 우두머리, 꼭대기'를 의미하는 '탈에'Tale'나 '탈아이'Talai'와 거의 일치하므로 '석탈해'라는 이름은 타밀어로 '대장장이 우두머리'를 가리킨다는 것이다. 더 나아가 석탈해는 인도 남부 '촐라 왕국' 출신으로 추정된다고 주장한다. 약 2000년 전 당시 타밀인이 세운 촐라 왕국Chola Kingdom은 세계 최고 품질의 철을 동서양에 수출하던 곳으로 추정되고 있다 한다. 또 3대 유리왕 때부터 쓴 '니사금Nisagum'(이사금)은 당시 타밀어로 '대왕A great king', 또는 '황제An emperor'라는 뜻이며 탈해에게 집을 뺏겼던 호공도 타밀 출신으로 추정하고 있다. 타밀인은 기원전부터 뜨거운 날씨 때문에 목을 축이기 위해 허리에 표주박을 차고 다니는 습관이 있는데 그렇게 하고 다닌 호공은 일본에 정착했다가 신라로 온 타밀인으로 보고 있다.

이런 주장이 뜬금없게 들릴 수도 있지만 1990년 8월 무렵, 인도 여행 중 남동부 타밀 지방(드라비다인들이 사는 곳)에서 타밀어와 한국어의 유사점을 많이 발견했던 나로서는 특별한 관심을 갖게 되었다. 첸나이 부근의 칸치푸람에서 힌두교 사원을 돌아보다가 만났던 현지인은 나에게 "헤이, 코리안 잉게 와, 헤이, 코리안 잉게 봐" 하는 말을 했다. 물어보니 '잉게 와'는 '이리 와'라는 뜻이고, '잉게 봐'는 '이것 봐'라는 뜻이었다. '와'와 '봐'라는 동사가 똑같은 것이다. 하도 신기해서 그와 낱말 맞추기를 했다. 엄마, 아빠는 똑같았고 벼는 비야, 쌀은 쏘루, 풀은 풀 등 그리고 '왕'이란 말도 같았다. 영어로 "이곳에서 킹이 연설했다"라고 말하더니 "왕, 왕" 그랬다. 영어로 킹이 타밀어로 왕이란 것이었다. 왕은 중국어인 줄 알았는데 타밀어도 같다고? 지금도 '왕'이란 말이 어디서 유래했는지 궁금하다.

깜짝 놀란 나는 한국에 돌아와서 마침 그 무렵에 발간된 언어학자 강길운 박사가 쓴 『고대사의 비교언어학적 연구』라는 책을 흥미진진하게 읽었는데 드라비다어가 한국어에 최소한 1300글자 정도가 들어왔다는 것이다. 가락과 가야는 모두 드라비다어로 물고기라는 뜻이며 지금도 인도에는 가야, 보드가야란 지명이 있다. 이 책에서 아빠(아빠), 아바치(아버지), 암마(엄마), 달(다리), 빨(이빨), 페이(피), 막(목), 마루(말, 언어), 난(나), 니(니, 너), 남(남, 타인), 날(날, 하루), 나르(나라) 등 수많은 단어의 예를 들고 있었다. •• 지금은 유튜브에서도 타밀어와 한국어의 유사한 단어를 발견하여 올리는 동영상들을 발견할 수 있지만 그 시절에는 충격으로 다가왔다.

그러나 탈해가 북방에서 왔다는 견해도 있다. 고고학자 김병모 박사에 의하면 알타이어의 한 종류인 몽골어로 탈한(또는 탈하이)이 대장장이라는 뜻이기에 탈해는 북방에서 왔을 가능성이 있다는 것이다. •••

어떤 설이건 나에게는 다 흥미롭다. 우리가 기존의 관점을 넘어서면 인식의 지평선이 넓혀진다.

그런데 나는 점점 단어의 유사성으로 수수께끼를 푸는 것에 대해 조심스럽게 되었다. 캄보디아 여행할 때 영어로 '러브(사랑)'가 캄보디아

•• 『고대사의 비교언어학적 연구』 강길운, 새문사, 1990
••• 『금관의 비밀』 김병모, (재) 고려문화재연구원, 2012

어로 '스랑'이란 말을 듣고 놀란 적도 있었다. 영어에도 유사한 우리말들이 보인다. '매니many'는 '마니(많이)'와 '고go'는 '가'와 '덩dung'은 '똥'과 음도 비슷하고 의미도 같다. 이런 것을 찾으면 꽤 나올 것 같다. 비슷한 영어 단어가 한국어에 있다고 해서 우리가 영어권에서 왔다고 할 수는 없다. 어차피 인류는 초기에 한 집단에서 퍼져나간 것으로 보기에 유사점이 있을 수밖에 없다. 그래서 많은 설을 흥미롭게 보면서도 단정을 짓기에는 머뭇거리게 된다. 하지만 탈해와 관련된 타밀어와 우리말이 비슷한 점이 많다 보니 탈해가 인도의 타밀 지방 출신 이주민이었다는 가능성을 떨쳐 버릴 수도 없다.

어쨌든 탈해는 외부에서 온 특이한 인물이었다. 신라, 가야, 백제 사회가 초기에 형성되던 것을 상상하면 매우 역동적이다. 신기술을 가진 다양한 집단들이 외부에서 들어와 사회를 혁신하면서 급속하게 성장했을 것이다. 그런 가운데 지배, 피지배 관계, 암투, 갈등이 생기고 박씨, 석씨, 김씨 세력들이 권력 다툼을 하며 역사가 전개되었다.

신라가 시작된 곳,
월성

———

교촌한옥마을은 고즈넉하다. 한옥 식당, 카페들이 들어섰고 옆으로는 남천이 흐른다. 근처에 원효대사가 물에 떨어진 다리 '문천교'가 있었다고 전해진다(현재의 문천교와는 위치가 다르다고 한다). 물에 빠진 원효는 요석공주가 사는 요석궁으로 모셔졌다. 요석공주는 무열왕의 딸로 남편이 백제와의 전투에서 전사한 과부였다. 그녀는 원효와 사랑을 나눈 후 설총을 낳았고 설총은 신라 10현 중의 한 사람이 되고 이두를 집대성한다.

어디선가 들려오는 가야금 소리를 들으니 춤추고 노래 부르는 원효대사가 골목길에서 나올 것만 같다. 이 근처에 있던 요석궁은 지금은 사라졌다. 다만 요석궁이란 고급 식당이 이름을 유지하고 있는데, 요석궁의 원래 자리는 경주 최부자집이다. 최부자는 신라 시대 사람이 아니라 조선 시대 사람으로 겸손하고 검소했으며 많이 베풀었다. 주변 100리 안에 굶어 죽는 사람이 없게 하고 손님들 접대가 후했다고 한다. 12대 동안 부자로 지내던 최씨 집안은 일제강점기에 재산을 독립군에 내놓고 광복 후에는 교육 사업에 전 재산을 기부했다고 한다.

근처의 월정교는 아름답다. 760년에 건립된 것을 복원한 월정교 앞의 징검다리에서 젊은 남녀가 사진을 찍고 있었다.

교촌한옥마을에서 월성月城으로 오는 길에는 해자 복원 공사가 한창이었다. 『삼국사기』에 의하면 5대 파사왕(이사금, 80-112년)은 101년 봄 2월에 성을 쌓고 월성이라 이름 지었으며 그해 가을 7월 월성으로 옮겨 거주하였다. 월성의 성벽 둘레는 1,841미터, 동서 길이는 860미터, 남북 길이는 260미터로 달 같은 모습이고 월성을 둘러싼 해자는 일직선으로 된 물길이 아니라 도랑과 연못으로 연결된 구지溝池(물을 모아 둔 곳, 연

1│2
3
4│5

1. 황리단길에서 황남맥주 한 잔 2. 날씨 좋은 봄, 가을 낮에 더 빛나는 황리단길 3. 박혁거세와 그의 가족들이 묻힌 오릉. 죽음이 안식처럼 편안한 곳 4. 경주 이씨, 최씨, 손씨, 정씨, 배씨, 설씨 등의 사당인 육부전 5. 박혁거세의 탄생지인 나정은 평화로웠다

못)의 구조였다고 한다. 약하던 서라벌 소국은 이곳에서 힘을 기르며 1세기 중반부터 4세기 중반까지 현재 경상북도 일대에 있던 진한의 소국들을 모두 정복하면서 영역이 직경 30킬로미터 정도로 확장되었다. 그동안 사라, 사로, 서라벌, 계림, 신라라고 불리었던 국호를 지증왕 3년(504년)에 '덕업이 날로 새로워지고 사방을 망라한다'는 뜻인 '신라'로 확정했다는 기록이『삼국사기』에 나온다. ●

좁은 언덕길을 따라 월성으로 올라가니 넓은 들판이 펼쳐졌다. 왼쪽 성곽 위에 벚나무들이 가득해서 봄이면 벚꽃이 휘날리는 곳이다. 이곳은 석탈해가 호공의 집을 뺏고 살았던 곳이기도 하다. 성곽 위에서 내려다보니 밑의 들판에서는 발굴 조사가 한창이었다. 계속 걸어가니 초승달 모양의 조각이 있었다.『일본서기』「신공기」에 보면 신이 나타나 신공황후에게 '처녀의 눈썹과도 같은 나라'로 쳐들어가라고 권하는 장면이 있다. 지형이 초승달 같은 성, 즉 월성이 있는 신라를 말했다. 조선 시대에는 지형을 반달로 보아서 월성을 '반월성'이라 불렀다고 한다. 그런데 월성은 첨성대, 동궁과 월지, 경주국립박물관까지 포함하는 넓은 지역이었다는 의견도 있다. ●●

이제 곧 해자가 복원되어 우리에게 공개될 것이다. 월성 근처를 걷다

●   「신라가 한국인의 오리진이다」이종욱, 고즈윈, 2012
●●   「선덕여왕의 비밀 코드, 첨성대」KBS 역사 스페셜, 2001. 4. 7일 방영

가 공사장 간판 사이로 안을 살짝 들여다보니 부드러운 언덕 밑에서 작은 호수들이 햇빛에 반짝이고 있었다. 이 공사가 다 끝나고 나면 월성의 해자 앞에는 유채꽃밭이 펼쳐지고 멀리 첨성대를 배경으로 벚꽃 잎이 날릴 것이다. 상상만 해도 환상적인 풍경이다. 꼭 봄에 다시 와 볼 것이다.

북방에서 온 김알지가
나타난 곳, 계림

———

예전에 경주를 걸을 때는 공교롭게도 여름이나 겨울이었는데 봄날에 경주를 걸으니 얼마나 좋은지 모르겠다. 똑같은 곳도 날씨에 따라 전혀 다르게 다가온다. 걸으며 '경주가 이렇게 아름다운 곳이었나'라는 감탄을 수없이 했다. 소나무 숲, 파란 하늘, 평화로운 개천, 소박한 꽃밭, 고즈넉한 한옥집과 무덤이 어우러져 어딜 가나 감동이 밀려왔다. 계림도 그랬다. 이 숲속에서 김알지가 탄생했다. 그것을 기념하기 위한 기념비를 모신 비각도 있는데 『삼국사기』에 이런 이야기가 나온다.

"재위 9년(65년) 봄 3월에 왕이 밤에 금성 서쪽 '시림'의 나무 사이에서 닭 우는 소리를 들었다. 날이 밝을 무렵 신하 호공이 가보니 나뭇가지에 금빛 나는 작은 궤짝이 걸려 있었고 흰 닭이 그 아래에서 울고 있었다. 궤짝을 가져와 여니 자태와 용모가 뛰어난 어린 사내아이가 들어 있었다. 아이는 자라면서 총명하고 지략이 뛰어나 그의 이름을 '알지'라고 하였다. 금빛이 나는 상자에서 나왔기 때문에 성을 김씨라고 하였고 '시림'을 바꾸어 '계림'이라 부르니 이를 국호로 삼았다."

왕은 길일을 택하여 알지를 태자로 책봉했으나 알지는 후에 파사왕에게 양보하고 왕위에 오르지 않았다. 알지 역시 외부에서 온 집단의 인물로 보인다. 태자로 책봉된 알지가 박혁거세의 자손인 파사왕에게 왕위를 양보한 것을 보면 석탈해는 새로 도래한 신흥 김씨 세력과 연합하려고 했다가 박씨에 의해서 좌절된 것은 아닐까?

문득 궁금증이 일었다. 도대체 박씨, 석씨, 김씨는 어떻게 왕 자리를 나누어 가졌을까? 신라왕의 즉위한 기간과 성씨를 꼼꼼하게 계산해보니 박씨가 처음에 115년, 석씨가 24년, 다시 박씨가 105년, 또 석씨가 78년 동안 왕이 된다. 즉 322년 동안 박씨, 석씨가 교대로 왕을 했다. 그후 박씨가 사라지면서 김씨가 23년, 석씨가 73년 동안 왕 노릇을 한 후 17대 내물왕부터 김씨 세습이 된다. 서로 견제와 균형 속에서 순환한 것을 알 수 있다.

한국에서 최초로 김씨 성을 가진 가야의 김수로왕과 그 뒤, 신라에 김알지가 나타나던 무렵, 즉 서기 1세기는 아시아의 정치적 격변기였다. 중국 한나라의 실력자였던 왕망이 전한의 평제를 죽이고 서기 5년에 '신' 나라를 세운다. 11년에 흉노가 한에 쳐들어오고 각지에서 봉기가 일어난다. 23년 왕망이 유현에게 패하여 죽고 25년에는 광무제가 즉위하여 후

한을 세워 한 왕조를 복원한다. 이때 왕망의 세력과 왕망의 인척 관계에 있던 세력들은 모두 죽임을 당하는 대학살이 발생했다. 이때 한국사에 김씨족들이 등장하는 것은 우연이 아니다.[●]

김알지는 김일제의 후손이라는 설이 있다. 김일제(기원전 134-86년)는 원래 흉노 출신으로 흉노의 번왕(변방의 나라를 다스리는 임금)인 휴저왕의 아들인데, 부왕이 한 무제와의 전투에 패하면서 14세에 포로로 끌려왔다. 이후 한 무제의 신임을 받아 전한의 관료로 일하면서 김씨 성을 받았다. 그 후 투후로 봉해지고 죽었는데 1세기의 혼란을 피해 그 자손들이 신라에 왔다는 것이다. 후일 그들이 김씨 성을 가진 왕이 되었고 신라 문무왕릉비에도 자신들은 '투후'의 자손이란 글이 적혀 있다고 한다. 하지만 그것이 김알지가 김일제의 후손이란 증거는 아니며 신라의 김씨 왕들이 자신들의 선조의 권위를 높이기 위해 만든 이야기일 수도 있다는 비판이 있다.

어쨌든 김병모 박사에 의하면 스키타이, 흉노 등 북방의 유목 민족들이나 신라 왕족들은 모두 금을 좋아했다. 알지는 '금빛' 나는 작은 상자에서 나왔는데 '알지'는 알타이 언어에 속하는 모든 종류의 언어에서 '금'을 뜻한다고 한다. 즉 알타이 언어의 알트-알튼-알타이-아르치-알지로 변한 것이라 주장하면서 김알지는 '금, 금'이란 뜻이고, 신라의 무덤에서 금제 유물이 많이 발견되는 것은 이런 이유 때문이라고 주장한다.[●●]

[●], [●●] 『금관의 비밀』 김병모, (재) 고려문화재연구원, 2012

하늘을 담고 있는 우물,
첨성대의 비밀

———

7세기 중반, 선덕여왕 때 만들어진 것으로 추정되는 첨성대는 1300여 년간 원형을 그대로 유지하고 있다. 몇 년 전 경주에 지진이 일어났을 때도, 779년에 100여 명이 사망하는 대지진이 일어났을 때도 첨성대는 무너지지 않았다. 〈KBS 역사 스페셜-선덕여왕의 비밀코드, 첨성대〉란 프로그램에서 그 이유를 밝히고 있다. 레이더 탐사법으로 첨성대 밑을 살펴보니 약 1.2~1.4미터 지하의 흙을 다진 후, 잡석을 깔아 기단석을 만들었다. 창문으로 보이는 곳까지 사다리를 타고 안으로 들어가니 거기까지 자갈과 흙으로 채워져 있었다. 우리가 흔히 창문으로 생각했던 곳이 사다리를 타고 들어가는 출입구였다. 중간부터 첨성대 꼭대기까지는 텅 비었고 상단부는 우물 정#자 형태의 장대석이 받쳐주고 있었다. 이런 구조가 첨성대를 지진과 비바람에도 견딜 수 있게 했다는 것이다.

첨성대 안의 중간과 상층부의 돌에는 사다리를 걸칠 수 있게 움푹 파인 곳이 있다. 거기에 지그재그 식으로 사다리를 받쳐서 올라갈 수 있게 했고 맨 위의 구멍에는 널찍한 돌판이 반만 깔려 있었다. 사람들이 꼭대기에 앉아 하늘의 별을 관측하며 별자리 그림을 그렸다고 추정하고 있다. 현재 별의 운행을 컴퓨터에 입력해 과거에 일식이 일어난 때를 추적해보니 『삼국사기』의 일식 기록과 정확히 맞았다고 한다. 신라인들이 첨성대

를 이용하여 일식, 혜성 등 별의 운행을 기록했다는 증거다.[●]

건국대 사학과 김기흥 교수는 첨성대의 기능 못지않게 그 시대 사람들
의 세계관, 종교관에 주목하고 있다. 『천년의 왕국, 신라』에서 그는 우물
정#자의 정자석이 놓인 첨성대 상단부의 형태가 김유신 집터의 우물터
재매정과 구조가 흡사하다고 말한다. 신라인들에게 우물은 지하 세계와
지상 세계를 연결하는 통로였다. 박혁거세 탄생 설화에도 나정이라는 우
물이 등장하고 왕비 알영도 우물 속에 있는 용의 옆구리에서 탄생한다.
신라인들은 지하 세계와 통하는 우물의 형태를 공중에 첨성대라는 형태
로 세워놓고 하늘과 소통하려 했다는 것이다.

첨성대는 선덕여왕과 밀접한 관련이 있다. 선덕여왕의 아버지 진평왕
은 스스로 백정(석가모니 아버지의 이름)이라 했고 왕비는 마야부인(석
가모니 어머니 이름)이라 했다. 그러므로 아들을 낳았다면 당연히 상징
적인 '석가모니'가 되는데, 딸을 낳았다. 첫 딸은 덕만공주(선덕여왕), 둘
째 딸은 천명공주였다. 주변에 성골 출신 남자들은 아무도 없었기에 덕
만공주가 선덕여왕이 되었지만 이찬 칠숙과 아찬 석품이 반란을 일으킨
다. 이들은 진골 출신으로 고위층이었다. 칠숙은 잡혀서 죽고 9족이 멸
해졌다고 하니 어마어마한 사건이었다. 선덕여왕 시절, 신라에는 안팎으
로 수많은 시련이 닥쳤고 임기 말에는 상대등 비담과 염종의 난도 있었

[●]　　『KBS 역사 스페셜–선덕여왕의 비밀코드, 첨성대』 2001. 4. 7일 방송

다. 진골들의 반란이었다. 이런 시련을 겪은 선덕여왕은 황룡사 9층 목탑, 분황사, 첨성대를 만들며 불법의 힘에 의지했다. 선덕여왕은 첨성대라는 하늘의 우물을 통해서 33천의 세계, 즉 도리천의 세계로 가고 싶어 했다고 추측한다. 도리천은 불교에서 세계의 중심이며 부처님이 존재하는 수미산의 정상에 있는 세계다. 그곳에 33신이 있으며 제석천이 다스리고 있다. 그 신앙은 지금도 이어지고 있다. 해마다 제야의 종을 33번 치는 것은 33 천신을 깨우는 의미가 있다고 한다.●●

이런 관점에서 보면 첨성대는 도리천의 세계로 통하는 통로다. 만약 신라인들이 별을 관측하는 기능성에만 중점을 두었다면 피라미드 꼴로 높은 단을 만들었을 것이다. 하지만 신라인들은 상징적인 하늘의 우물을 만들었기에 저런 원통형의 건축물을 세우지 않았을까?

그런데 〈KBS 역사 스페셜-선덕여왕의 비밀코드, 첨성대〉에서는 첨성대의 단층 수에 관한 비밀도 밝히고 있었다. 맨 아래 기단에서 중간에 있는 문까지가 12단이라고 한다. 그리고 문 위에서 꼭대기까지 12단이다. 12는 1년 12개월을 의미하고, 두 수를 합한 24는 1년의 24절기를 의미한다. 중간의 문은 3단으로 모든 것을 합하면 27단이 된다. 이것은 신라 선덕여왕이 27대 왕이었다는 것을 의미한다. 또한 첨성대를 이루고 있는 몸통의 돌은 세는 사람에 따라 달라지지만 대략 362~366개로 1년의 날자 수를 상징하는 것으로 추정하고 있다. 그런데 김기흥 교수는 밑

●●　　『천년의 왕국, 신라』 김기흥, 창비, 2000

의 기단 2개, 정상부의 기단 2개 등을 27개와 합하면 31개라는 숫자가 나오고 여기에 땅의 세계 하나, 하늘의 세계 하나를 합하면 33이라는 숫자가 나오며 이것은 33천, 즉 도리천을 상징하는 것이라고 설명한다. 사실 첨성대에는 이것 말고도 수많은 설이 있다. 그래서 단정적으로 말할 수는 없겠지만 나에게는 설득력 있게 다가왔다.

또 방송에서 실측을 해보니 첨성대 높이는 9.108미터, 맨 아래 지름은 4.93미터, 맨 윗단 지름은 2.85미터로 나왔다. 이것도 무슨 의미를 갖고 있는 것은 아닐까? 예전에 나는 캄보디아 여행기『혼돈의 캄보디아, 불멸의 앙코르와트』를 쓴 적이 있다. 그때 '엘리너 마니카Eleanor Mannica'라는 베네수엘라 출신 여성 학자가 쓴 『Time, Space and Kingship』이란 책을 참고하면서 '앙코르와트 수치의 비밀'을 알았고 그 수치의 비밀을 '힌두교의 세계관'과 연결시키는 작업을 하며 앙코르와트 구조의 상징성을 파악한 적이 있었다.

그때 생각을 해보니 문득 '큐빗'이란 단위가 떠올랐다. 엘리너 마니카도 처음에 앙코르와트의 구조를 미터로 계산했을 때는 아무 의미가 없었다고 한다. 그런데 여러 시도 끝에 1큐빗의 단위가 0.43545미터라고 추정한 후, 모든 길이를 환산하자 앙코르와트의 수치들은 힌두교와 관련된 의미있는 숫자로 재탄생했다. 예를 들면 건축물들의 길이, 높이 등에서 27/28큐빗, 32큐빗, 54큐빗, 108큐빗 등이 나타났다. 여기서 27/28큐빗은 아마도 음력 1개월을 나타내지 않을까 추정하고 있다. 또 앙코르와트의 중앙탑과 주변에 있는 4개의 탑, 제 1회랑으로 들어오는 4개,

즉 동서남북 문의 남북축과 동서축을 다 합하면 330큐빗이 나오며 그 안에 안치된 비슈누 신상(지금은 불상)의 동서축 5큐빗, 남북축 5큐빗을 빼면 320큐빗이 나온다. 그 외에도 수많은 상징적인 숫자가 등장한다. 1피엄은 4큐빗을 의미하는데 봉헌물 보관소에서 중앙탑까지의 길이는 33피엄이며, 거기서 비슈누신의 길이 1피엄을 빼면 32피엄이 나온다. 힌두교의 비슈누신 밑에는 32신이 살고 있는데 비슈누신까지 포함하면 33신이 된다. ●●●

이렇듯이 33천, 즉 도리천, 제석천 등 불교의 많은 숫자, 상징은 인도 힌두교에서 오는 것이 많다. 자세한 이야기는 『혼돈의 캄보디아, 불멸의 앙코르와트』에 썼지만 여기서 그 이야기를 길게 할 수는 없다. 그런데 첨성대의 길이를 그때 썼던 큐빗으로 나누면 무슨 수가 나올까? 신라의 첨성대는 7세기 중반에 만들어졌고 앙코르와트는 그보다 400년 뒤인 12세기 전반에 캄보디아에서 만들어졌으므로 도량형이 같다는 생각은 결코 하지 않았다. 그래도 호기심에 환산을 해보았다. 첨성대 높이 9.108미터를 0.43545로 나누니 20.91629. 반올림하면 21큐빗이다. 맨 아래 지름 4.93미터를 0.43545로 나누니 11.3. 이것을 11(혹은 12)로 보자. 맨 윗단 지름 2.85미터를 0.43545로 나누니 6.545. 이것을 7(혹은 6)로 보자. 이 숫자들을 모두 다 합해보니 21+11+7=39가 나왔다. 별 의미가 없다. 그런데 21+11하면 32란 숫자가 나오고(11.32를 12로 보면 33), 21+7 하

●●● 　『혼돈의 캄보디아, 불멸의 앙코르와트』 이지상, 북하우스, 2007

면 28(6.545를 6으로 보면 27)이란 숫자가 나온다. 계산을 해놓고 나서 나는 잠시 충격에 빠졌다. 단지 호기심으로 해본 건데 이렇게 나오다니. 이미 32, 33, 27, 28이란 숫자의 의미는 위에서 이야기했다. 물론 이 정도의 사실을 갖고 신라인들이 큐빗이란 단위에 의거해 첨성대를 만들었다고 주장할 수는 없다. 하지만 우연이라고 보기에도 석연치 않았다. 큐빗은 원래 고대인들이 쓰던 단위로 고대 메소포타미아 문명권에서도 썼는데 손끝에서 팔꿈치까지 길이다. 그러니 나라마다 시대마다 약간씩의 차이가 있을 것 같다.

이번에는 백제 근초고왕 시대 즉 4세기 말에 백제에서 쓰였다는 동진 척을 이용해서 나눠보았다. 그 척도에 의하면 1척은 0.25미터다. 그렇게 해보니 첨성대의 높이는 36척, 아래 지름은 20척, 위의 지름은 11척(12) 정도가 나왔다. 20에 11(12)를 더하면 31(32)이란 숫자가 나온다. 이것도 의미있는 숫자다. 첨성대를 만들었던 신라인들이 정확히 어떤 도량형을 썼는지 나는 모르겠다. 하지만 수많은 길이에도 의미를 담았을 텐데 그 도량형이 궁금하다. 누군가 연구했을지도 모르겠는데 여행작가인 나는 이쯤에서 멈추기로 한다. 첨성대에 관해서는 수많은 설과 상상이 있지만 전문가가 아닌 내가 뭔가를 주장할 영역은 아니다. 다만 호기심에 해본 것이다. (관심 있는 분은 나의 책 『혼돈의 캄보디아, 불멸의 앙코르와트』를 보시기 바란다.)

첨성대는 품위 있는 여인 같다. 선덕여왕을 보는 것만 같다. 아담하고 소박한 형태 자체가 사랑스럽다. 근처에는 탁 트인 벌판과 길이 있다. 계림과 월성은 첨성대의 바로 남쪽이고 근처에 국립박물관과 교촌한옥마을, 월정교가 있다. 북서쪽으로 올라가면 대릉원이요, 서쪽 길로죽 가면 황리단이 나온다. 동쪽으로 걸어가면 동궁과 월지가 나오고 거기서 북동쪽으로 조금만 더 걸어가면 황룡사지가 나오며 조금 더 북동쪽으로 가면 분황사가 나온다. 이 모든 곳이 첨성대를 중심으로 1~2킬로미터 반경 안에 있다. 하여 나는 늘 첨성대에 오면 경주의 중심에 온기분이 들었다.

낮보다 밤이 아름다운
동궁과 월지

———

'동궁과 월지'에 가니 오후 7시 15분에 불이 들어온다고 했다. 동궁과월지는 나에게 안압지로 더 익숙하다. 이곳은 원래 임해전이란 궁에 딸린 정원과 연못으로, 신선들이 사는 세상을 상징화시켜 만든 곳이다. 화초와 새와 짐승들을 길렀던 이곳에서 크고 작은 연회가 베풀어졌다. 이곳에는 바다로 상징되는 호수가 있고 그 안에는 신선들이 살고 있다는섬 세 개가 있었다고 한다.

1970년대 중, 고등학교 다니던 나는 이곳을 안압지雁鴨池라고 배웠었다. 기러기 안, 오리 압자를 써서 기러기와 오리가 노니는 연못이란 뜻이었다. 폐허가 된 연못을 조선 시대 시인들이 보고 그렇게 이름을 지은 것이라 추정하는데 발굴 유물에서 동궁, 월지라는 글자가 많이 나와 2011년 이름이 '동궁東宮과 월지月池'로 바뀌었다. 만약 임해전이란 궁과 전각이 다 복원된다면 얼마나 장엄하고 화려할까? 현재 누각은 세 개만 복원되었지만 중단된 상태다. 신라 시대에는 화려한 금빛 장식이 달려서 햇빛에 건물이 금빛으로 번쩍거렸을 것이라 추정되는데 조선식으로 하다 보니 그 멋이 나오지 않아 중단되었다고 한다. 신라의 화려함과 장엄함은 우리의 상상을 뛰어넘을 것이다.

동궁과 월지는 낮에는 몇 번 보았지만 밤에는 처음이었다. 어둠이 서서히 몰려오자 개구리들이 합창을 했다. 개굴개굴개굴… 오랜만에 들어보는 정겨운 소리다. 7시 15분이 되자 드디어 조명이 들어왔다. 전각과 연못과 숲이 빛에 물들기 시작했다. 어느새 사람들이 사진 찍기 좋은 곳에 빽빽하게 몰려 있었다. 점점 어두워지자 데칼코마니처럼 황금빛에 물든 누각이 못 속에서 모습을 드러낸다. 황홀하다. 불나방이 왜 불속으로 뛰어드는지 알겠다. 황금빛을 보니 가슴이 두근거린다. 자리를 옮겨가며 하염없이 사진을 찍었다. 밤이 될수록 현실은 판타지로 변해갔다. 황금빛, 초록빛에 물든 주변의 나무들이 요정처럼 보인다. 마법에 의해 나무에 갇혀 있는 정령들이 곧 깨어날 것만 같았다.

빛에 취한 나는 떠나고 싶지 않았지만 배가 고팠다. 시계를 보니 8시. 점심을 11시쯤에 먹고 많이 걸었더니 골도 아프다. 나는 동궁과 월지 근처에 간단한 스낵 파는 곳이라도 있을 줄 알았지만 자판기 음료수밖에 없었다. 첨성대 근처도 그랬다. 동궁과 월지, 첨성대 야경을 보는 사람들은 꼭 식사를 하고 와야 한다.

그러나 동궁과 월지를 나와 첨성대를 향해 걷다가 나는 다시 빛에 사로잡혔다. 길바닥에서 빛이 춤춘다. 빛으로 만들어진 동그란 원들이 노란색, 분홍색, 파란색들로 바뀌어 가며 사계의 이미지를 보여주는데 황홀했다. 우두커니 서서 빛의 향연을 즐겼다. 멀리 첨성대가 빛의 옷을 갈아입고 있었다. 발그레한 옷을 입고 있던 첨성대는 어느새 파르스름한 빛을 띠고 있다. 젊은 커플들이 첨성대를 배경으로 사진을 찍고 있었다. 실루엣이 예술이다. 다시 걷다가 왼쪽을 보니 계림의 고분들이 빛을 받으며 깨어나고 있었다. 죽음의 흔적조차 경주에서는 황홀하다. 길가의 스피커에서 고즈넉한 음악이 흘러나왔다.

배가 극심하게 고팠지만 잠시 길가의 벤치에 앉아 노래를 감상했다. 가사가 잘 들려온다. 무슨 드라마 주제곡이었나? "어여쁜 그대 모습, 단 한 번만이라도… 사랑 부르고 불러 봐도… 어디 있나요?" 여가수의 노래가 달콤하면서도 슬프다. 시내 쪽을 보니 집과 불빛이 보인다. 이쪽은 과거, 역사, 무덤, 죽음, 환상의 세계요 저쪽은 현재, 현실, 삶의 세계다. 그 중간에 앉아 노래를 듣는데 가슴이 울컥해진다. 사랑 노래가 너무 간절했다. 사실 인생, 뭐 별거 있는가? 살아보니 아무것도 없더라. 아무리 위대한 일을 했어도 사랑 없으면 껍데기요 아무리 잘 났어도 사랑 없으면 깡통이다. 허전한 이 세상, 사랑의 힘으로 버티며 사는 거지.

청보리밭에 취하고
분황사 향기에 취하고

———

　5월 중순, 분황사 입구에는 파르스름한 청보리밭이 펼쳐져 있었다. 분황사보다도 청보리밭에 감동한 사람들이 사진을 찍느라 정신이 없었다. 와, 경주 정말 멋있어! 역사 유적지, 무덤만 있는 것이 아니라 산과 들판과 유채꽃과 벚꽃과 이젠 청보리밭까지 있다.

　분황사는 27대 선덕여왕 3년, 634년에 세워진 아담한 절이었다. 1주일 뒤에 있을 초파일을 맞이해 알록달록한 연등이 많이 걸려 있었다. 모전 석탑은 남아 있는 신라 석탑 가운데 가장 오래된 석탑으로 돌을 벽돌 모양으로 가공하여 쌓은 탑이다. 네 모서리의 사자와 사천왕상이 인도의 힌두교 탑, 동남아의 불교 탑을 보는 느낌이 들었다. 1915년에 수리할 때 2층과 3층 사이에 있던 돌 사리함 속에서 타이완, 오키나와 등지에서 서식하는 조개껍질도 발견되어서 당시 신라의 대외 교역 상황을 알 수가 있다고 한다.

　『삼국유사』에 의하면 원효는 분황사에 머물며 '화엄경소'를 지었다. 원효가 입적하자 설총은 원효의 뼈를 잘게 부수어 만든 찰흙으로 원효의 얼굴을 빚어 분황사에 모셨고, 설총이 예를 올릴 때 어느 날 원효의 소상이 갑자기 돌아보았다는 전설이 있다. 국립경주문화재연구소의 『분황사 발굴조사서』(2005)에 의하면 현재 분황사의 모습은 옛 모습이 아니다. 창건 가람은 모전석탑을 중심으로 주변에 品(품)자 형태로 세 개의 금당이 둘러싼 1탑 3금당 형태였다가 훗날 1탑 1금당으로 변했다. 몽골 침입 후 중건하면서 세워진 금당은 초기 금당의 $\frac{1}{5}$로 줄어들었고, 임진왜란 때 소실된 후 다시 만들어진 금당은 그전 금당의 $\frac{1}{3}$이었다고 하니 초기 금당은 현재 보는 것보다 엄청나게 컸음을 알 수 있다.

『삼국유사』에 의하면 분황사에 그려진 천수대비 그림 앞에서 눈먼 다섯 살 난 아이가 어머니가 지어 준 노래를 부르며 자신의 눈을 뜨게 해 달라고 기도했고 소원을 이루었다고 한다. 현재 분황사의 보광전에 모신 약사여래도 병을 고쳐 주는 부처다. 안을 들여다보니 여자분 둘이 지극정성으로 절을 하고 있었다. 분황사芬皇寺는 이름도 곱다. '향기로운 임금의 절'이란 뜻이다. 전설에 의하면, 선덕여왕은 당 태종이 보낸 모란꽃 그림에 나비가 없는 것을 보고, 남편 없는 자신을 '향기 없는 꽃'이라 비웃는다 여겼다. 그런 선덕여왕이어서 절의 이름을 그렇게 지었을까? 분황사는 선덕여왕의 향기가 우러나오는 곳이다.

신라의 정신적 기둥,
황룡사 9층 목탑

———

분황사 앞 청보리밭 건너편 멀리에 건물이 보였다. 황룡사는 사라졌지만 그 터에 세워진 황룡사 역사박물관이다. 안에는 황룡사 목탑을 10분의 1 크기로 재현한 탑이 있다. 안내문을 보니 9층 목탑은 높이가 상륜

부 45척 포함하여 225척이고 그것을 '고려척'으로 계산하면 약 80미터가 나온다고 한다. 아파트 1층 높이를 대략 2~3미터로 본다면 약 30층의 높이다. 황룡사 탑을 상상하니 어마어마하다. 황룡사 9층 목탑은 7세기 무렵에 전 세계에서 가장 높은 목조 건축물이었다고 한다. 황룡사도 광대했었다. 동서 길이 288미터, 남북 길이 281미터이며 약 3만 평이라 한다. 상상을 해본다. 100미터 달리기 할 때가 기억난다. 288미터면 아득하다. 황룡사 역사박물관 근처의 드넓은 벌판이 다 황룡사 터였고 그곳에는 대웅전, 탑, 웅장한 건물들이 있었을 것이다. 상상력을 동원해야만 그 시절이 보인다. 12세기 후반, 고려 시대 문인 김극기는 황룡사 9층 목탑에 올라가 이런 시를 남겼다.

층계로 된 사다리 빙빙 둘러 허공에 나는 듯
일만 강과 일천 산이 한눈에 보이네
굽어보니 경주의 수없이 많은 집들
벌집과 개미집처럼 아득히 보이네

통일신라 시절 17만 호라고 했으니 한 집에 5, 6명씩 산 것으로 생각하면 인구가 백만 명 정도 되지 않았을까? 경주는 세계적인 도시였다. 그 시절 당나라 장안(시안) 인구도 100만 명이었다니 경주도 그에 못지않았었다. 경주 사람들은 눈만 뜨면 멀리서도 황룡사 9층 목탑을 보았을 것이다. 거기서 북동쪽으로 5백 미터 떨어진 분황사는 그 시절에 또 얼마나 거대하고 찬란했을까? 우뚝 선 황룡사탑, 곳곳의 절들, 거대하지만 부드러운 무덤들, 화려한 연못, 월성의 궁궐, 아름다운 첨성대, 드넓은 들판과 언덕, 나무, 숲, 평화로운 남천… 경주는 정말 아름다운 곳이다.

『삼국사기』에 의하면 진흥왕 14년(553년) 이곳에 궁궐을 건축하려다가 황룡이 나타나자 궁궐 대신 절을 짓기로 한다. 16년 후, 569년에 만들어진 이 절이 황룡사라 불리게 된 연유다. 또 5년 후인 574년에는 거대한 불상 '황룡사 장륙상'이 만들어진다. 장륙상은 높이가 1장 6척으로 4.5~5미터 정도 되는 불상이었다는데 『삼국유사』에 의하면 황룡사 공사가 끝난 지 얼마 되지 않았을 때 남쪽 바다로부터 큰 배 한 척이 하곡현의 사포에 정박했다. 안을 수색하니 편지에 이런 내용이 쓰여 있었다.

"서축 아육왕이 황철 5만 7천근과 황금 3만 푼을 모아 석가 삼존불을 만들려 했으나 이루지 못하고 배에 실어 띄우면서 축원하노니 원컨대 인연 있는 국토에 도달하여 장륙의 존귀한 모습을 이루소서. 아울러 불상 하나와 보살상 2개를 견본으로 실어 보낸다."

아육왕은 인도에서 불교를 크게 일으킨 아쇼카왕인데 그가 재위한 시기는 기원전 273-232년으로 오래전의 인물이기에 이 기록은 사실이 아니라고 한다. 인도의 아육왕도 못 만든 것을 신라 성골 왕들이 만들었다는 식으로 신성화시키기 위해 이런 이야기를 만든 것으로 추정한다. 지금 장륙상을 볼 수는 없지만 황룡사 역사박물관의 디지털 자료로 볼 수 있었다. 금빛 나는 불상이 황룡사 안에 안치된 모습은 장엄하고 황홀했다.

황룡사 9층 목탑은 황룡사 건립으로부터 76년이 지난 후에 만들어졌다. 선덕여왕(632-647년) 14년, 645년 3월에 세워졌다. 이처럼 황룡사, 황룡사 장륙존상, 황룡사 9층 목탑은 오랜 세월 동안 신라인들의 염원이 모인 정신적 지주였다. 선덕여왕은 매우 지혜로운 여인이었으나 어려운 시절을 겪었다. 특히 백제의 침략 때문에 늘 불안에 떨었고 주변 국가에서는 '여자가 왕이 되었다'고 경멸을 당한다.

『삼국사기』에 의하면 당 태종은 외침에 시달리는 신라에게 계책을 준다면서 "당나라의 왕족 중의 한 사람을 보내 그대 나라의 왕으로 삼게 하고 호위 군사를 보낼테니 그대 나라가 안정된 후 그대들 스스로 지키는 일을 맡기려 한다"는 치욕적인 제안도 한다. 『삼국유사』에 의하면 선덕왕 5년(636년) 자장법사가 중국에서 유학할 때 우연히 만났던 신령한 사람에게 "우리나라는 북으로는 말갈, 남으로는 왜국과 접하고 고구려와 백제 두 나라가 번갈아 국경을 침범해서 고통 받는다"고 하소연하자 신령스런 사람은 "여자가 왕이 되어 덕은 있으나 위엄이 없어 그러니 본국으로 돌아가, 황룡사 안에 9층 탑을 만들면 이웃 나라들이 항복하고 동방의 아홉 나라가 와서 조공하게 될 것이며 왕 없이도 영원히 평안해질 것"이라고 말한다. 그래서 643년, 자장이 돌아와서 왕에게 9층 목탑을 세우라고 권했다는 것이다.

또한 『삼국사기』를 쓴 김부식은 "남자는 존귀하고 여자는 비천하거늘 어찌 늙은 할멈이 안방에서 나와 나라의 정사를 처리할 수 있겠는가? 신라는 나라가 망하지 않은 것이 다행이라 하겠다"라고 말하며 여왕들을 매우 깔보았다. 신라는 선덕여왕 때까지만 해도 연호를 주체적으로 쓰던 국가였다. 그 다음 대인 진덕여왕(647-654년) 2년, 648년에 당 태종이 "어찌 신라는 대국의 조정을 섬기면서 따로 연호를 칭하는가?"라며 질책한다. 그 후 649년에 신라는 중국의 의관을 착용하고 650년부터 중국의 연호를 사용하기 시작했다. 김부식은 이런 신라를 또 비판한다. "변두리의 작은 나라로서 천자의 나라에 신하로 속한 자라면 진실로 사사로이 연호를 칭할 수 없다… 태종의 꾸지람을 듣고도 오히려 머뭇거리다가 이 때에 와서야 당나라의 연호를 받들어 행하였다." 이런 글을 보면 김부식이 '중국인'처럼 느껴진다. 고려건, 조선이건 유학자들이 얼마나 뿌리 깊은 사대주의 사상을 가졌는가를 알 수 있다.

그 시절 신라는 위기를 맞았었다. 『삼국사기』에 의하면 선덕여왕 11년, 642년에 백제의 의자왕은 크게 군사를 일으켜 서쪽 지방의 40여 성을 공격해 빼앗고 고구려와 공모하여 당항성을 빼앗아 신라의 당나라로 가는 길을 막았다. 또한 대야성을 공격해 김춘추의 사위 품석과 딸을 죽인다. 김춘추가 고구려에 협조를 요청했으나 거절당하고 갇히기까지 한다. 또한 선덕여왕 말년에는 신하 비담이 염종 등과 공모하여 여왕에 대한 반역을 시도했다. 선덕여왕은 이 와중인 647년 8월에 별세한다. 뒤를 이어 진덕여왕(647-654년)이 8년 동안 왕위에 있었고 그 다음에 김춘추가 태종 무열왕(654-661년)으로 왕이 되고 8년 동안 왕위에 있었다. 이때 백제를 멸망시킨다. 우리는 흔히 김춘추와 김유신을 칭송하지만 그들을 믿고 마음껏 활동하게 하고 키워준 사람은 선덕여왕과 진덕여왕이었다.

가장 약체인 신라는 이런 위기 앞에서 더 단결했고 강해졌다. 그 중심에 화랑정신과 호국 불교, 엘리트들의 희생정신이 있었다. 신라가 당나라 즉 '외세'를 끌어들여 통일했다는 비판을 받기도 하지만 그것은 지금의 프레임이다. 그 시절에는 서로 다른 나라들이 자기가 살기 위해서 노력했을 뿐이다. 그런 논리라면 백제 역시 외세인 왜를 엄청나게 끌어들였다고 비판받아야 한다. 신라는 고구려 멸망 후 나당전쟁을 치른다. 『삼국사기』에 의하면 675년 나당전쟁의 매소성 전투에서 당나라군 20만 명(일설에는 4만 명)을 공격해서 말 3만 380필과 엄청난 병장기를 획득했다. 이 전투에서 기병으로부터의 공격을 방어하는 긴 창을 사용하는 병법과 연속적으로 화살을 쏠 수 있는 무기인 '노'가 큰 역할을 했다고 한다. 그 후 당나라는 신라로부터 손을 떼고 안동 도호부를 평양에서 요동으로 옮긴다. 신라는 당나라의 군사를 잠시 이용했지 결코 굴복한 사대주의자들이 아니었다. 황룡사 9층 목탑은 어려운 시기에 국난극복에 대한 염원을 담은 탑이었다.

밖으로 나오니 탑이 있던 자리에 돌무더기들이 보였다. 안타깝게도 1238년 겨울, 몽골의 침입으로 황룡사, 황룡사 9층 목탑, 황룡사 장륙존상이 모두 불태워졌다. 역사를 지식으로 배울 때는 그런가 보다 했지만 직접 와서 보고 느끼니 너무도 원통하다. 몽골 사람들아, 왜 불을 질렀나? 몽골인들은 그 당시 이제 자기네가 주인이라고 외치면서 신라 백성들의 믿음, 가치관을 깡그리 무너트리기 위해 장엄한 우리의 유산을 불태웠을 것이다. 남대문이 불났을 때가 기억난다. 훨훨 불타는 모습을 텔레비전으로 보는데 가슴이 무너졌다. 그 시절 경주인의 심정은 어땠을까? 눈만 뜨면 보이고, 의지하던 황룡사 9층 목탑과 황룡사 장륙존상이 훨훨 불탈 때 세상이 무너지는 절망감에 빠졌을 것이다. 그 후에도 우리는 험난한 역사를 겪었다. 임진왜란, 병자호란, 일제강점, 한국전쟁… 그러나 우리는 다시 일어나 세계무대에 '우리 여기 있소' 하며 '대한민국'을 드러내고 있다. 대단한 민족이다. 남을 침략하고 정복해서가 아니라 끈질기게 버텨냈다는 점에서. 파란 하늘 밑에 우뚝 서 있던 황룡사 9층 목탑과 3만 평에 달하는 드넓은 황룡사를 상상하니 가슴이 벅차올랐다. 해외여행을 그토록 하면서도 이렇게 장엄했던 자랑스런 유산을 몰랐다니 부끄러웠다. 알기는 알았지, 머리로만. 그러나 이젠 가슴으로 느낀다.

죽음조차 아름답게 만드는 경주

———

대릉원은 신라 초기의 무덤들이 모여 있는 곳이다. 이곳은 밤보다 낮이 훨씬 좋다. 밤에 갔을 때는 운동하는 경주 시민들만 보였다. 낮에 오면 파란 하늘과 울창한 나무들이 반겨준다. 가야금 소리와 새소리가 촉촉이 길을 적셔 주는 낭만적인 곳이다. 걷다가 너무 좋아서 살이 떨렸다. 짜릿한 전율을 느끼며 행복감에 울컥울컥할 때가 종종 있었다. 단 혼자

다닐 때만 그렇다. 아내와 다니거나 친구와 다니면 그런 감정이 안 일어
난다. 외롭고 고독해야 '그 무엇'이 머리끝에 내려앉는다. 무덤 사이를 걷
다가 벤치에 앉아 스피커에서 나오는 가야금 소리를 들었다. 아름답다.
하여튼 경주는 아름답다. 눈으로든 귀로든 코로든 접하는 모든 것이 아
름답다. 몇 번씩이나 강조하고 싶은 말이다. 그런데 이것을 젊었을 때는
모르다가 중년이 되어서야 느끼게 되니 묘하다.

대릉원은 4세기 중반 내물왕을 시작으로 김씨 세력이 왕위를 장악한
후 크게 조성한 고분군이다. 22대 지증왕까지의 왕과 그 일족들이 묻혀
있다고 추정된다. 이곳에서 발굴된 곳은 천마총과 황남대총 뿐인데 나
머지 무덤들은 '어느 왕'이라고 추측할 뿐이다. 이곳에는 김씨로서 최초
로 왕위에 오른 (전) 13대 미추왕릉(261~284년)도 있고 황남대총도 있
다. 황남대총은 남쪽의 릉과 북쪽의 릉이 이어져 있는 독특한 무덤으로
남쪽 무덤에서는 남자의 뼈와 금동관이 나왔고 북쪽 무덤에서는 금관과
여성의 유물이 나와서 부부묘라고 여겨지고 있는데 17대 내물왕, 18대
실성왕, 19대 눌지왕 중 한 명으로 추정되고 있다.

그 옆의 천마총에 들어가는데 입구에 있던 여직원들이 모두 벌떡 일어
나며 '안녕하세요'를 외쳤다. 황송하다. 경주는 매표소 직원, 박물관 등
에서 일하는 사람들이 싹싹하고 친절하다. 경주시민을 대표한다는 사명
감과 자부심, 손님을 맞이하는 성실함이 느껴졌다. 경주 시민은 당연히
자부심을 가져야 한다. 이런 도시가 세계에 별로 없다. 중국의 자금성,

만리장성도 장엄하고 이집트의 룩소르 신전은 거대하고 왕들의 무덤도 독특하지만 도시는 번잡스럽다. 경주만큼 감동적이고, 아름답고, 평화롭고, 바로 옆에 온갖 유적지가 있는 도시는 별로 보지 못했다.

천마총은 5세기 말~6세기 초에 만들어진 것으로 왕 또는 왕에 준하는 신분의 릉으로 추정되고 있다. 1973년부터 발굴되었는데 황남대총 발굴 전에 경험과 지식을 쌓기 위해 발굴했다고 한다. 광복 이후 최초로 금관이 출토되었고 자작나무 껍질에 하늘을 나는 말이 그려진 말다래가 나와서 천마총이란 이름이 붙여졌다. 말다래는 말을 탄 사람이 안정을 유지하기 위해 말 등에 까는 것을 말한다. 그 외에도 출토된 말 눈가리개, 발걸이, 말방울 등은 신라인들이 북방계 기마민족이란 증거라고 한다. 금으로 만든 여러 가지 모양의 모자들도 전시되어 있었다.

흉노, 스키타이인, 훈족 등 북방의 유목민족들은 새를 신성시 했다. 신라도 마찬가지로 새를 신성시했다. 박혁거세도 새의 알에서 나오고, 석탈해 설화에도 까치가 나타났으며, 김알지는 우는 닭 위의 황금 궤짝에서 나왔다. 늘 새가 등장한다. 서봉총에서 나온 금관의 끝은 나뭇가지 위에 앉은 새의 모습이고, 천마총에서 나온 금제 관모에 달린 장식품도 새의 날개가 활짝 펼쳐진 모양이다. 통치자의 무덤에서 나오는 새는 사자의 영혼이 고향으로 돌아갈 때 안내해 주는 역할을 한다고 믿었다.●

한국의 솟대 신앙도 북방에서 유래된 것이라고 한다. 나는 시베리아

●　「금관의 비밀」 김병모, 고려문화재연구원, 2012

횡단 여행 중 부랴트 공화국의 수도 울란우데 근교에 있는 야외민속박물관에서 솟대를 보았었다. 나무 위에 만들어진 새는 영혼의 세계와 이 세계를 연결시켜주는 안내 역할을 하는데 그런 솟대를 경북 안동에서도 수없이 보았고 경주의 무덤에서 나온 금관에서도 본다. 그런데 유리잔, 야광 조개 국자 등의 유물들은 일본, 오키나와, 서역, 서아시아, 지중해 등지의 것들이다. 신라는 한반도 구석에 있었지만 지배자들은 저 광활한 북쪽 대륙에서 왔고 전 세계와 교역하는 열린 왕국이었다.

노동동과 노서동 고분은 언제 가보아도 여유롭고 평화롭다. 특히 큰 나무들이 무덤 위에서 자라고 있는 봉황대는 독특하다. 커다란 무덤 밑에서 깔개를 깔고 누워 책을 보는 사내가 있었다. 천년의 세월 밑에서 뒹굴거리는 사내, 그대가 삶의 승리자다. 내가 경주에 살면 저 자리는 항상 내 자리일 텐데.

경주는 계속 변하고 있었다. 곳곳에서 거리 미화작업을 하고 무덤 주변에는 게스트하우스, 모텔들도 생기고 있었다. 이곳에서는 무덤이 무섭지 않다. 죽음이 땅 밑에서 솟아올라 부드러운 동산이 되고 아름다움이 된다. 아름다움은 죽음조차 평화롭게 만든다. 무덤 사이에 벤치가 있고 아이들이 뛰어논다. 무덤은 죽어서도 휴식처, 살아서도 휴식처다. 경주는 아름다움 천지다. 경주에서는 살아가는 사람도, 방문하는 사람도 모두 아름답게 보인다. 경주는 역사, 문화, 자연, 사람, 음식 그리고 삶과 죽음이 모두 어우러진 아름다운 곳이다.

1.분황사의 모전석탑은 신라의 가장 오래된 석탑이다 2.첨성대 야경 앞에 서면 사랑하고 싶어진다
3.죽음이 안식처럼 느껴지는 대릉원

X 대왕암, 용의 전설

아름답고 굳센 여인을 닮은
감은사지탑

경주를 차 없이 여행하려면 느긋하게 기다릴 줄 알아야 한다. 아침 일찍 버스터미널 근처의 정류장에서 150번 버스를 기다리는데, 금방 왔다. 아, 이렇게 운이 좋을 수가. 지방에서는 버스가 자주 다니는 편이 아닌데. 오전 7시 15분. 버스는 텅 비었다. 분황사, 보문단지를 빠져 나와 선덕여고, 서라벌초등학교를 지나간 후 고불고불 산길을 오르기 시작했다. 계곡 사이에 길게 뻗은 고가도로 추령교가 나왔고 농촌 체험 마을도 나왔다. 산을 넘자 화랑고등학교가 나왔다. 학교 이름들이 다 고풍스럽다. 조금 더 가다 길미사 입구를 지나고 와읍을 지나자 평지가 펼쳐지면 서 대종천이 나왔다. 어일이란 마을을 지나는데 다방이 많이 보였다. 꽃 돼지 다방, 콩 다방, 차차차 다방. 옛스런 모습이다.

한 시간 정도 지나서 감은사지에 도착했다. 멀리 산기슭의 3층 석탑이 조그맣게 보였다. 천천히 걸어서 올라가니 아무도 없었다. 3층 석탑은 여전히 평화스럽고 단아하고 사랑스러웠다. 『나의 문화유산답사기』에서 극찬을 하고 있는 감은사지 3층 석탑. 이 탑에는 통일된 새 국가의 건설 이라는 힘찬 의지가 보이고 단아한 기품과 빼어난 미모를 모두 갖추었다 고 한다. 자연 풍광도 좋다. 앞에는 대종천과 넓은 논이 펼쳐져 있고 앞 뒤로 다 산이다. 햇살이 따스하고 바람은 시원하다. 닭 우는 소리, 개 짖 는 소리가 어우러지니 더 평화롭다.

근처에 앉아서 갖고 온 주스에 빵을 먹었다. 고요하다. 1300여 년 전 으로 돌아온 느낌이다. 3층 석탑 뒤에는 금당(본존불을 안치하는 곳)과 강당(불교를 공부하고 논하는 곳) 터가 있고 그 뒤쪽에는 대나무 숲이 우거져 있었다. 천천히 탑을 돌아보니 서쪽의 탑이 많이 갈라져 있었다. 세월의 흔적이 느껴진다. 금당 터에는 섬돌들이 드러나 있었고 바닥에 는 물이 드나들 수 있게 만들어둔 공간이 보였다. 『삼국유사』에 이런 기 록이 있다.

"사중기寺中記(절에 있는 기록)에는 30대 문무왕이 왜병을 진압하고자 이 절을 처음으로 짓다가 끝마치지 못하고 죽어 바다의 용이 되었다고 한다. 그 아들 31대 신문왕이 왕위에 올라 2년, 682년에 끝마쳤다. 금당 섬돌 아래를 파헤쳐 동쪽을 향해 구멍 하나를 뚫었는데 이는 용이 절에 들어와 서리도록 마련한 것이었다. 대개 유언으로 유골을 간직한 곳을 대왕암이라 하고 절을 감은사라고 이름 하였으며 뒤에 용을 본 곳을 이견대라고 한다."

고등학교 때 국사 선생님이 "얼마나 왜놈들이 괴롭혔으면, 문무왕이 죽어서까지 용이 되어 지키겠다고 했겠어?"라던 말이 지금도 생생하다. 이 절이 만들어지던 시절에는 바닷물이 '용혈'이라는 구멍을 통해 감은사까지 들어왔다고 한다. 감은사 앞이 지금은 논이지만 그때는 다 바다였다는 이야기다. 문무왕의 유골은 동해바다의 바위에 뿌려졌고 신라인들은 그가 용이 되어 이 감은사를 드나든다고 믿었다. 뱀이 아직도 있나? 예전에 같이 왔던 지인들이 감은사 탑안의 공간에 뱀들이 살고 있다며 호들갑을 떨던 생각이 났다. 26년 전의 이야기다.

용이 되어 나라를 지키리라,
문무대왕릉

문무대왕릉까지는 걷기로 했다. 지도를 보면 감은사지에서 문무대왕릉까지는 2킬로미터도 안되지만 좀 헷갈렸다. 이리로 가야 하나 저리로 가야 하나? 차들이 씽씽 달리는 차도는 불편하고 걷는 도로에는 풀들이

자라고 막힌 느낌도 들었다. 좀 헤매다가 결국 차들이 달리는 다리를 건
넌 후 길을 걸었다. 트럭들이 씽씽 달리는 불편한 길을 걸어 내리막길
로 내려가자 호텔, 편의점들이 보였고 더 내려가자 횟집들이 들어서 있
는 봉길해수욕장이 나왔다. 그곳에서 바다로 내려가니 멀리 바다 한가
운데 문무대왕릉(대왕암)이 보였다. 바람이 불고 파도가 거셌다. 그 바
닷가 의자에 앉아 물끄러미 대왕암을 바라보는 사내가 있었다. 무엇을
하고 있는 것일까? 바다 한가운데에 있는 대왕암도 파도를 맞으며 움직
이지 않고 있었다.

　『삼국사기』에 의하면 지금으로부터 1340년 전인 681년 7월 1일, 문무
왕이 별세했다. 왕의 유언에 따라 화장한 후 동해안 어구의 큰 바위에 장
사 지냈다. 저 안에 유골함이 있을까? KBS 역사스페셜 팀에서 대왕암
을 샅샅이 조사한 적이 있었다. 수중암 안쪽은 바닷물이 흐르게 되어 있
었는데 통로를 모래주머니로 다 막고 안에 고인 바닷물을 양수기로 빼내
고 보니 안쪽 밑바닥에 고인돌처럼 커다란 돌이 나왔다. 전문가들이 여
러 방법으로 조사한 결과 그 바위 밑에 유골함은 없는 것으로 추측되었
다. 아마도 유골을 그곳에 뿌린 후, 한쪽에 있던 커다란 바위를 조금 깎
아내어 그것이 미끄러지게 해서 바닥 한가운데에 고인돌처럼 눕혔을 거
라고 추정했다. 그러니까 자연을 이용하되 약간의 인공적인 힘을 가해
서 마치 고인돌 같은 형식을 갖추었다는 것이다.● 『삼국사기』에 보면 왕

●　　「KBS 역사 스페셜-최초 발굴, 신라 대왕암」 2001. 4. 28 방송

은 이런 유언을 남겼다.

"내가 숨을 거둔 열흘 후, 바깥 뜰 창고 앞에서 나의 시체를 불교의 법식으로 화장하라… 장례의 절차는 철저히 검소하게 해야 할 것이다."

문무왕은 평생 전쟁을 하며 살았다. 젊은 시절, 그는 자신의 누이와 매형이 대야성에서 죽는 아픔을 맛보며 절망에 빠졌고 백제를 멸망시키는 전쟁에 참전했다. 왕이 된 후에는 고구려와 싸웠고 삼국 통일 후에는 당나라와도 싸우며 세상을 뜨기 5년 전까지 전쟁을 했다. 『삼국사기』의 유언에는 『삼국유사』에서처럼 '왜병을 진압하고자' 바다의 용이 되었다는 기록이 없지만 왜의 위협은 충분히 느꼈을 것 같다. 신라는 과거에 왜의 침입을 수없이 받았다.

얼마나 왜병이 신라를 침입했을까? 궁금해서 『삼국사기』「신라본기」를 꼼꼼히 살피며 횟수를 세어보았는데 박혁거세부터 21대 소지왕 때까지 즉, 기원전 57년부터 500년까지 약 560년간 왜의 침입 기록이 24회나 발견되었다. 혹시 잘못 세어서 약간의 차이가 있을 수도 있겠지만 대략 맞을 것이다. 기간을 더 늘리면 더 많아질 것이다. 그 후 백제가 660년에 망하고 부흥운동을 일으키자 일본은 663년, 400척의 전함을 보내 백제 부흥군을 지원하지만 백촌강전투에서 대패한다. 그러자 일본은 당나라와 신라가 쳐들어올지도 모른다는 공포감에 전쟁을 대비한다. 하지만 일본의 걱정은 기우였다. 신라는 고구려 멸망(668년) 후, 곧바로 나당전쟁에 돌입한다(670-676년). 신라는 일본과 싸울 여유가 없었고 일본도 신라와 싸우기를 원하지 않았다. 문무왕 재위 10년, 670년에는 왜국이 사신을 보내 '해 돋는 곳과 가까이 있다'는 뜻의 '일본日本'으로 국호를 지었다고 통보도 한다. 이때부터 통일신라와 일본은 새로운 출발을 하고 사신이 오가며 평화로운 관계가 유지된다. 하지만 평생을 전쟁하며 산 그는 늘 국가의 안보가 걱정되었을 것이다.

까마귀들이 해변가에 많이 보였고 음식 찌꺼기도 보였다. 바닷가 횟집들 앞에는 특이하게도 방생 물고기를 판다는 글이 집집마다 붙어 있었다. 어딘가에서 징을 치는 소리가 들려왔다. 해변가 텐트 안에 고개를 숙인 사람들 몇 명이 있었고 그 앞에서 바다를 바라보며 징을 치고 주문을 외는 여인이 있었다. 무속인이었다. 가끔 신경질적으로 소리도 질렀다. 섬뜩했다. 바닷가 저쪽에서는 네 명의 여인들이 모여 바다를 바라보며 기도를 한다. 가장 왼쪽에 앉은 여인이 뭐라 외치고 세 명의 여인이 합장을 했다. 좀 떨어진 곳에서는 할머니가 먹을 것을 바닷가에 뿌리자 까마귀와 갈매기가 주변을 날았다. 아마도 용왕을 향한 기도이리라. 1300년 전부터 이어진 모습일 것이다.

아늑한 해변,
감포의 추억

———

감포 가는 버스정류소는 해물짜장면집 맞은편에 있었다. 10시 15분 버스가 곧 온다는 메시지가 전광판에 떴다. 편한 세상이다. 대왕암에서 감포 가는 버스는 약 1시간 30분에서 2시간 간격으로 다니지만 시간만 맞추면 구경하고 이동하는 데 편리했다. 버스가 왔다. 차창 밖으로 바다가 펼쳐진다. 버스가 대본리를 지나간다. 저 위에 이견대(이견정)가 있을 것이다.

『삼국유사』에 보면 감은사를 완공시킨 31대 신문왕은 동해 가운데 있던 작은 섬 하나가 감은사 쪽으로 떠내려와 왔다 갔다 한다는 보고를 받는다. 점을 쳐보니 용이 된 문무왕과 신이 된 김유신이 보물을 주려 한다는 점괘가 나왔다. 신문왕이 배를 타고 섬으로 가 용으로부터 대나무를 받았다. 이 대나무로 만든 피리를 만파식적이라 했는데 피리를 불면 적군이 물러가고, 병이 낫고, 가물 때는 비가 내리고, 장마 때는 비가 그치고, 바람이 그치고, 파도가 잠잠해졌다고 한다. 이견대는 신문왕이 그 섬을 바라보았고 또 제사를 지낸 곳으로 지금은 '이견정'이라는 정자로 남아 있다. 경주시는 앞으로 대본리에 '문무대왕 해양역사관'을 건립할 예정이라고 한다. 2023년 12월 완공 예정이니 나중에 오면 또 볼 곳이 생겼다.

감포까지는 20분밖에 걸리지 않았다. 옛날 생각이 났다. 83년 겨울에 불국사에서 석굴암까지 걸어 올라간 후, 국수 한 그릇을 먹고 토함산을 내려와 무작정 동해안을 향해 걸은 적이 있었다. 대학 3학년 때 휴학계를 내고 국내 여행을 하던 중이었다. 대종천을 따라 추수가 끝난 텅 빈 벌판을 걸었었다. 토함산에서 감포항까지는 약 25킬로미터. 배낭을 메고 한 시간에 6킬로미터를 걷던 시절이라 쉬어가면서 걸으니 대여섯 시간 걸렸던 것 같다. 너덧 시쯤 되었을까? 인적은 드물었고 날이 조금씩 저물어가는 겨울이었지만 겁이 나지 않았다. 다만 발에 생긴 물집 때문에 고통스러웠다. 절뚝거리며 걷는데 갈림길이 나왔다. 마침 자전거가 지나가고 있었다.

"감포항이 어느 쪽입니까?"

사내는 왼쪽을 손짓하면서 그리로 달려갔다. 지금 보면 전촌항 근처의 삼거리였다. 지도를 꺼내 보니 감포항까지는 3킬로미터 정도, 30분만 걸으면 되니 힘이 났다. 바닷길은 스산했고 바람은 찼다. 드디어 감포항. 바닷가에 녹지 않은 눈이 깔려 있었다. 그때 뒤에서 위압적인 목소리가 들려왔다.

"꼼짝 마!"

돌아보니 경찰관 한 명과 총을 겨눈 군인이 있었다. 기가 막혔지만 손을 들었다.

"당신 누구야?"

"여행하는 사람인데요?"

"여행? 여기 뭘 볼 게 있다고?"

아, 그냥 걷고 걷는 이 낭만을 어떻게 설명하나. 경찰관도 내 행색과 표정을 보고 조금 누그러지더니 '거동이 아주 수상한 자'가 나타났다는 신고가 들어와서 그러니 파출소로 좀 가자고 했다. 아까 자전거 타고 가던 사람이 신고했던 것 같다. 파출소에 끌려가서 짐을 다 까뒤집었다. 코펠, 버너, 감자, 된장, 양파, 쌀, 찌든 속옷, 냄새 나는 양말… 그리고 상세한 지도가 나왔다.

"이 지도는 왜 갖고 다녀?"

"지도 보면서 길 찾으며 걸어 다니는 겁니다."

경찰관은 그제야 의심이 풀렸나 보다. 신원조회도 이상이 없었고 학생이라는 것이 판명 났다.

"그러니까 이렇게 지도를 보면서 전국을 여행한다는 거지? 야, 학생 참 멋지다. 어이, 김순경, 여기 커피 좀 타 와!"

나는 커피 대접을 받은 후, 격려를 받으며 파출소를 나올 수 있었다. 그때의 추억 때문에 10년 전, 아내와 함께 다시 감포항에 왔었는데 많이 변해 있었다. 지금은 더 변해 있다. 종점까지 가지 않고 사람들이 다 내리는 감포 공설시장 앞에서 내렸더니 건물들이 많이 들어서 있다. 감포항 쪽으로 내려가니 옛날 모습이 남아 있었다. 배들이 많이 정박해 있고 낡은 집들이 이어지면서 다방, 식당들도 보였다. 그때 파출소는 어디였을까? 언덕길에 조그만 파출소가 있는데 거기인지 확신은 못하겠다. 그렇다고 들어가 물어볼 수도 없었다. 38년 전의 그 경찰관이 있을 리도 없고. 그도 이제 70이 넘은 노인이 되어 있겠지. 하릴없이 동네를 걷다가 어느 식당에서 이른 점심으로 회덮밥을 먹은 후, 어느 멋진 바닷가 펜션 앞의 카페에 앉아 파란 바다를 감상했다. 다음에 오면 이 바닷가 펜션에 머물며 멍 때려야겠구나.

경주 시내로 돌아가기 위해 공설시장 버스정류소에서 100번, 100-1 번 버스를 기다렸다. 버스정류소에 앞에 '차량용, 가정용 USB'를 파는 삼륜차가 서 있었고 '이별의 부산 정거장'부터 시작해서 트로트가 계속 이어졌다.

"내 나이 묻지 마세요. 흘러간 내 청춘 잘한 것도 없는데 요렇게 숫 자가 따라 오네요. 앞만 보고 왔는데…서러운 눈물. 저 산 너머 가는 청 춘…세월아 가지를 말아라."

가사가 가슴에 콕콕 박힌다. 흘러간 내 청춘 잘한 것도 없는데 요렇게 숫자가 따라다닌다. 내 청춘 '돌리도~'. 카페에서 바라본 바다 풍경과 공 설시장 앞에서 듣던 노래가 새로운 감포의 추억이 되었다. 다음에 오면 새 추억을 곱씹으며 다닐테니 이곳에 올 이유는 여전히 있다.

1. 감은사지 석탑은 1300년 전으로 돌아가는 통로
2. 다음번, 감포에 가면 해변가 이 펜션에서 멍 때려야겠다

X 삶은 포기할 수 없는 그 무엇

나를 울컥하게 만드는
부산 갈매기

부산은 40여 년 전, 대학 1학년 여름방학 때 친구와 함께 배낭여행으로 처음 갔었다. 그 후 많이 갔었고 마지막으로 간 것이 3~4년 전이던가? KTX 기차가 달리는 동안 과거의 기억들이 폭죽처럼 터졌다. 우선 태종대. 대학 1학년 때 친구와 그곳에 가서 넋을 잃었었다. 절벽 틈 사이를 빠져나오자 펼쳐지는 거대한 바위와 바다, 거센 바람에 숨이 막힐 것 같았다. 그 후에도 종종 갔었다. 90년대 초반 나는 어떤 여행사와 신문사가 주최하는 일본 단체여행 인솔을 여러 차례 했었다. 부산에서 배를 타고 시모노세키로 가서 신간센을 타고 오사카, 교토, 나라, 아스카를 돌아본 후, 오사카에서 '88올림픽호'를 타고 다시 부산으로 오는 프로그램이었다. 일본 현지 여행사의 도움을 받지 않고 모든 것을 프리랜서인 나와 여행사 직원들이 해냈는데 끝마칠 때쯤 되면 몸과 마음이 녹초가 되었다. 부산에 오자마자 태종대로 달려가 그곳에서 회 한 접시에 소주를 마시면 고향에 온 느낌이 들었다.

그 시절 나를 울컥하게 만든 것은 '부산 갈매기'였다. '88올림픽호'에서 내릴 때면 '부산 갈매기' 노래가 스피커를 통해 울려 퍼졌다. 늘씬한 미녀 승무원들이 줄을 서서 손을 흔들며 배웅해 줄 때 눈물이 핑 돌았다. '나의 조국'에 왔구나. 그때 부산은 부산이 아니라 내 조국의 땅이었다. 90년대 초반의 정서는 그랬다. 일본 여행 중 한국식당에서 흘러나오는 '아리랑'만 들어도 콧등이 시큰거리던 시절이었다. 하여 나는 지금도 '부산 갈매기'를 들으면 가슴이 울컥해진다. 그때로 돌아가기 때문이다. 텔레비전에서 야구 중계를 보다가 롯데자이언츠 팬들이 떼창으로 '부산 갈매기'를 광적으로 부르면 내 가슴도 뜨거워졌다. 그때의 추억 때문이다.

부산은 눈부시게 변해갔다. 지하철이 생기고 부산영화제가 성공적으로 개최되면서 국제적인 도시로 발전하고 세련되어 갔다. 한적한 달맞이고개, 청사포비치는 번화해졌고 자갈치시장, 국제시장, 부평 깡통시장, 남포동 거리는 번화가로 변해갔다. 부산 시민들의 애환이 서린 감천문화마을이 텔레비전에 등장하면서 엄청나게 사람들이 모여들었고 산복도로, 이바구길도 점점 알려졌다. 해운대는 화려하게 변했고 센텀시티는 홍콩에 온 것 같은 기분이 들게 했다. 또 여행자들을 위한 저렴한 게스트하우스들도 많아졌다. 나는 일부러 게스트하우스 도미토리에서도 자보고, 광안리의 어느 찜질방에서도 묵으며 광안대교를 바라보았다. 인터넷에서 유행하면 바쁘게 따라다녔다. 몇 년 전에는 내가 여행작가 강의를 하던 상상마당에서 만난 사람들과 부산에서 '번개팅'을 한 적도 있었다. 부산 토박이는 이렇게 말했다.

"부산 사람들은 회를 떠 갖고 와 방파제에서 마십니다."

그를 따라 광안리 횟집으로 갔다. 그는 횟집 주인을 삼촌이라 불렀고 주인도 친절하게 대했다. 서로 친하게 대해서 단골인 줄 알았는데 처음이라고 했다. 나중에야 알았다. 부산 사람들은 처음 보는 사람들끼리도 삼촌, 이모하며 금방 친해진다. 식당에서도 손님들은 나이 지긋한 아줌마 종업원들에게 '이모'라고 불렀다. 부산만 그런 것이 아니라 마산, 진주를 비롯한 경남 지방이 그런 것 같았다. 드라마 〈응답하라 1994〉에 보면 마산 출신 하숙집 주인의 딸이 하숙생 친구 아버지한테 "아부지, 안녕하시지요?"하면서 아주 살갑게 대화를 한다. 서울 같으면 '누구 아버님' 혹은 그냥 '아버님'이라고 하면서 좀 어렵게 여기고 거리를 두는데, 드라마 속 경상도 사람들은 '아부지, 아부지' 하면서 잘 따른다. 얼굴 한 번 보지 않은 사이인데도 그랬다. 무뚝뚝한 경상도 사람이란 이미지도 있었지만 점점 세련되고 친절해진다는 느낌도 받았다. 특히 부산에 가면 시원스런 사람들의 마음씨와 사투리 때문에 흥이 났다.

밀면 원조,
내호냉면집

———

부산에 도착하자마자 역 앞의 버스정류장에서 26번 버스를 탔다. 부산 토박이 지인이 '꼭 가보라'고 추천해 준 냉면집에 가기 위해서다. 버스 창문을 여니 시원한 바람이 쏟아져 들어온다. 햇볕은 따스하고 날은 쾌청하다. 기온은 18도. 5월 초 날씨치고는 서늘하다.

원래 부산은 교통 사정이 안 좋은데 한낮이라 그런지 차량도 한산하고 길이 죽죽 뚫렸다. 아, 기분이 느긋해지면서 편안해진다. 코로나에 갇혀 있다가 방생된 느낌이다. 10여 분 만에 '남부 중앙새마을금고' 정류장에 도착했다. 횡단보도를 건너 언덕길을 1~2백 미터 올라가니 왼쪽 좁은 골목 입구에 '내호냉면'이란 글자와 함께 'since 1919, 부산 최초 밀면 제조'라는 글자가 새겨진 간판이 보였다. 함경도 흥남에서 1919년부터 냉면집을 하다가 한국전쟁 중 흥남철수 때 부산에 온 실향민이 만든 식당이었다. 냉면을 만들 재료인 고구마 전분이 귀해서 당시 배급으로 받던 밀가루를 섞어 부산 최초로 밀면을 만들었다고 한다. 그것이 퍼져 나가면서 '부산 밀면'이 대중화되었다. 좁은 골목길이었는데 여기도 내호냉면, 저기도 내호냉면집이다. 알고 보니 가게를 이전하지 말라는 창업자의 유언에 따라 다른 곳으로 가지 않고 주변 집들을 하나씩 매수해 가면서 늘린 것이다.

식당 안으로 들어가니 정겨운 부산 사투리를 쓰는 아가씨 두 명이 친절하게 맞는다. 11시 45분 정도인데 20명 정도 들어갈 공간에 여섯 명 정도가 앉아 있었다. 메뉴는 간단했다. 냉면, 밀면으로 나뉘고 각각 물, 비빔으로 나뉜다. 나는 물밀면 작은 것을 시켰다. 먼저 육수가 든 주전자가 나왔다. 맛이 짭짤하고 칼칼했다. 드디어 나온 물밀면 위에 매콤한 소스와 돼지고기 편육, 달걀, 무생채, 오이채 등이 얹혀 있었다. 우선 면을 씹어보니 어, 면 맛이 아주 특이했다. 고소한 느낌이 들면서 입에 착 감기며 침이 솟는다. 면에 들어간 육수는 서울에서 먹는 냉면의 육수처럼 달지 않고 밍밍한데 거기에 양념장이 섞이니 약간 매콤하면서도 개운했다. 그런데 아, 이빨 시려. 아까 주전자에 내준 따스하고 짭짤한 육수를 마시니 좋다. 12시쯤 경찰관 4명이 들어왔다. 여자 한 명, 남자 세 명이다. '아, 이제야 오네' 혼잣말을 하던 경찰관 한 명이 이 집의 내력에 대해 얘기를 하자 다른 이들이 경청을 했다. 사람이 많으면 먹기가 힘든가 보다. 나중에 나오다 이것저것 물어보니 주방장처럼 앞치마를 두른 남자(사실은 대표)가 친절하게 설명해주었다.

"우리 집 냉면은 완전히 함경도 식으로 고구마 전분 100%로 했고 밀면은 밀가루 70%, 고구마 전분 30%를 섞어서 만들었습니다."

그러니까 밀면은 함경도 피난민들의 음식과 부산의 환경이 만들어낸 역사적인 음식이다. 내호냉면집 근처는 매축지였다. 일제강점기 때 군수물자를 운반하기 위해 해안을 매립해 매축지로 만들었는데 그곳에 막사와 마구간을 지었고 한국전쟁 때 피난민들이 집으로 사용했다고 한다. 재개발될 예정인데 다닥다닥 붙은 좁고 허름한 집들이 활력이 없어 보였다. 이틀 후 부산을 떠나기 전, 이른 점심으로 다시 와서 비빔냉면을 먹었다. 비빔냉면은 고구마 전분 100%로 만들었는데 보기에도 먹음직스러운 면에 삶은 달걀, 돼지 편육, 양념장, 오이채가 얹혔다. 한 입 먹어보니 매우 쫄깃쫄깃해서 이로 끊기가 힘들었다. 위에 올린 양념장은 색깔은 시뻘겋지만 약간 매콤할 뿐 크게 맵지 않아서 먹기가 좋았다. 입에 착착 감긴다. 나중에 따스한 육수를 타고 겨자, 식초를 섞어서 먹었는데, 와 맛 좋네! 육수를 다 마셔버렸다. 숙성된 가오리 씹는 맛도 좋았다.

(맛에 대해서 이야기 하는 것은 조심스럽다. 사람마다 취향이 다르기 때문이다. 친절, 불친절도 종업원이 바뀌면 달라진다. 여기 적은 이야기는 그때 내가 겪은, 주관적인 이야기다. 여기 말고도 부산에는 맛 좋은 밀면집들이 많으니 시도해 보시기 바란다.)

팍팍한 현실 속에 꽃피는 낭만, 흰여울 문화마을

남포역 근처의 '영도대교 정류소'에서 탄 버스는 금방 영도다리를 건넜다. 1934년에 완공된 영도다리는 한국전쟁 때 실향민, 피난민들이 '금순아, 어데로 갔나' 하면서 가족들을 애타게 찾던 곳이다. 배가 지나가면 다리가 올라가던 도개교였는데 철거될 위기를 넘기고 살아남았다. 코로나 때문에 도개교 올라가는 행사가 정지됐다는 정보를 보고 그냥 버스로 통과했다. 이곳은 풍경이 멋있어서 사진 찍기가 좋다. 바로 앞의 '남항' 풍경이 낭만적이다.

흰여울 문화마을까지는 10분 정도밖에 걸리지 않았다. 바다를 내려다보는 언덕길에 다닥다닥 좁은 집들이 들어서 있었다. 이곳은 길이 세 개다. 파르스름한 빛깔로 단장한 바닷가의 해안길, 중간 언덕의 집들 사이로 난 골목길, 그리고 가장 위쪽에 차도가 있었다. 사람들이 가장 많이 걷는 길은 중간의 언덕길이다. 하얀 햇살이 가득한 골목길에 젊은 남녀들이 그득했다. 밑을 내려다보니 파란 바다에 점점이 배가 떠 있었다. 답답하던 가슴이 탁 트인다. 하얀색, 노란색, 파란색 등이 어우러진 담벼락들이 예쁘다. 골목길 곳곳은 작고 예쁜 카페와 식당, 기념품 파는 가겟집들로 가득 찼다. 곳곳에 젊은이들이 좋아할 만한 글귀들도 쓰여 있었다.

'꽃처럼 빛나도록 살아야 한다'
'오늘의 행복을 내일로 미루지 말라'
'바람 분다고 탓하지 마라. 그 어떤 센 바람도 내게만 부는 것은 결코 아니다'

아무 생각 없이 왔다가 글 한 구절에 위로받는 사람들도 있을 것이다. 마을이 깔끔하고 공을 들인 노력이 느껴진다. 그러나 매우 좁은 골목길, 고운 색으로 칠해진 담장 너머 안쪽의 허름한 집들, '쉿, 목소리를 낮춰주세요. 주민이 거주하는 공간입니다', '함부로 문을 열거나 집안으로 들

1. 부산 사람은 광안리 방파제에서 회를 먹습니다 2. 태종대에서, 부산 갈매기 너는 나를 정녕 잊었나 3. 흰여울 문화마을, 오늘의 행복을 내일로 미루지 말라 4. 냉면도, 국수도 아닌 묘한 부산의 밀면, 또 먹고 싶다

어가지 말아 주세요'라는 글에서 낭만 뒤에 서린 팍팍한 현실을 엿본다. 길을 걷다가 어느 텅 빈 카페에 들어가 옛날 팥빙수를 시켰다. 창을 통해서 바라보는 바다 풍경이 액자 속의 그림 같았다.

"여기는 바깥보다 안에서 바라보는 풍경이 더 멋져요"

여자 주인이 한마디 거들었다. 카운터 앞에는 이런 글귀가 새겨져 있었다.

'부지런하면 두려울 것이 없다.'

주인이 스스로에게 하는 말처럼 들렸다. 그렇다. 사람은 부지런해야 한다. 나도 지금은 여기 와서 게으름을 피고 있지만 부지런하게 살고 있다. 땀 흘리고 난 뒤의 여유가 좋은 거다.

바다 위에서 하얀 햇살이 부서지고 있었다. 동해의 활력과 남해의 온화함이 섞인 분위기다. 카페에서 나와 바닷길로 나가다 중간의 계단에 앉았다. 위에도 관광객, 아래도 관광객인데 중간에 앉으니 고요했다. 5월 초순 평일의 축복이었다.

추억이 서린
송도해안의 볼레길

———

송도해변에는 볼레길이 있다. 해변에서 암남공원까지 절벽에 설치된 2킬로미터 정도의 길이다. 몇 년 전, 우연히 걸었던 길인데 추억을 되살리고 싶었다. 흰여울 마을에서 택시를 타고 송도대교를 건너니 10분밖에 걸리지 않았다. 송도 앞바다를 가로지르는 케이블카가 묵묵히 지나가고 주변에는 현대식 건물들이 들어서 있었다. 그러나 내게 더 인상적인 것은 텅 빈 모래밭의 비둘기 한 마리와 그 앞의 계단에 비스듬히 누워서 두런두런 이야기를 나누는 젊은 남녀의 모습이었다. 송도 해변은 언제나 마음을 편안하게 해준다.

그런데 이런, 볼레길이 막혀 있었다. 태풍으로 해안길이 무너져 복구 공사 중이라는 간판이 걸려 있었다. 아쉬웠다. 몇 년 전 절벽의 쇠난간 길을 따라 가던 중, 조금 넓은 공간의 의자에 홀로 앉아 바다를 바라보며 트럼펫을 불던 사내를 보았다. 어찌나 부러운지 길을 멈추고 한동안 감상했었다. 다시 그 길을 걷고 싶었는데 막힌 것이다. 할 수 없이 위쪽 차도를 택해서 볼레길 끝부분에 가기로 했다. 그때 주차장에 있는 어느 포장마차에서 멍게, 해삼, 개불에 '좋은 데이' 소주를 혼자 마셨었다. 가을 바람에 포장마차의 찢어진 천 조각이 펄럭거렸고, 비닐 창문 사이로 개 끌고 가던 어느 젊은 여인이 보였으며, 옆의 포장마차에서는 여인 둘과 함께 술 취한 목소리로 옛날 유행가를 부르던 늙은 사내가 있었다. 여자들도 가끔 따라 불렀다. 그 추억이 나를 부르고 있었다.

계단을 올라가 차도를 따라 암남공원 쪽으로 걸어갔다. 20분 정도 걸어 도착했지만 그곳은 내 기대를 저버렸다. 낚시꾼들의 침묵을 테니스장에서 운동하는 사람들의 고함이 깨고 있을 뿐 적막했다. 포장마차들은 그때와 다르게 오른쪽 구석에 정렬되어 있었다. 그때는 바다가 보이는 쪽에 있었던 것 같은데. 포장마차들은 거의 다 문을 닫았고 푹 가라앉은 분위기였다. 추억의 재현이란 쉽지 않았다. 나중을 다시 기약했다.

수육이 기가 막힌
60년 전통 돼지국밥집

———

부산 토박이 지인이 소개해준 '50년 전통 할매국밥집'은 지하철 범일역 부근에 있어서 쉽게 갈 수 있었다. 가 보니 간판은 '60년 전통 할매국밥집'으로 바뀌어 있었다. 6시쯤, 사람들이 이미 많이 차 있었지만 그래도 빈자리가 있었다. 7천 원짜리 수육 백반을 시켰다. 금방 나왔다. 두툼한 돼지고기 수육 한 접시와 국, 밥, 마늘, 고추, 양파, 부추가 전부다. 김치는 알아서 덜어 먹고 새우젓도 통에 듬뿍 담겨 있었다. 수육을 먹는데 아, 기가 막힌 맛이다. 살코기는 푹 익은데다 두터워서 찰지지 않고 푸석푸석한데 거기에 비계가 섞이니 잘 씹히면서도 살살 녹았다. 국은 돼지국밥답지 않게 매우 맑았다. 부추와 양념장, 새우젓을 적당히 섞어서 먹으니 칼칼하면서 개운했다. 김치도 싱싱하고 꽤 맛있었다. 둘이 왔으면 소주 한 잔 하겠는데 혼자 와서 네 자리를 차지하며 시간을 끌기가 미안해 부리나케 먹었다. 서울 말씨로 '맛있네'라는 말소리가 들려왔다.

다음 날 저녁, 다시 들렀다. 김해를 갔다 온 후, 비도 오고 추워서 돼지국밥 생각이 났다. 이번에는 따로국밥을 시켰다. 6천 원. 국 안에는 돼지고기가 이미 들어가 있었다. 수육보다는 적지만 그래도 꽤 많이 있어서 든든히 먹었다. 돼지고기는 잘 삶아졌고 국물 맛은 여전히 좋았다. 할머니, 아줌마 종업원들도 친절했다. 그런데 뒤쪽에 앉은 혼자 온 젊은 남자가 갑자기 혼자서 '으아, 아이히, 아하' 하면서 신음, 짜증, 낮은 비명을 질러댔다. 잠시 후 끝났지만 이번에는 밥그릇, 숟가락, 물잔을 쾅쾅 내려놓았다. 영 불안스럽다. 그가 나가자 어떤 노인이 들어왔다. 할머니가 가서 주문을 받으려고 하자 외쳤다.

"술 좀 주소!"

"아니, 술은 술인데…. 식사는?"

마스크를 썼지만 황당해하는 아줌마의 모습이 보였다.

"식사?…."

우물쭈물 하는 노인을 보며 웃음이 터질 뻔했다. 수호지 같은데 보면 "주모, 우선 술 한 되와 삶은 돼지고기 좀 내와" 하는 사내들이 생각나서였다. 비도 오고 날씨도 추우니 우선 술이 당겼나 보다. 나는 곧 나와서 결말은 모르겠다. "안주는 대충 내와"로 끝났는지, 결국 돼지국밥을 먹었는지.

어린왕자와 함께 한
감천 문화마을의 야경

———

한국전쟁 때 피난민들이 만든 감천 문화마을은 궁핍한 곳이었다. 그곳의 담에 벽화가 그려지고, 지붕이 예쁜 색깔로 단장되면서 '한국의 산토리니'라는 찬사와 함께 매스컴을 탔다. 물론 산토리니와는 다른 분위기지만 감천 문화마을은 예쁘고 아기자기하다.

그러나 저녁은 썰렁했다. 감천 마을에 도착하니 7시가 다 되어가고 있었다. 일몰시간은 7시 10분. 이미 길은 어둑어둑해졌고 어느 행인이 개를 데리고 산책할 뿐, 인적이 뚝 끊겨 있었다. 길고양이가 길을 가로질렀고 개 한 마리가 집을 잃었는지 돌아다니고 있었다. 갤러리숍이 한 군데 문을 열었지만 대부분의 상가는 문을 닫았다. 찬 바람이 씽씽 불어오는 길을 걷다가 전망대에서 사진을 찍었다. 성냥갑 같은 집들이 불을 밝히자 땅에서 별이 솟는 것만 같았다. 아이들 떠드는 소리에 고양이 비명소리도 섞였다. 으스스하다. 누군가 내 옆으로 저벅저벅 다가왔다. 나는 깜짝 놀라 쳐다본다. 주민으로 보이는 노인이다. 사람이 사람을 보고 놀라다니. 날씨가 추우니 더 그렇다. 텅 빈 거리를 순찰차가 지나갔다.

담에 걸터앉아 감천 마을을 내려다보는 어린왕자와 여우 동상이 보였다. 생텍쥐페리의 〈어린왕자〉에서 보았던 익숙한 장면. 문득 내가 다른 행성에서 온 외계인이 된 기분이 든다. 지구가 낯설어진다. 마을을 걸어나오는 동안 아무도 보이지 않았다. 마침 건너편에 마을버스가 서 있었다. 이걸 못 탔으면 컴컴한 곳에서 한참을 오들오들 떨었을 것이다. 운이 좋았다. 토성역에서 내려 편의점에서 타이레놀과 판콜에이를 샀다. 춥다. 토성역 통로를 걸어가는데 나이 든 노숙자가 구석에서 잠을 자다가 재채기를 했다. 토성역은 중심지와 인접한 역인데도 텅 비었다. 8시도 안 되었는데 퇴근하는 사람들은 없나? 8시 10분에 남포역 부근의 숙소로 들어오는 길도 역시 썰렁했다. 코로나 때문에 관광객이 없어서 그러나? 부산 인구가 줄어서 그런가?

삶은 결코 포기할 수 없는
장엄한 '그 무엇'

———

용두산 주변은 오래전부터 일본인들의 거주지였다. 1676년 조선 숙종 2년에 용두산을 중심으로 11만 평의 부지에 초량왜관을 조성하였고 2년 뒤인 1678년부터 500여 명의 왜인들이 이곳에 거주하였다. 그러니 광복로 일대는 일제강점기를 포함해서 약 260년간 왜인들이 거주하면서 무역과 외교를 펼치는 중요한 공간이었다. 그래서일까? 나는 용두산 주변, 즉 자갈치역과 남포역 뒤쪽의 광복동, BIFF 광장, 부평동의 골목길들에서 어딘지 일본이나 홍콩의 분위기를 느낄 수 있었다.

날이 저물 무렵 용두산공원에 오르니 사람들이 안 보였다. 원래 이곳에는 일본인들이 만든 신사가 있었지만 해방 후, 어느 목사가 휘발유로 싹 태워서 지금은 흔적조차 남아 있지 않다. 대신 충무공 이순신장군의 동상이 우뚝 서 있다. 평소에는 용두산공원과 그 주변은 부산 시민들과 관광객들로 북적거리는 곳이지만 비가 가볍게 흩뿌리는 5월 초의 용두

산은 썰렁했다. 주변의 맥주집들도 다 비어 있었다. 다만 부산 꼼장어집
에만 사람들이 그득했다. 역시 비가 올 때는 꼼장어에 소주지. 냄새가 죽
인다. 한 잔 하고 싶었지만 혼자 다니니 그럴 수 없다. 숙소로 돌아오니
비가 밤새도록 주룩주룩 왔다.

다음 날 아침부터 날이 활짝 갰다. 상쾌한 아침 하늘 밑을 걸었다. 자
갈치역, 남포역 뒤쪽의 광복동, 국제시장, 부평시장 그리고 중앙로 40계
단, 보수동 거리는 아픈 흔적이 남아 있다. 한국전쟁 때 졸지에 전 국토
가 북한군에 의해 점령되자 피난민들이 부산으로 몰려들었다. 갈 곳 없
는 그들은 판잣집을 짓고 천막에서 생활하며 억세게 살아냈다. 산복도
로, 매축지, 감천 문화마을, 흰여울 문화마을, 영도다리 부근도 다 그 흔
적들이 남아 있다. 서울 사람인 내가 부산에 오면 고향에 온 것 같은 느
낌이 드는 이유다. 나 역시 1960년대 서울의 판잣집에서 살았으며 가난
과 불편함을 겪었다. 그 어려운 시절을 이겨내고 활기 있게 변한 부산 거
리는 감동스러웠다.

5월 5일, 휴일이라서 그럴까? 거리에 활력이 돈다. 비프 광장 주변에
씨앗호떡을 파는 사람들이 나와 있었고 조금 올라가니 당면 국수, 순대
등을 파는 할머니들이 길에 앉아 있었다. 할머니가 나를 부른다. 부르면
나는 간다. 꼭 먹고 싶어서가 아니라 나를 부르는 사람이 반갑기 때문
이다. 나는 좌판에 앉아 먹는 것을 좋아한다. 비빔장이 얹힌 당면 국수
는 한입에 먹을 수 있었다. 시원한 바람을 쐬며 나처럼 앉아서 먹는 노

부부가 행복한 웃음을 짓고 있었다. 조금 걸어가다 순대도 먹었다. 부산에서는 순대를 소금이 아니라 '막장'(된장)에 찍어 먹는다. 코로나로 사람들은 줄었지만 그래도 살만하다고 할머니는 말했다. 꿋꿋한 또순이, 우리의 할머니들.

다시 감천 문화마을로 향했다. 휴일이라 그런지 사람들로 흥청거렸다. 그저께 밤의 썰렁했던 분위기와는 전혀 달랐다. 이곳은 가파른 계단과 미로같은 좁은 길들이 사방으로 연결되어 있고 곳곳에 카페나 기념품 가게, 전망대, 볼거리 등이 들어서 있다. 발길 닿는 대로 걸었다. 골목길에 주민들 사는 데니 조심해 달라는 글도 보였다. 계단을 올라가다가 머리를 살짝 집안으로 들이밀어 보았는데 헉, 바로 길옆이 방이었고 거기에 누군가 앉아 있었다. 그렇게 좁은 길들이었다.

한참을 돌다가 어느 카페의 이층 옥상으로 올라갔다. 아무도 없었다. 밑으로는 비탈진 감천 마을 전경이 보였다. 파란색 지붕이 햇살에 빛나고 멀리 바다가 반짝였다. 마을 중간에 아파트가 우뚝 솟아 있고 근처에는 한옥으로 지은 어떤 종교 사원이 보인다. 어디선가 닭 우는 소리와 개 짖는 소리가 들려온다. 햇살은 조금씩 숨이 죽어가고 바람은 더 시원해졌다. 대단한 사람들. 그 어려운 시절을 겪어내고 이런 멋진 마을을 일구어냈다. 그 과정에서 집집마다 얼마나 많은 사연이 있었겠나. 삶은 결코 포기할 수 없는 장엄한 '그 무엇'이다. 감동이 밀려왔다.

떠나기도 전에 벌써 그립다,
이별의 부산정거장

————

부산에서는 지하철이 올 때마다 '끼룩끼룩' 갈매기 울음소리가 들린다. 들을 때마다 '아, 여기는 부산이구나' 하면서 짜릿해진다. 잠시 부산역 건너편의 차이나타운을 돌아보았다. 몇 년 전 차이나타운 축제를 했을 때는 경극도 하고, 사자춤도 추고, 용 퍼레이드도 하고 각종 길거리 음식도 팔아서 볼만 했었다. 이번엔 조용했다. 간판이나 건물들이 빨간색 일색이다. 방송에 소개되었다는 만두집 앞에만 사람들이 길게 줄을 서 있었다. 부산 차이나타운은 만두가 유명하다. 한국전쟁 때 이곳에 피난 온 산둥반도 출신의 화교들이 만두를 만들어 팔면서 그게 전통이 되었다고 한다.

차이나타운 건너편은 텍사스거리다. 가방 가게들과 술집들이 많이 보였다. 보라카이클럽, 바이칼클럽, 라스베가스, 킹스클럽, 런던바, 시애틀 노래주점, 시카고, 캄차카, 하바나클럽 등 이름들이 화려하고 국제적이다. 환전소들도 많이 보였다. 이태원의 축소판 같은 분위기다. 말로만 듣던 리얼돌 체험관도 보인다. 그런데 어디선가 모진 고함 소리가 들려왔다. 아까 차이나타운에서도 들은 목소린데 그 여인이 이곳으로 왔나 보다.

"신이 나에게 시키는 거지 내가 그러는 게 아니라고!"

얼굴에 때가 많이 낀 60대 정도의 여인이 길을 걸으며 고래고래 소리를 지르고 있었다. 삶들은 그렇게 어디론가 굴러가고 있었다.

　역 안의 식당에서 이른 저녁으로 낙지볶음을 먹은 후, 화장실에 들어가 땀에 젖은 런닝셔츠를 갈아입는데 '이별의 부산 정거장' 노래가 흘러나오고 있었다. 내 시절의 노래는 아니지만 군대에서 늘 불렀던 노래다. 부산을 떠나기도 전인데 부산이 다시 그리워진다. 6시, KTX가 출발했다. 서서히 다가오는 어둠을 바라보니 문득 시베리아를 횡단하던 추억이 떠올랐다. 21년 전 겨울, 블라디보스토크에서 모스크바까지 한 달 동안 여행한 적이 있었다. 언젠가 부산에서 출발한 기차를 타고 유라시아 대륙을 횡단할 날이 올까? 생각만 해도 피가 끓는다. 온다. 그날은 꼭 올 것이다.

X 수수께끼 왕국
가야의 흥망성쇠

금관가야의 터전, 김해

부산 지하철 사상역에서 떠난 전철이 낙동강을 건너자 푸른 들판이 펼쳐졌다. 6세기 중엽, 사라지기 전까지 약 500년간 금관가야의 터전이었던 김해로 간다. 조선왕조만큼 유지되었던 가야왕국이었지만 흔적이 희미하다.

들판 건너 멀리 산들이 보였고 아파트들은 김해시까지 계속 이어졌다. 드디어 김수로왕릉역에 도착했다. 김해는 주변이 산으로 둘러싸여 있지만 평야가 펼쳐져서 걷기 좋은 곳이다. 김수로왕릉역 5~6백 미터 주변에 봉황대공원, 대성동 유적지, 김수로왕릉이 있고 2킬로미터 정도 떨어진 곳에 국립박물관과 김수로왕비 허황옥릉이 있다. 지금은 평범해 보여도 역사를 알고 상상하면 드라마틱한 곳이다.

전철역 바로 옆의 봉황동 유적지는 아늑한 공원처럼 가꾸어져 있다. 회현리 패총과 가야 시대의 유적지가 합해진 곳으로 회현리 패총에서는 토기, 도구, 칼 등과 함께 중국 신新나라의 왕망이 기원전 14년에 만든 화폐가 출토되었다. 이것은 금관가야가 나타나기 전부터 이곳이 밖의 세계와 활발하게 교류했다는 증거다. 그런 사람들을 1세기경 북쪽에서 내려와 지배한 사람들이 김수로왕 집단이다. 그들은 선진 철기 문명을 갖고 있었다. 유적지에는 금관가야 시대의 기마무사상, 망루, 패총 그리고 창고 용도로 쓰였다는 2층집들, 수혈주거지 등이 보였다. 이곳에 금관가야의 왕궁터가 있었다고 한다.

가야는 수수께끼 같은 왕국이다. 그 나라의 형성 과정은 물론 이름, 정체성, 멸망 과정도 분명치 않다. 그래서 더 많은 상상이 피어나는 나라다. 가야에 대한 국립김해박물관의 설명은 이렇다.

"낙동강 서쪽의 변한 지역에 있었던 여러 세력 집단이 성장한 나라 가야는 가라, 가량, 가락, 임나 등 이름이 다양합니다. 삼국유사의 기록에 의하면 가야는 낙동강 하류와 남해안을 중심으로 한 지리산과 가야산 일대로 낙동강 서쪽의 영남 지역이 중심입니다. 그러나 가야의 빠른 시기 영역은 낙동강 동쪽 일부 지역까지입니다. 가야는 5가야, 6가야, 가야 7국, 포상 8국, 임나 10국 등의 형태로 문헌에 다양하게 기록되어 있으며 금관가야(김해), 대가야(고령), 소가야(고성과 사천), 아라가야(함안), 비화가야(창녕) 등으로 불리었습니다. 여러 소국으로 구성된 가야는 백제, 신라와 패권을 다투었지만 고령의 대가야가 신라에 병합되면서(562년) 역사의 막을 내렸습니다."

가야에 관한 신화는 두 가지다. 하나는 『삼국유사』에 나온 것처럼 김해 구지봉에 여섯 개의 황금알이 하늘에서 내려왔고 그중에서 제일 먼저 알에서 깨어난 아이가 수로이고 금관가야의 왕이 되었다. 나머지 다섯 아이들도 각각 가야의 왕이 되었다고 한다. 이것은 금관가야 중심의 신화다. 또 하나는 최치원의 『석이정전』에 나온 것으로 어질고 아름다운 가야산신인 정견모주가 하늘신인 이비가지에게 감응되어 두 아이를 낳았는데 첫째 아들이 뇌질주일이고 둘째 아들이 뇌질청예였다. 첫째 아들은 대가야왕 이진아시가 되고 둘째 아들은 금관가야의 김수로왕이 되었다는데 이것은 대가야가 중심이 된 신화다.

김수로왕비 허황옥은
정말 인도에서 왔을까?
────

김해의 '가야사 누리길'은 고즈넉한 분위기라 걷기가 좋다. 걷다가 중간에 카페에서 커피 한 잔을 마셨다. 여행 중에는 종종 쉬어 주어야 한다. 고소한 커피 향기 사이로 부드러운 음악이 흐른다. 한가한 평일 늦은 오전, 김수로왕릉 근처의 분위기는 차분했다. 김수로왕릉 정문으로 들어가니 멀리 무덤이 보이고 그 앞에 '납릉정문納陵正門'이 보였다. 이 문에 새겨진 쌍어문 문양은 내가 인도 아요디아라는 곳을 여행할 때도 힌두교 사원에서 본 것이다. 저것으로 인해 수많은 설들이 피어난다.

왕비 허황옥이 묻힌 수로왕비릉은 수로왕릉에서 멀지 않았다. 북서쪽으로 10분 정도 걸어 올라가자 차도 오른쪽에 펼쳐져 있었다. 왕비릉 앞의 묘비에는 '가락국 수로왕비 보주태후 허씨릉'이라고 새겨져 있고 능 오른쪽에는 파사 석탑이 보였다. 기단 밑에는 단단한 돌이 깔려 있고 그 위에 울퉁불퉁한 돌 여섯 개가 쌓아 올려져 있는데 붉은빛이 물살처럼 배어 있었다. 이것은 우리나라에서 나는 돌이 아니다. 『삼국유사』에 의하면 수로왕비가 '아유타국'에서 건너올 때 파도를 잠재우기 위해 싣고 왔다는데 원래 호계사에 있던 것을 왕비릉으로 옮겨 왔다고 한다.

요즘엔 허황옥이 인도에서 왔다는 것이 널리 알려졌고 그것을 기념하기 위한 축제도 하고 있다. 과연 허왕후는 인도에서 왔을까? 『삼국유사』에 보면 신하들이 수로왕이 나이가 들자 자신들의 딸들 중에서 왕비를 고르라고 청한다. 하지만 수로왕은 하늘이 정해준 왕비가 있다며 신하들에게 망산도望山島에 가서 왕비 일행을 기다리게 한다. 정말 붉은 돛과 붉은 깃발을 단 배가 나타났고 배 안에는 여인과 일행들이 타고 있었다. 신하들은 일행을 곧바로 대궐로 모시려고 했으나 여인은 '알지 못하는 사람들을 어찌 경솔하게 따라가겠는가'라고 말하며 거절한다. 이에 왕이 친히 나가 임시 거처를 정한 후 여인 일행을 극진하게 대접한다. 서기 48년의 일이다. 여인은 자신의 이름이 허許 황옥黃玉이고 아유타국阿踰陀國의 공주이며 열여섯 살이라고 밝힌다. 본국에 있을 때, 5월에 부왕과 왕후가 꿈을 꾸었는데 상제가 말하기를 딸을 가락국의 수로라고 하는 자의 배필로 보내라고 하여서 그 말을 듣고 왔다고 말한다.

그 후 이들은 열 명의 왕자와 두 명의 공주를 낳았는데 허황옥은 두 왕자에게 자신의 허씨 성을 하사해달라고 김수로왕에게 간청한다. 그래서 두 명은 김해 허씨가 된다. 또한 신라 경덕왕 14년(755년)에 허왕후의 23세 손인 허기가 신라 사신으로 당나라에 갔다가 그해 11월에 일어난 안록산의 난 때 당 현종을 호위하는 공을 세우게 된다. 현종은 이를 가상히 여겨 황제의 성인 이씨를 허기에게 주었고 그 후 허기는 인천 이씨가 되어서 김해 김씨, 김해 허씨, 인천 이씨는 혼인을 금지해 왔다고 한다.

허황옥의 이야기는 한동안 전설로 여겨졌지만 그것에 관한 책들이 나오면서 주목을 받게 된다. 나는 고고학자 김병모 박사가 쓴 『김수로왕비 허황옥』과 그것의 개정판 『허황옥 루트』를 재미있게 보았다. 김병모 박사는 김해 김씨로서 조상의 뿌리를 찾는 마음으로 탐구해 나가는데 허황옥이 말한 아유타국은 인도 중부의 아요디아라는 도시며, 허황옥은 중국의 보주라는 도시를 거쳐 김해로 왔다는 것이다. 또한 쌍어문무늬를 모시는 신앙은 메소포타미아 문명에서 나왔으며 '허황옥 일행'을 통해 서기 48년경에 가락국까지 왔고 그것이 김수로왕릉의 비문에 나타 난 것으로 본다. 쌍어문은 신어산에 있는 은하사에서도 발견된다. 허황 옥의 오라버니 장유화상이 창건한 것으로 알려진 이 절에도 쌍어문 무늬 가 보였다. 이를 근거로 한반도에서 불교가 가장 먼저 전래된 곳이 가야 라는 설이 나타난다. 그런데 허황옥을 왜 보주태후普州太后라고 했을까? 김 병모 박사는 기원 전후에 발흥한 쿠샨 세력에 의해 인도 사회가 불안해 지면서 인도의 아요디아 사람들이 중국 사천성의 '보주'라는 곳으로 이 주해 살았기에 그렇게 불린 것으로 보고 있다.●

비판도 있다. 허황옥이 싣고 왔다는 유물은 중국계이기에 허왕후는 한 사군이 위치한 한반도 서북 지역의 지배계급 출신일 가능성이 높다는 것 이다. 가장 신랄한 비판은 『인도에서 온 허왕후, 그 만들어진 신화』에서 다루어진다. 인도 유학을 했고 '고대 한국과 인도의 문화 접촉'에 대해 연 구한 저자 이광수 교수의 의견을 압축해서 소개한다.

허왕후는 가공의 인물이다. 허왕후 전설의 상당 부분은 2~3백 년 전 조선 시대에 만들어진 것이며 『삼국유사』의 기록도 믿을 수 없다. 『삼국 유사』는 1281년에서 1283년에 쓰였는데 일연은 허황옥 이야기를 200년 전인, 즉 1076년에 만들어진 『가락국기』를 참고했고 그 책들은 『개황록』 혹은 『개황력』을 참고로 했을 것이다. 지금 『가락국기』나 『개황록(개황

● 　『허황옥 루트, 인도에서 가야까지』 김병모 지음. 역사의 아침. 2010

력)』은 전해지지 않는데 『개황록』은 김유신 가문이 편찬한 것으로 보인다. 신라의 장군이지만 가야계였던 그의 후손들은 정치적 격변기 속에서 몰락하는 가운데 자기 가문을 드높이기 위해 시조 할머니 허황옥 신화를 만들어냈을 것이다. 여기서부터 유래된 허황옥 신화는 민간으로 퍼졌고 그로부터 수백 년 후 『가락국기』에 옮겨졌으며 다시 약 200년 후 일연의 『삼국유사』에 실렸을 가능성이 많다. 또한 허왕후의 고향이라는 아요디아는 인도의 유명한 서사시 '라마야나'에서 나오는 왕국으로 허왕후가 왔던 서기 48년 무렵에는 현실에 존재하지 않았다. 다만 신화 속의 도시였으며 역사에 그 이름이 등장한 것은 5세기 이후였다. 보주도 실제 지명이 아니다. 산스크리트어로 '보'는 보편적 진리라는 뜻이기에 불교의 땅이라는 의미다. 허왕후의 릉도 누군가의 무덤일 것이며 조선 말기에 호계사에 있던 파사석탑이 이곳으로 옮겨졌고 신비한 설화는 호계사에서 창작한 것으로 보인다. 또한 쌍어문이 그려진 현재의 김수로왕 납릉 정문은 정조 17년, 1793년에 만들어진 것으로 거기 그려진 쌍어문 무늬를 그로부터 약 1700년 전의 김수로왕, 허황옥 시절과 연결시킬 수는 없다.••

문헌학적인 분석에 의한 이런 비판은 설득력이 있다. 그러나 『허황옥 루트』에 나오는 김병모 박사의 이야기도 역시 귀를 기울이게 한다. 그는 중국 보주普州가 현재 어느 도시인가를 밝히기 위해 중국 사서를 통해

•• 『인도에서 온 허왕후, 그 만들어진 신화』 이광수, 푸른역사, 2017

추적한다. 보주가 사천성 안악현의 옛 이름이라는 것을 알고 나서 직접 방문해 보니 현지인들은 지금도 자기 고장을 보주라고 부르며 보주라는 글이 들어간 상호, 간판을 많이 볼 수 있었다. 또 허씨 성을 가진 사람들이 천 명 정도 살고 있었으며 그들은 지금까지도 쌍어문에 대한 전설과 믿음을 갖고 있다며 현지에서 만난 사람들과 그들의 이야기를 생생하게 전하고 있다.

또한 김 박사는 『후한서』에서 보주에 살던 허씨 성 일가가 세금 문제로 반란을 일으켰다가 강하江夏로 이주당했다는 기록을 역사서에서 발견한다. 강하 지방은 오늘날의 우한武漢 지방으로 양쯔강 중류에 있다. 그때, 보주에 살던 허황옥 일가도 우한 지방으로 이주당했고 나중에 허황옥은 양쯔강을 타고 내려와 황해를 건너 가락국으로 왔을 것이라고 추정한다. 인도에서 가야까지 한 번에 오기는 힘들지만 우한 지방에서 양쯔강을 타고 내려와 서해를 건너는 것은 그리 어려운 일이 아니다. 김병모 박사는 더 나아가 인도에서 미얀마를 거쳐서 중국 사천성까지 오는 길을 답사하며 그곳에서도 쌍어문 흔적과 허황옥이 가져온 보석의 흔적을 찾아냈다.

나로서는 무엇이 맞는지 모르겠지만 분명한 것은 신라의 박, 석, 김씨가 외부에서 선진문물을 갖고 온 세력이듯이 가야의 김수로왕도 외부에서 왔으며 허황옥이 만약 실존 인물이라면 그녀 역시 외부에서 온 세력이었다는 것이다. 그런데 설화가 사실이라면 김수로왕은 허황옥이 온다는 것을 어떻게 알았을까? 이미 그 집단들끼리 연락을 할 정도로 서로 사정을 잘 알았다는 것 아닌가? 고대사는 여전히 수수께끼로 남아 있다.

이천 년 전
우리 민족은 다문화였다

———

허왕후릉 근처에는 구지봉^{龜旨峰}이 있다. 『삼국유사』「가락국기」에 의하면 서기 42년, 임금이 없었던 아홉 마을의 촌장이 춤추며 구지가^{龜旨歌}를 부르자 하늘에서 알 여섯 개가 든 금빛 상자가 내려왔다는 곳이다. 구지봉은 거북이 모양이지만 일제강점기 때 일제가 낸 도로에 의해 거북이 목(구지봉)과 몸통(수로왕비릉)이 잘렸다고 한다. 지금은 수로왕비릉에서 터널 위를 걸어 구지봉까지 갈 수 있다.

구지봉은 소나무숲에 둘러싸여 있었다. 둥근 원 모양의 널찍한 공터가 나왔고 '대가락국 태조왕 탄강지역'이란 비석이 보였다. 한쪽 구석에는 기원전 4세기경에 만든 것으로 보이는 고인돌이 있었으며 그 덮개에 한석봉이 썼다는 구지봉석^{龜旨峰石} 글자도 보였다. 학자들은 김수로왕이 하늘에서 온 것이 아니라 북방에서 철기 문명을 갖고 내려온 외부 집단의 우두머리로 보고 있다. 이 지방에서는 철이 많이 나서 철기 문화가 발전했고 금관가야라 부르는 것도, 성을 김^金(금)으로 삼은 것도 다 쇠와 연관이 있다고 한다.

여러 인종이 혼합되어 가야 민족이 형성되었는데 약 이천 년 전의 모습은 지금도 재현되고 있다. 구지봉에서 시내 쪽으로 걷다 보니 중앙시장, 동상시장 등이 나왔는데 태국말, 베트남말이 들려왔고 주변에 태국, 인도, 베트남, 캄보디아 식당들이 보였다. 어떤 동남아 계통의 젊은 여인은 시장 좌판에 앉아서 할머니와 함께 사이좋게 과일을 먹고 있었다. 시어머니와 며느리일까? 아니면 손녀와 할머니일까? 우리의 피는 이렇게 섞여 가고 있다.

허황옥의 실존 여부를 떠나서 우리 땅에는 과거부터 수많은 종족들이 모여들었고 서로 융합하거나 정복하면서 더 큰 집단을 만들었을 것이다. 각 집단은 자신들의 내력을 전설과 신화로 간직했고 언어로 보존했다. 지금 우리 눈앞에서 벌어지고 있는 이 현상은 이천 년 전의 모습과 비슷하지 않을까?

왜가 가야를 200년간 지배했다는 임나일본부설

일제강점기 때 일본 학자들은 김해와 낙동강 지역에서 '왜의 흔적'을 찾으려고 매우 애썼다. 4세기 중반부터 6세기 중반까지 약 200년간 왜가 한반도 남부에 '임나일본부'를 두고 일본 천황이 직접 통치했다는 '임나일본부설'을 믿었기 때문이다. '임나일본부설'은 역사학도들이라면 잘 알겠지만 일반인들은 잘 모른다. 나도 30대 초반에 일본 여행을 하면서 알게 되었다. 처음에는 이 설을 들으며 당혹스러웠다. 아니, 200년간 일본이 한반도 남부를 지배했었다고?

임나는 어디를 말할까? 일본 학자들은 임나가 금관가야 지방이라 주장하고, 더 나아가 경상도, 전라도, 충청도 일부까지 즉 대가야를 포함해 한반도 남부를 일컫는다고도 주장한다. 그런데 이 설은 우리의 역사서와 전혀 맞지 않는다. 『삼국유사』에는 엄연히 가야왕조가 지속되었다. 거기에는 '임나'라는 단어가 등장하지 않으며 왜와의 관계도 전혀 나와 있지 않다. 그런데 광개토대왕비에는 임나라는 지명이 나온다.

'임나일본부설'은 한때 한일 학계의 뜨거운 논쟁거리였다. 이것을 믿던 과거 일본의 우파, 군국주의자들은 임진왜란, 일제강점을 '고토 회복' 즉 옛날 자기들의 영토를 다시 차지하는 것으로 여겼다. 결론부터 말하면 '임나일본부'설은 지금 일본 학계에서도 주장하지 않는다. 그러나 여전히 '임나'라고 불리는 가야 지방에 왜가 영향력을 행사했다는 설은 포기하지 않고 있다.

나는 민족 감정을 떠나서 진실을 알고 싶었다. 그러자면 우선 그들이 720년에 만든 역사서 『일본서기』 원전을 읽어봐야 하는데 과거에는 번역판이 없었다. 그런데 2013년도에 『역주 일본서기 1, 2, 3』●이 나왔다. 요즘에 이것을 보았는데 얼마나 반가웠는지 모른다. 일단 전체를 보았지만 이 방대한 것을 어떻게 소개해야 할지 막막했다. 그래서 중요한 이슈를 놓고 『일본서기』와 우리의 역사서 『삼국사기』를 비교 분석해 보았

● 『역주 일본서기 1, 2, 3』 연민수, 김은숙, 이근우, 정효운, 나행주, 서보경, 박재용, 동북아역사재단, 2013

다. 역사 전문가는 아니지만 '임금님은 벌거숭이' 하는 심정으로 하나하나 따져 보았다. 그 과정 자체가 역사 여행이었다.

임나일본부설의 문헌적 근거는 『일본서기』 중에서 「신공기神功記」 부분이다. 신공神功황후는 묘한 인물이다. 그녀는 14대 중애仲哀(주아이)천황의 비이며 15대 응신應神(오진)천황의 어머니로 170~269년을 살았으며 201년에서 269년까지 응신천황을 대신해서 섭정했다고 기록되어 있다. '신공神功'은 일본어 원음으로는 '진구'라고 읽지만 우리는 '신공'이라 많이 쓰기에 신공황후라 쓴다. 그리고 일본 천황을 우리는 왕이라고 표현하는데 나는 천황이라 썼다. 천황을 존중하는 마음에서가 아니다. 천황이든 왕이든 오야붕이든 나에게는 그저 호칭일 뿐이다.

중애천황 8년(199년)

9월에 중애천황이 웅습이란 나라를 치려고 하는데 (하늘의) 신이 나타나 그곳은 쓸모없는 나라라고 말한다(웅습은 큐슈 남부에 있는 이민족으로 그전부터 서로 공격하며 사이가 안 좋았다). 대신 보물이 많은 '처녀의 눈썹과 같은 나라'를 치라고 권유한다. 그곳에는 눈부신 금은, 비단이 많이 있는데 '저금신라국'이라고 말한다. 천황이 높은 산에 올라 멀리 대해를 바라보았으나 그 나라는 보이지 않았다. 천황은 신에게 "제가 두루 살펴보았으나 바다만 있고 나라는 없었습니다. 어찌 텅 빈 곳에 나라가 있겠습니까?"라고 말한다.

중애천황 9년 신공황후 섭정 원년(200-201년)

중애천황은 웅습 침공을 준비하다가 200년 2월에 갑자기 죽는다. 신공황후는 신의 말을 듣지 않아서라고 생각하고 신라정벌을 준비하며 천황의 장례를 미룬다. 신공황후는 9월에 산달이었는데 돌을 들어 허리에 차고 "일이 끝나고 돌아오는 날, 이 땅에서 태어나소서"라고 말한다. 10월에 바람의 도움을 얻어 쉽게 신라에 이르렀다. 그때 배를 따라온 파도가 멀리 신라 내륙까지 미쳐서 신라왕은 전전긍긍했다. "신라의 건국 이래 바닷물이 나라 안까지 들어온 일은 아직 없었다. 천운이 다해 나라가 바다가 되는 것이 아닌가?"라고 말했다. 그 말이 채 끝나기도 전에 수군이 바다를 메우고 북과 피리 소리가 산천에 울렸다. 이 광경을 보고 신라왕은 전의를 상실했다. "내가 들으니 동쪽에 신국이 있는데 '일본'이라고 한다. 반드시 그 나라의 신병일 것이다. 어찌 방어할 수 있겠는가"라고 말한 후, 흰 줄을 목에 드리우고 두 손을 뒤로 묶고 도적(지도와 호적)을 바치고 왕선 앞에서 항복했다. "지금 이후부터 천지와 함께 복종하여 사부(미마카이, 말을 사육하는 곳)가 되겠습니다. 그리고 해마다 고기와 피혁, 명주와 무명을 바치겠습니다"라고 말했다. 어떤 사람이 신라왕을 죽이라고 권했지만 황후는 스스로 항복한 자는 죽이지 않는다며 살려준다. 신공황후는 돌아오며 12월에 츠쿠시에서 응신을 낳았다.

일본서기에서는 괄호를 친 후, 별도의 기록도 소개하고 있다. (어떤 책에는 이렇게 적혀 있다. 황후는 남장하고 신라를 쳤다. 신라왕은 마중 나와 무릎을 꿇고 황후의 배를 잡고 땅에 닿도록 머리를 숙이고 "신은 앞으로 내관가가 되어 일본국에 계시는 신의 아들에게 끊이지 않고 조공하겠습니다"라고 말했다. 또 다른 어떤 책에는 신라왕을 포로로 잡아 해변으로 가서 왕의 무릎뼈를 뽑고서 돌 위에서 기도를 하고 곧 베어서 모래 속에 묻었다. 그리고 한 사람을 남겨 신라의 재(천황의 말을 받들어 정치와 행정을 관장하는 관인)로 삼고 돌아왔다. 그 후 신라왕의 처는 남편의 시신이 묻혀 있는 곳을 알기 위해 재를 유혹한 후 시신을 찾고 재를 죽였다. 천황이 이것을 듣고 심히 노하여 군사를 크게 일으켜 신라를 멸망시키려고 하자 신라인들이 두려워하며 왕의 처를 죽이고 사죄하였다).

신공황후 섭정 5년(205년)

신라왕이 사신 3명을 보내 조공했는데 이전에 인질이 되었던 미질허지벌한(미사흔을 말함)을 몰래 도망치게 한다. 속은 것을 안 황후는 신라의 사신 3인을 불태워 죽였고 신라를 공격하고 돌아왔다.

신공황후 섭정 47년(247년)

4월에 백제왕이 구저 등을 왜에게 보내 조공하였는데 이때 신라의 사신도 함께 도착했다. 신라가 바친 공물은 진기한 것이 많고 백제의 그것은 적고 천해서 백제 사신을 추궁하니 길을 잃고 헤매다 신라인에게 붙잡혀 공물을 바꿔치기 당했다는 것이다. 이에 사신을 신라에 보내 책망한다.

신공황후 섭정 49년(249년)

왜는 봄 3월에 아라다와께 장군을 보내 신라를 정벌한다. 왜군은 병력이 부족해서 백제군 목라근자 장군의 지원을 받아 신라를 격파하고 비자발(창녕), 남가라(김해), 탁국(경산 혹은 창녕 영산 지역으로 추정), 안라(함안), 다라(합천), 탁순(창원 혹은 대구, 혹은 의령 등으로 추정), 가라(고령) 등 7국을 평정했다. 또 서쪽으로 군사를 옮겨 남만(백제를 중심으로 보아서 남쪽의 오랑캐), 침미다례(제주도, 혹은 강진, 혹은 영산강 유역으로 추정)를 도륙하여 백제에게 주었다. 이에 백제왕 초고(근초고왕)와 왕자 귀수(훗날 근구수왕)가 군대를 끌고 와서 만났으며 그들은 고사산(전북 정읍에 있는 산으로 추정)에 올라 "반석에 앉아서 맹약하는 것은 영원히 변하지 않을 것임을 보여주는 것이다. 이로써 지금부터는 천추만세에 끊임없이 항상 서번이라 칭하며 해마다 조공하겠다"라고 맹세하였다.

신공황후 섭정 51년(251년)

3월에 백제왕은 다시 구저를 보내 조공했다. 신공황후는 "백제국은 해를 거르지 않고 항상 와서 귀한 공물을 바치고 있다. 짐은 그 정성을 생각하면 항상 기쁘다"고 말하고 사람을 보내 큰 은혜를 베푼다. 이에 백제왕 부자(근초고왕과 태자)는 함께 이마를 땅에 대고 "귀국의 큰 은혜는 천지보다 무겁습니다. 언제 어디서건 어찌 잊을 수 있겠습니까? 영원히 서번으로서 결코 두 마음을 품는 일은 없을 것입니다"라고 아뢰었다.

신공황후 섭정 52년(252년)

가을 9월, 구저 등이 천웅장언(치꾸마나가히꼬)를 따라 와서 칠지도 한 자루와 칠지경(크고 둥근 거울 둘레에 6개의 작은 거울을 붙인 거울) 한 개 및 여러 가지 귀중한 보물을 바쳤다.

신공황후 섭정 69년(269년)

여름 4월 황후가 죽었다. (이때 나이 100세)

이렇게 자세하게 소개하는 이유는 문장을 보아야만 느낄 수 있기 때문이다. 처음에 이것을 읽으며 뒤통수를 맞는 기분이 들었다. 내가 모르던, 상상할 수 없는 사실들이 나오고 신라왕과 백제왕들이 너무 비굴하게 나왔기 때문이다. 그런데 믿음이 안 갔다. 신화도 아니고 역사서도 아닌 무협지를 읽는 기분이 들었다. 전지적 시점으로 자세한 상황은 물론 신라왕의 '혼잣말'과 심리도 세세하게 묘사한다. 이것이 역사서일까? 담담하게 사실을 적어 내려가는 우리 역사서 『삼국사기』와는 분위기와 형식이 전혀 다르다. 어릴 때부터 이런 무협지스런 역사서를 진실로 믿고 자란 일본인들은 얼마나 통쾌하고 일본을 자랑스럽게 여겼겠는가? 또 얼마나 한국을 깔보았겠는가? 14대 중애(주아이)천황과 15대 응신(오진) 천황 사이에서 섭정을 했던 신공황후는 근대 일본의 화폐에 등장할 정도로 신성시되었던 인기 좋은 인물이었다. 과거 일본인들의 뼛속 깊은 한국 멸시는 『일본서기』에서 유래한다.

	삼국사기	일본서기	
		신공 49년 (249년)	백제 초고왕(근초고왕)
백제 13대 근초고왕	346~375		**+120**
근구수왕	375~384		근구수왕
침류왕	384~385		침류왕
진사왕	385~392		진사왕

〈삼국사기와 일본서기의 연도 비교〉

『일본서기』에는 약점이 많다. 우선 일본 학자들은 「신공기」의 연대를 서력으로 계산할 때 이주갑=周甲을 인상한다. 즉 120년을 더한다. 처음에는 이건 무슨 술수인가, 하는 생각이 들었지만 그럴듯한 이유가 있다. 옛날 사서는 연대를 지금처럼 서기로 표기하지 않았다. 중국은 자기네 왕의 재위 기간에 맞춘 연호를 썼고 우리 역시 그에 따랐다. 그래서 중국과 우리는 서로 시기가 맞고 확인이 된다. 그런데 일본은 자기네 천황의 연호에 맞춰 연도를 표기해서 중국과 한국의 사건과 연결시키려면 계산을 해야 한다. 어떤 부분은 있는 그대로 해도 일치하는데 고대사, 특히 「신공기」 부분은 우리와 맞지 않아 이주갑(120년)을 더해야 맞게 된다. 예를 들면 『일본서기』 「신공기」에 백제의 '초고왕(근초고왕)'의 사건은 신공

49년의 일로 그때를 서기로 환산하면 249년이다. 그런데 이 시기는 『삼국사기』 「백제본기」에 의하면 8대 고이왕(234-286년) 시절로 맞지 않는다. 이것을 백제 13대 근초고왕(346-375년)과 맞추려면 120년을 더 해주어야 한다. 그럼 신공황후는 201년부터 섭정을 했기에 신공기 49년은 249년이지만 실제로는 369년이 되면서 백제 근초고왕 시절과 맞게 된다. 이렇게 하면 백제 근초고왕이 죽고(375년), 그 아들이 왕위에 올라 근구수왕이 되고(376년). 귀수왕이 죽은 후 침류왕이 왕위에 오르고(384년), 침류왕이 죽고 왕자의 숙부 진사왕이 찬탈하여 왕위에 오른다(385년)는 사건들의 시기가 『삼국사기』 「백제본기」로 보나 『일본서기』로 보나 거의 일치하게 된다.

그럼 신공황후가 섭정했던 시기는 '일본서기'에 의거해 서력으로 환산하면 201년부터 269년이지만 실제로는 여기에 120년을 더한 321년부터 389년이 된다. 문제는 이렇게 2주갑을 인상하는 것이 모든 시기에 해당되지 않고 어떤 곳은 그대로 계산해도 된다는 것이다. 예를 들면 『일본서기』에는 일본 21대 웅략천황(457-479년) 때 백제의 곤지가 일본으로 파견되는 기록이 나오는데 이 시기는 120년을 더해 주지 않아도 『삼국사기』에 나온 백제왕들의 시기와 맞는다. 또 『일본서기』에는 25대 무열천황(499-506년) 4년, 즉 502년에 백제의 말다왕(동성왕)이 죽는다고 나오는데 『삼국사기』 「백제본기」에도 동성왕이 501년에 죽는 것으로 나온다. 1년의 차이지만 거의 비슷해서 120년을 더해 줄 필요가 없다. 이렇게 되면 『일본서기』에 나온 일목요연한 그들 천황의 시기가 뒤죽박죽된다. 그렇지 않은가? 300년대, 400년대에도 『일본서기』에는 통치했던 천황들의 계보가 나오는데 신공황후의 일을 120년을 더하면 겹치게 된다. 그럼 두 가지가 '중복'된 상태에서 신공황후가 허구인가, 다른 천황들이 허구인가? 그래서 고대 일본 천황의 계보와 사건들, 특히 신공황후는 역사가 아니라 '창작한 것'이란 비판을 받게 된다.

일본 학자들이 임나일본부설의 근거로 쓴 또 다른 문서는 '송서' 왜전에 나타나는 왜의 다섯 왕이 남조의 송나라로부터 받았다는 작호다(여기서 말하는 송은 960-1279년에 고려와 교류했던 나라가 아니라 중국 남북조 시대에 남쪽에 존재했던 420년-479년의 나라를 말한다). 찬, 진, 제, 흥, 무라는 5인의 왜왕이 송으로부터 각기 작호를 수여받았다는데 일본사에서는 이 시대를 흔히 5왕의 시대라 부르고 있다. 이 중에서 진왕은 438년 송나라에 사신을 보내며 스스로 '사지절도독왜백제신라임나진한모한육국제군사안동대장군왜국왕'이라 지칭하고 이를 정식으로 승인해달라고 요청했다(여기서 모한은 마한을 말한다는 설이 있지만 다른 나라라는 설도 있다). 이 작호의 의미는 왜가 백제, 신라, 임나, 진한, 모한 등에 대한 군사권을 갖고 있다는 것이었다. 그런데 송은 모든 수식을 떼고 단지 '안동장군'이라 칭했다. 뒤이어 왜왕에 오른 제가 451년에 다시 요청했고 송에서는 '사지절도독왜신라임나가라진한모한육국제군사안동대장군왜국왕'이라는 작호를 인정해주었다. 이전과 비교했을 때 '백제'가 빠진 상태였다. 백제는 왜보다 이미 420년부터 줄곧 송으로부터 왜왕보다 한층 높은 '진동대장군'이란 작호를 받고 있었기 때문에 아마도 왜는 그런 현실을 인정하고 미리 백제를 뺀 채 인정해 달라고 요청한 것으로 보인다. 그 뒤 왜의 무왕이 다시 '백제'를 추가해서 송에게 요청했으나 송은 다시 '백제'를 뺀 후 인정했다고 한다. 그 이듬해인 479년 송이 멸망하고 남제가 건국되면서 그것은 그대로 승계되었다. 과거의 일본 학자들은 이것을 400년대에 왜가 한반도 남부를 지배했던 증거로 보았다. 『일본서기』가 아닌 중국 사서에서 나오는 것이기에 객관적 증거로 내세웠다. ●●

이런 문헌적 사료를 뒷받침하기 위해 일본 학자들은 고고학적 유물을 내세웠다. 『일본서기』「신공기」에 의하면 신공황후 섭정 52년, 372년 가을 9월, 백제의 근초고왕이 칠지도를 일본에 바쳤다는데 그것이 1873년 일본 덴리시에 있는 이소노카미 신궁에서 발견되었다고 일본 학자들은 주장했다. 칠지도는 칼날이 좌우로 3개씩 뻗어난 의식용 칼이다. 또 그 유명한 광개토대왕비문의 비문도 끌어들인다. 중국 지린성 지안현에서 발견된 광개토대왕비는 아들 장수왕이 광개토대왕 생전의 업적을 기리기 위해서 414년에 세운 것인데, 1882년경 만주에 있던 일본군 참모본부 소속 중위 사카와가 탁본을 구해 와서 1889년에 내용이 발표되었다. 여기서 일본 학자들이 크게 주목하고 강조한 것은 신묘년의 기록이

●● 『임나일본부설, 다시 되살아나는 망령』 주보돈, 역락, 2012

었다. 신묘년은 391년이고 0으로 표시한 곳은 판독이 불가능한 문자다.

"백잔신라구시속민유래조공이왜이신묘년래도0파백잔000라이위신민
(百殘新羅舊是屬民由來朝貢而倭以辛卯年來渡0破百殘000羅以爲臣民)"

'0破(0파)'에서 0을 海(해)로 읽고 000은 임나, 신라일 것으로 추측하
면 "백잔과 신라는 본래 속민으로서 조공하여 왔다. 왜가 신묘년에 바다
를 건너와 백잔, 임나, 신라를 쳐서 신민으로 삼았다"라고 해석된다. 백
잔은 백제를 낮춰 부르는 말이다. 그런데 여기서 백제와 신라가 (누구
의) 속민이었고, (누가) 백제, 임나, 신라를 쳐서 신민으로 삼았는가의
문제가 발생한다. 과거 일본학계는 "백제, 신라는 과거에 (고구려)의 속
민으로서 지금까지 (고구려)에 조공하여 왔는데 왜가 신묘년 이래 바다
를 건너와 백제, (임나 혹은 가라), 신라를 격파하고 신민으로 삼았다"
라고 해석했다.●●●

일본은 이런 문헌과 고고학적 유물들을 증거로 삼으면서 신공황후가
320년, 369년 신라를 정벌하고 조공을 받아 왔으며 391년에도 신민으로
삼았고 그 후 '사지절도독왜신라임나가라진한모한육국제군사안동대장군
왜국왕'으로서 562년까지 약 200년 동안 한반도 남부를 지배했다는 '임
나일본부설'을 완성한 후, 널리 일본 국민과 한국인들에게 교육시켰다.

●●● 『일본서기 입문』 야마다 히데오 지음, 이근우 옮김, 민족문화사, 1988

삼국사기와 일본서기의 비교,
무엇이 맞는가?

———

『일본서기』를 보면서 「신공기」에 나오는 연대와 사건들이 우리의 역사서인 『삼국사기』의 「신라본기」나 「백제본기」에 어떻게 나오는가가 궁금해서 꼼꼼히 비교해 보았다. 괄호( ) 속의 연도가 120년을 더해 준 실제 연도다.

첫 번째로 신공황후가 출산을 늦춰가면서도 신라를 정벌했다는 200년(320년)은 『삼국사기』의 「신라본기」에 의하면 흘해왕(이사금, 310-356년) 시절인데 320년에 『삼국사기』에는 그런 기록이 없다.

두 번째로 「신공기」 5년, 205년(325년)에 신라의 인질, 미질허지벌한이 도망간 사건이 있었는데 이는 척 보아도 신라의 박제상이 미사흔을 구출한 사건이다. 『삼국사기』 「신라본기」에 의하면 18대 실성왕(이사금, 402-417년)은 원년인 402년에 내물왕(이사금)의 아들인 미사흔을 왜국의 인질로 보냈고 19대 눌지왕(마립간, 417-458년) 때인 418년에 박제상이 일본에 가서 미사흔을 탈출시켰다. 『일본서기』에 등장한 사건보다 90여 년 뒤에 일어난 일이다. 정작 「신공기」에 나온 그 무렵에는 312년 3월에 왜국 왕이 사신을 보내 자기 아들의 혼처를 구하자 흘해왕(이사금)은 아찬 '급리'의 딸을 보냈고 344년 2월, 왜국이 사신을 보내 또 청혼했으나 흘해왕은 딸이 이미 시집을 갔다고 하여 거절했다는 기록이 『삼국사기』에 나온다. 또 346년 왜병이 변경의 민가를 약탈하고 금성을 포위하여 성문을 닫고 기다리다 그들이 퇴각할 때 기병으로 격퇴했다는 기록도 나온다(이 사건들은 『일본서기』가 아닌 『삼국사기』에만 기록되어 있다).

세 번째로 「신공기」 49년, 즉 249년(369년)에 신라를 격파하고, 신라와 백제를 신민으로 삼고 백제 근초고왕이 충성 맹세를 했다는 기록을 보자. 『삼국사기』 「신라본기」에는 딱 그 시기에 맞춰 왜가 공격했다는 기록은 없다. 다만 『일본서기』에서 말한 시기보다 5년 전인 17대 내물왕(356-402년) 시기, 364년에 왜병이 대대적으로 공격해 와 신라군이 매복 작전을 펴서 거의 모든 왜병을 죽였다는 기록이 나온다. 『삼국사기』 「백제본기」에는 근초고왕(346-375년)이 369년에 고구려가 침입해 와서 격파했다는 기록이 보이고 2년 후인 371년에는 평양으로 쳐들어가 고구려 왕(고국원왕)을 죽였다는 기록이 나온다. 『일본서기』에서처럼 왜병이 한반도에 출병하고 근초고왕이 왜왕에게 충성 맹세를 했다는 등의 기록은 전혀 보이지 않는다.

네 번째로 「신공기」 51년 즉 251년(371년)에 근초고왕과 태자가 일본을 영원히 섬기겠다 하고 252년(372년)에는 일본에게 칠지도를 바쳤다는데 『삼국사기』 「백제본기」에는 그런 기록이 없다. 다만 372년에 백제가 사신을 진(동진)에 보내 조공했다는 기록만 보인다.

다섯 번째로 「신공기」 62년, 262년(382년)에 신라가 조공해오지 않아 신라를 쳤다는데 『삼국사기』 「신라본기」에는 그 시기에 그런 일이 없다. 다만 17대 내물왕(이사금, 356-402년) 시절, 392년 고구려가 강성하였으므로 이찬 '대서지'의 아들 '실성'을 인질로 보냈다는 기록이 나온다. 그리고 393년 왜인이 와서 금성을 포위하고 5일 동안 성문을 닫아걸고 지키다 적이 물러갈 때 보병 1천 명을 보내 추격해서 격파했다는 기록이 나온다.

이렇게 보면 『일본서기』와 『삼국사기』의 기록들은 시기가 거의 안 맞고 내용도 다르다. 다만 가장 근접한 것이 「신공기」 49년, 즉 249년(369년) 무렵에 신라를 침공했다는 사실인데 『일본서기』에서는 왜가 한반도 남부의 영토를 점령했다고 하고 『삼국사기』에서는 그보다 5년 전에 침공한 왜를 신라가 격퇴시켰다고 기록하고 있다. 그러면 무엇을 믿어야 하는가의 문제가 남는다. 일본 학자들, 특히 과거의 일본 학자들은 『일본서기』를 살리기 위해서 『삼국사기』가 부실하고 조작되었다고 폄하하면서 무협지 같은 『일본서기』 「신공기」는 철저히 믿고 현실 속에서 확인받으려 했다.

그런데 민족감정을 떠나서 나는 상식적으로 『일본서기』에 대해 의구심이 든다. 우선 과거에 일어난 사건들에 너무 감정이 많이 개입되어 있다. 반면에 『삼국사기』는 담담하다. 김부식은 백제, 신라 사람이 아니라 고려 사람이다. 그는 삼국사기를 1145년에 편찬했으니 대략 그 일들이 일어난 지 7, 8백 년이 지난 후에 기록했다. 당연히 자세하지 않고 간단할 수밖에 없다. 그런데 김부식이 '조직적, 계획적'으로 역사를 왜곡할 이유는 없어 보인다. 그거 복잡한 일 아닌가? 요즘 와서야 왜국과 언제 싸웠니, 말았니 하는 사건이 일본에서 '임나일본부' 설을 들고 나와 문제가 되었지 그 시절에는 별로 주목받는 사건들이 아니었다. 또 김부식이 신라계 고려 사람이라 해도 7, 8백 년 전 과거의 일을 신라편이 되어 굳이 열성적으로 왜곡할 이유는 없어 보인다. 먼 과거의 일이고 김부식은 심지어 신라가 오랫동안 중국의 연호를 쓰지 않았다고 신라를 비판한 사대주의자다. 또한 그 시절에는 현재처럼 강한 민족주의 감정이 형성되어 있지 않았다.

반면에 『일본서기』에 적힌 기록들은 몇백 년 전의 일도 마치 옆에서 본 것처럼 생생하게 묘사했고 매우 감정적이며 신라에 대한 증오심이 섞여 있다. 또한 신공황후가 아이를 낳을 달인데 돌을 차고 정벌을 떠났다는 등 과도하게 신화화되어 있다.

이들이 신라를 공격한 이유는 중애왕 8년, 즉 199년에 신이 나타나 '웅습'이라는 쓸모없는 나라를 치지 말고 금은 비단이 많은 '처녀의 눈썹과 같은 나라'(신라)를 치라고 권유해서다. 어떤 원한이 있던 것이 아니다. 그런데 왜인들의 신라인에 대한 원한은 하늘을 찌르고 신라왕을 비천하게 묘사하고 잔인하게 대한다. 혹시 그전부터 원한 관계가 있을까 하여 『일본서기』의 앞부분도 꼼꼼히 살펴보았다. 신라와 약간의 문제는 있었다. 숭신崇神천황 65년(기원전 33년), 임나국(미마나노쿠니)이 소나갈질지를 파견해 조공하였다고 한다(이때 임나라는 말이 일본서기에 최초로 등장한다). 그런데 소나갈질지라는 임나인이 오던 해에 숭신천황이 죽었다. 그리고 수인▶ᄃ천황이 즉위한 후 2년째 될 때(기원전 31년) 소나갈질지는 임나로 돌아가겠다고 청한다. 천황은 비단 100필을 임나왕에게 하사했다. 그러나 신라인이 길을 막아 이것을 빼앗아버렸다. 양국의 원한이 이때 처음으로 생겼다고 『일본서기』에 분명히 적혀 있다.

이것을 믿는다 해도 비단 100필 뺏은 것이 국가적으로 그렇게 원한에 사무칠 일일까? 다음 해인 기원전 30년, 신라 왕자라는 천일창이 일본에 건너와 천황의 허락하에 근강국에 머물며 왜 여인과 결혼해 살았다는 기록이 나온다. 비단 100필을 뺏겨서 신라에게 원한이 맺혔던 왜는 다음 해에 나타난 신라 왕자 천일창에게 호의를 베푼 것이다. 그런데 약 230년이 지난 「신공황후기」에는 별다른 이유 없이 신라인에 대한 증오심이 드러나고 있어서 이 상황이 자연스럽지 않다. 또 『일본서기』에 보면 중애천황은 신라의 존재를 모르는 것으로 나온다. 신이 나타나 신라를 치라고 하자 중애천황은 바다 건너 무슨 나라가 있겠냐고 반문한다. 그 앞 시대에 비단 100필을 신라가 빼앗았고, 신라 왕자 천일창이 왔다는 기록이 분명히 있는데도 불구하고 약 230년이 지난 후에 중애천황은 그런 나라가 어디 있냐고 반문한다. 모순 아닌가? 하여 「신공기」나 「중애천황기」는 실제 사건이라기보다는 창작한 느낌이 든다.

다시 「신공기」로 돌아오자. 200년(320년)에 신공황후의 침입을 받은 신라왕은 "내가 들으니 동쪽에 신국이 있는데 '일본'이라고 한다. 반드시 그 나라의 신병일 것이다"라고 말하면서 항복한다. 일본이란 국호는 백제, 고구려가 멸망한 후, 나온 이름이다. 『삼국사기』「신라본기」에는 30대 문무왕(661-681년) 재위 10년(670년)에 "왜국이 나라 이름을 '일본'으로 고치니 '해 돋는 곳과 가까이 있다'는 뜻으로 이름을 지었다고 스스로 말하였다"라는 기록이 나온다. 그런데 「신공기」에서는 약 350년 후에나 등장하는 '일본'이란 단어를 신라왕이 쓰고 있는 것으로 나온다.

신공황후는 존재 자체가 의심이 간다. 신공황후는 우리나라의 사서나 중국 측 사서에는 존재가 없다. 다만 신공황후가 살았다는 시절에 '히미코(비미호)'라는 여인이 있었다. 중국의 역사서인 『위지왜인전』에 2세기 후반 일본의 소국들이 전쟁을 벌이다가 야마타이국의 히미코(비미호)를 왜국의 여왕으로 추대했다는 기록이 있다 한다. 『삼국사기』「신라본기」에도 8대, 아달라왕(154-184년) 때인 서기 173년 5월에 왜국 비미호가 사신을 보냈다는 기록이 분명히 나온다. 비미호는 히미코의 우리식 한자 발음이다. 즉 히미코는 중국의 『삼국지위지 동이전』, 한국의 『삼국사기』에 의해 증명받는 최초의 왜의 여왕이다. 히미코는 2세기 중후반부터 살다가 247년 혹은 248년에 사망한 것으로 알려져 있다. 그런데 신공황후도 120년을 더하기 전의 계산에 의하면 대략 170년에서 269년까지 살았다. 이주갑(120년)을 더하지 않는다면 히미코와 신공황후는 살던 시기가 비슷하다. 히미코와 신공황후가 같다고 보면 삼국의 역사서가 일치하는 셈이다.

그런데 히미코는 신라에 사신을 보냈을 뿐 전쟁을 벌이지 않았으며 강력한 왕국의 우두머리도 아니었다. 신공황후와는 성격과 행적이 다르다. 그런데 왜 일본 역사학자들은 그토록 「신공기」 연도에 120년을 더해 한반도의 역사와 맞추려고 할까? 그들에게는 한반도 남부를 정벌하고 신라, 백제로부터 조공을 받았다는 기록이 너무도 중요한 것이다. 특히 일본의 근대화 과정에서 민족의식과 자부심을 높이기 위해서는 이보다 더 좋은 재료가 없었다. 그런데 딜레마에 빠진다. 실존했던 히미코와 일치시키자니 시기나 성격이 안 맞고 신공황후의 존재를 내세우자니 주변 역사서에 등장조차 하지 않는다. 결국 신공황후는 히미코라는 인물에 신화적인 요소를 가미한 '가공의 인물'이고 여기에 백제의 역사 기록과 맞추어 가면서 창작했다는 비판을 받는다. 이런 비판은 해방 후 한국 학자들은 물론 일본 학자들도 했으며 지금은 가공의 인물로 보는 견해가 많다고 한다.

　물론 『일본서기』는 백제왕, 백제사에 대해서는 『삼국사기』보다 자세하고 정확한 부분도 있어서 완전히 무시할 수 없다. 그럴 수밖에 없는 것이 『일본서기』가 편찬되었을 때는 백제가 멸망한지 60년밖에 안 되었으며 백제 유민들이 갖고 간 백제 사료를 『일본서기』 편찬에 사용했기 때문이다. 그러니 역사서 편찬 작업에 참여했던 백제인들의 신라에 대한 분노가 배어들었고, 새로운 지배자 일본 천황에게 잘 보이기 위한 역사 왜곡도 있었을 가능성이 있다고 보인다.

일본의 역사 조작과
임나일본부설의 허구성

———

송서에 등장한 왜인 5왕의 작호도 한국 학자들의 비판을 받는다. 이 다섯 명의 왕의 이름은 『일본서기』에 나오지 않는다. 송나라의 역사서 『송서』의 「왜전」에 나왔을 뿐이다. 그런데 송이 인정해준 '사지절도독왜신라임나가라진한모한육국제군사안동대장군왜국왕'이라는 작호는 실제로 왜가 군사권을 가졌다는 증거가 되지 못한다고 한다. 다만 왜가 요청하니 송이 인정했을 뿐이며 신라는 왜와 끈질기게 싸운 나라인데 어떻게 왜가 신라에 대한 군사권을 가졌겠는가라는 비판이 있다.● 내 생각에도 그렇다. 송이 그런 사실을 나와서 조사를 할 수도 없는 일 아닌가? 중국 남북조 시대는 후한이 멸망한 후 수나라의 재통일까지 약 370년간(221-589년) 혼란기였다. 강남의 진(동진), 남조(송, 제, 양, 진)와 중원의 5호 16국, 북조로 분열되었었는데 남조의 한 나라로서 420~479년, 즉 59년 동안 잠시 존재했던 송이란 나라로부터 인정받은 '사지절도독왜신라임나가라진한모한육국제군사안동대장군왜국왕'이란 작호가 무슨 큰 의미가 있을까? 아, 읽기도 힘들다. 나는 이런 긴 작호를 처음 보았을 때 옛날 코미디언 구봉서와 배삼룡의 만담이 생각났다. 아이 이름을 지었는데 좋다는 것은 다 끼워 넣어서 한 번 부르려면 숨이 넘어 간다. '김수한

●   『임나일본부설, 다시 되살아나는 망령』 주보돈, 역락, 2012

무거북이와두루미삼천갑자동방삭치치카포사리사리센터워리워리세뿌
리깡…'. 이런 것들에서 나는 어떤 염원, 혹은 허세 같은 게 느껴진다. 광
개토대왕 비문의 해석에 대해서도 수많은 논란이 있다.

"백잔신라구시속민유래조공이왜이신묘년래도O파백잔OOO라이위신민"
(百殘新羅舊是屬民由來朝貢而倭以辛卯年來渡O破百殘OOO羅以爲臣民)

한국 학자들도 대개 'O파'에서 O을 '海(해)'로 읽고, 중간의 마모된 글
자를 임나(혹은 가라, 가야), 신라로 읽어왔지만 일본 학자들처럼 "왜가
신묘년 이래 바다를 건너와 백제, 임나(가야), 신라를 격파하여 신민으
로 삼았다"고 해석하지 않고, 고구려를 주체로 하여 "백제, 신라는 과거
에 (고구려의) 속민으로서 (고구려에) 조공하여 왔는데, 왜가 신묘년에
오자 (고구려가) 바다를 건너가 백제, 신라를 격파하고 신민으로 삼았
다"라고 해석했다.

여기서 북한 학자 김석형은 이것이 일어난 현장은 한반도 남부가 아니
라 일본이라고 주장한다. 즉 일본에는 신라, 고구려, 백제가 개척한 '분
국'이 있었고 임나도 그중의 하나며 한반도 남부가 아니라 일본 열도 내
에서 임나를 중심으로 고구려와 백제, 신라의 분국들끼리 싸웠다는 것
이다. 이런 설은 일본을 발칵 뒤집어 놓았지만 문헌상 증거가 희박해서
약점을 갖고 있다 한다. 한편 박시형은 OOO을 聯侵新(연친신)으로 보아
"왜가 신묘년에 오자 (고구려)는 바다를 건너 그들을 토벌하였다. 그런

데 백제는 (왜를 끌어들여) 신라를 토벌하고 신민으로 삼았다"고 해석했다. 그래서 고구려가 백제를 토벌했다는 것이다. 또 역사학자 천관우는 일본서기의 많은 사실들은 왜가 주체가 아니라 백제가 주체라는 설을 내세운다. 즉 '왜'가 한 일을 '백제'가 한 것으로 보면 된다는 것. 하긴 200년(320년)에 신공황후가 '남만'을 정벌했다고 나오는데 '남만'은 남쪽의 오랑캐라는 뜻으로 일본에서 보면 한반도 자체가 북쪽인데 웬 '남쪽의 오랑캐'일까? 백제 입장에서 보니까 한반도 남쪽 사람이 '남쪽의 오랑캐'가 된다. '일본'이란 국호도 그렇다. '해가 뜨는 곳'이란 백제, 즉 한반도에서 볼 때 일본 땅이 '해가 뜨는 곳' 아닌가? 이렇듯이 『일본서기』에 나오는 지명, 용어, 관점이 일본의 관점이 아니라 백제의 관점이라는 것이다.

어쨌든 설들이 많다. 그런데 일본 학자들의 주장대로 '왜가 백제와 신라를 신민으로 삼았다면' 그 후 나오는 싸움의 주체는 고구려와 왜여야 하는데 광개토대왕비를 보면 391, 고구려가 싸운 상대는 '주인'이라고 주장하는 왜가 아니라 백제였다. 그 후에도 백제는 고구려에 충성하겠다는 서약을 깨고 399년에 왜와 화통하였고 신라는 왜의 침입을 받자 고구려에 구원을 요청한다는 기록이 비문에 새겨져 있다. 결국 싸움의 주체는 고구려와 백제였고 백제가 왜를 끌어들인 것으로 보인다.

그런데 404년 왜가 대방 지역을 공격해서 고구려군이 평양성을 거쳐 왜병을 격파했다는 기록도 광개토대왕비에 나온다. 이런 파편적인 기록에 의거해 일본 학자들은 왜가 한반도 남부를 지배하며 고구려와 맞선 강한 존재였다고 부각시킨다. 그런데 왜는 싸웠지만 승리하지 못하고 계속 패한 존재다. 왜가 한반도 남부를 지배했다기보다는 백제가 필요해서 왜병을 끌어들였는데 고구려에게 박살이 난 것으로 보인다. 그들은 일본서기에서 왜의 존재를 드러내고 있지만 우리 측에 기록된 역사적 사실은 늘 왜병의 패배였다.

재일 사학자 이진희는 아예 비문에 등장하는 '왜'자가 원래 '후'자이며 일본 군부에서 글자를 왜곡했다는 주장을 한다. 그래서 "신묘년 이래 (백제와 신라가) 조공을 하지 않으므로 (고구려는) 백제와 신라를 치고 신민으로 삼았다"라고 해석하며 왜의 존재 자체를 무시했다. 그러다 중국 측에서 비문은 조작된 것이 아니라는 발표도 했었다. 나는 역사 전공자는 아니지만 한때 이런 논란이 너무도 흥미로워서 깊이 빠져들었던 적이 있다. 지금도 한국에서는 비문의 글자 자체를 문제 삼고 새로운 해석을 시도하는 연구가 계속 이어지고 있다.

칠지도에 대한 비판도 많다. 일본 학자들은 백제왕이 바쳤다고 주장했지만 칠지도에 적힌 명문 자체가 희미하고 해독이 어려운 부분이 있어 추정일 뿐이다. 연도도 언제 만들었는지 확실하지 않다. 또 한국 학자들은 그 시절 백제는 근초고왕이 고구려 평양성을 공격하여 왕을 죽일 정도로 강성한 나라였는데 무슨 왜에게 충성서약을 하고 칠지도를 바쳤겠냐고 비판하면서 오히려 백제가 일본에게 칠지도를 하사한 것으로 본다.

'임나일본부'는 임나 지방을 지배하는 관청이 아니라 6세기 중반에 왜에서 임나에 파견된 사신 혹은 왜 사신들의 집단으로 신라의 관을 쓰고 신라에 복종한 사람들이라는 설도 있다.** 일본에서도 전후에 '임나일본부설'을 비판하는 사람들이 나타났고 지금 한국, 일본 학자들 사이에서 그 설은 폐기된 것으로 보고 있다.

일본 중등학교에서 가장 많이 채택하는 역사교과서를 보면 '일본의 대화정권은 4세기 후반에 조선 반도 남부의 철 자원을 확보하기 위해 가야 제국과 긴밀한 관계를 맺고 있었다'는 정도로만 간략하게 설명했다고 한다. 그러나 여전히 임나일본부설과 밀접한 관계가 있는 역사적 기록은 강조하고 부록으로 실린 연표 항목에서는 391년을 '왜가 백제와 신라를 깨뜨린 해'라고 설명하고 있다 한다. ●●●

결국 '임나일본부설'은 19세기 말, 일본이 근대화를 추구하는 가운데 민족의 영광을 내세우고 식민제국을 통치하기 위한 이데올로기적 목적을 갖고 이런저런 역사적 문헌들과 고고학적 사실을 엮은 것으로 보인다. 그러다 군국주의가 무너지면서 같이 무너진 설이 되었지만 여전히 '불씨'를 간직하고 있다. 문제는 민족 감정에 의거해 그런 왜곡된 사실을 이용하는 우파 학자 및 정치 세력들 그리고 여전히 막연한 상식으로 그것을 믿고 있는 대중들이다. 또 전라도 영산강 유역에서 일본 특유의 무덤인 전방후원분이 나오고 나주 지방의 무덤에서 왜계 유물들이 나오면

●●　　『가야, 그 끝나지 않은 신화』 조원영, 혜안, 2008
●●●　　『임나일본부설, 다시 되살아나는 망령』 주보돈, 역락, 2012

서 왜인들이 한반도 남부에 영향력을 미쳤다는 설들이 힘을 얻고 있다 한다. 이런 이야기는 나주 여행에서 이어진다.

오래되고 질긴 인연, 왜와 백제와 신라

비록 '임나일본부설'이 허구라 하더라도 '임나'라는 실체조차 부정할 수는 없다.● 광개토대왕비문에 '임나'는 분명히 등장한다. 다만 임나가 가야인가, 따로 존재했나, 왜와 백제와 신라와의 관계는 어떠했는가는 여전히 논란거리다. 임나는 스스로 주체적으로 표현한 나라가 아니다. 주변 국가에서 거론될 뿐이다. 결국 왜, 백제, 신라, 고구려의 관계를 통해 들여다볼 수밖에 없고 특히 자신들이 임나의 주인이라고 주장하는 왜의 실체와 백제, 신라와의 관계를 더 파고드는 수밖에 없다.

백제는 고구려의 공격에 맞서는 과정에서 왜와 우호 관계를 유지할 수밖에 없었다. 『삼국사기』 「백제본기」에는 16대 진사왕(385-392년) 때인 392년 7월, 고구려왕 담덕(광개토대왕)이 병력 4만을 거느리고 쳐들어와 10여 개 성이 함락되고 왕은 나가 싸우지 못하여 한수, 북쪽의 여러 부락을 빼앗겼고 10월에는 고구려가 관미성을 함락시켰다는 기록이 나

● 『일본서기 한국 관계 기사 연구(2)』 김현구, 박현숙, 우재병, 이재석 공저, 일지사, 2003

온다. 광개토대왕 비문에 적힌 신묘년 391년과 1년 차이가 나지만 비슷한 시기고 내용도 같아서 신뢰가 간다.

그러자 17대 아신왕(392-405년) 때인 397년에 왜국과 우호관계를 맺고 태자 '전지'를 인질로 보내며 403년에는 왜국에서 사신이 오자 후히 대접한다. 고구려에 맞서기 위해 왜의 힘이 필요했기 때문이다. 백제는 왜로부터 군사력을 빌렸고 대신 문화, 문물을 전해준 것으로 보는 설이 있다. 그 후 아신왕이 죽자, 아신왕의 둘째는 섭정하면서 태자인 형을 기다렸는데 셋째가 둘째를 살해하고 스스로 왕이 되었다. 첫째 태자는 왜에서 부고를 듣고 울면서 귀국을 요청하자 왜왕은 병사 100명으로 그를 호위하여 보냈고 결국 백성들이 막내를 죽이고 첫째 태자를 맞이하니 그가 백제 18대 전지왕이 되었다. 405년의 일이다. 이것은 『삼국사기』 「백제본기」의 기록이기에 『일본서기』에 의해서 왜곡된 것은 아니다. 분명히 백제와 일본은 매우 가까운 관계였다. 마치 왜병 100명이 백제의 왕실을 좌지우지하기 한 것처럼 보일 수도 있지만 100명의 병력이 그럴 수는 없다. 다만 왜병은 첫째 태자를 호위한 것이고 부당하게 왕 자리에 올랐던 셋째 태자는 왜병이 아닌 백성들에 의해서 죽었다. 그 후에도 백제와 왜의 관계는 좋았다. 백제의 인질은 인질이라기보다는 우호사절단 같은 분위기였고 일본에서 지배층이 되어 귀족처럼 잘 살았다(한국에서는 백제가 일본의 왕실을 좌지우지했다는 설도 있다).

반면에 신라와 왜의 관계는 계속 나빴다. 광개토대왕비의 비문에서도 391년 이후의 침입이 확인된다. 399년에 백제가 왜와 연합하여 신라를 공격하자 신라는 광개토대왕에게 구조를 요청한다. "왜인이 신라의 국경에 들어와 성지를 부수고 노객(신하, 즉 신라 내물왕)을 왜의 민으로 삼으려 하니 왕께 귀의해 구원을 청합니다"라고 고한다. 400년 광개토대왕은 보병과 기병 5만을 보내 신라를 구원했는데 신라성(경주)에 이르니 그곳에 가득했던 왜군이 퇴각을 했고 계속 추격을 하여 종발성에 이르니 성이 곧 항복하였다는 기록도 나온다.

『삼국사기』 「신라본기」에 나온 왜의 침입은 어떠할까? 『삼국사기』를 살펴보니 시조인 박혁거세(기원전 57-4년)가 통치하던 시절인 기원전 50년 경, 왜인이 변경을 침입했다가 돌아갔다는 기록이 처음 등장하는 왜의 모습이다. 그 후 2대 남해왕(4-24년) 때인 서기 14년에 왜인이 병선 100여 척을 보내 해변의 민가를 약탈했고 14대 유례왕(284-298년) 때에도 세 차례의 침입을 받는다. 천 명이 사로잡혀 갔는데 어찌나 시달렸는지 유례왕은 295년에 백제와 함께 바다를 건너 왜국을 공격하려고 했지만 신하들이 '우리는 수전에 익숙지 못하여 위험하고 백제는 믿을 수 없어서 함께 일을 도모할 수 없다'고 하여 포기한다. 18대 실성왕(402-417년)은 402년에 왜국과 우호 관계를 맺고 '미사흔'을 왜국에 인질로 보낸다. 하지만 왜병이 계속 세 차례나 침입하자 실성왕은 408년에 왜인의 근거지인 대마도를 공격하고자 하지만 신하의 반대로 멈춘다. 그후 19대 눌지왕(417-458년) 때도 왜는 세 차례나 신라를 공격한다. 20대 자비왕(458-479년) 때에도 네 차례 침입했고 21대 소지왕(479-500년) 때도 세 차례 침입했지만 22대 지증왕(500-514년) 때부터 왜병의 출현이 뚝 끊긴다.

왜는 이처럼 신라를 끈질기게 괴롭혔다. 『삼국사기』에도 등장하지만 이들의 본거지는 대마도로, 신라를 침입한 왜병들이 항상 아스카, 나라 지방에 있던 야마토 정권의 지시를 받은 것 같지는 않다. 왜병은 수시로 신라를 약탈한 '도적의 행태'를 보이고 있다. 그 후 838년부터 청해진을 설치한 통일신라의 장보고가 해상을 지배하면서 왜는 잠잠해졌지만 13 세기에서 16세기에 다시 나타나 고려와 조선 그리고 중국을 괴롭히는데 이들은 '왜구'라는 해적으로 불리었다. 하여튼 역사 속에서 끈질기게 나타난 놈들이었다.

임나일본부설을 무너뜨린
대성동 고분군

———

대성동 고분군에 오르니 낮은 산에 올라온 기분이 들었다. 사방에 아스라한 산줄기가 보이고 수많은 아파트들이 들어서 있었다. 언덕에 봉분은 없었다. 다만 유골이 발견된 곳을 돌멩이로 덮어서 표시만 해 놓고 있었다. 안내판 설명을 보니 대개 다섯 명 정도의 순장자 유골이 나왔다. 대성동 고분군 근처에는 박물관이 있는데 안에는 고분에서 발굴된 유물들과 가야인의 생활상이 복원되어 있었다.

1991년 김해의 대성동 고분이 발굴되자 일본의 매스컴이나 학계는 '임나일본부설'이 무너졌음을 인정했다. 1세기에서 5세기까지의 대성동 고분 100여 기에서 일본보다 앞선 철기 유물이 쏟아져 나왔기 때문이다. 4세기 초 무렵에 쓰던 것으로 보이는 철제 무기, 철제 갑옷, 투구, 말안장, 서역 계통의 로만 글라스 조각 등이 나왔다. 특히 88호 고분에서는 청동 화살촉 4점, 바람개비 모양의 청동기 13점 등 왜계의 유물도 나왔다. 이 것을 파형 동기라고 하는데 청동 방패꾸미개다. 방패에 부착된 이런 파형 동기는 이전까지 고대 일본 왕족의 무덤에서만 출토되었는데 가야의 것이 시기적으로 왜보다 앞섰고 수량도 일본 왕족의 무덤에서 나온 것보다 더 많았다. 그럼 이 무덤의 주인이 왜인일까? 그것은 아니었다. 무덤의 구조가 왜와 다르고 순장 문화 등 북방 문화의 요소를 지니고 있었다. 결국 이것은 임나 지역에 있던 가야인이 왜의 지배를 받지 않았다는 증거다. 왜보다 더 선진화된 북방 철기 문화를 가진 가야가 어떻게 왜에게 지배당할 수 있나? 이 유물들로 인해 임나일본부설은 무너졌다고 한다.

대성동 고분군 발굴 소식을 듣고 기뻐한 일본 학자가 있었다. '에가미 나미오'다. 그는 일찍이 1948년에 일본의 지배계급은 한반도를 거쳐 내려온 부여 계통의 기마민족이란 주장을 하며 '기마민족 정복설'을 내세웠다. 그런데 훗날 대성동에서 발견된 철기 유물이 자기 설을 증명해준다고 반가워했다. 그의 주장에 의하면 마한의 목지국 진왕은 북만주의 퉁구스계 기마민족이다. 진왕의 후손 숭신천황(일본 10대 천황)이 수도를 임나(가야)에 두고 북큐슈로 침입했고 그 후손이 4세기 말에 동쪽으로 진출하면서 기나이^{畿內}(아스카, 나라, 오사카 지방)에 야마토 정권을 수립했다. 그 주인공이 15대 응신^{應神}(오진)천황으로 '한왜 연합왕국'을 만들었다는 설이다. 4세기 말, 5세기 초에 일본의 고분이 이전과 달리 엄청나게 커지는 것은 이런 기마민족의 도래 때문이라고 그는 주장한다. 그 이전 왜의 고분은 주술적, 상징적, 평민적, 동남아시아적인 농경민족의 특징을 보이는데 그 이후의 것은 현실적, 전투적, 귀족적, 북방 아시아적인 기마민족의 특징을 보이고 또 일본의 건국신화는 부여, 고구려 계통의 신화와 비슷한 천손강림형이라는 것이 그 증거라고 본다.

이런 설은 한일 양국으로부터 배척받았다. 일본 학자들은 자기들의 지배계급이 가야인이었다는 것이니 받아들이기 힘들었을 것이다. 또 일본의 기마 풍습은 에가미 나미오가 말한 것처럼 4세기가 아니라 5세기 무렵에 나타났고 또 기마민족이 그 시절에 대규모로 한반도 남부로 이동했다는 사실은 입증되지 않았다고 비판한다. 한국 학자들도 비판한다. 결국 가야 지방을 왜가 지배했다는 임나일본부를 인정하게 되기 때문이다. 또 한반도 남부에 있던 왜의 영향력이 강했다면 신라에게 밀려나는 과정에서 격렬한 전투를 벌일만 한데 그것에 관한 기록이 안 보인다고 비판한다.

그런데 약 300년 동안 이어지던 금관가야의 무덤들은 광개토대왕의 공격을 받았던 391년 이후부터 차차 사라진다. 400년대부터 급격하게 흔적이 희미해진 금관가야의 지배자들은 어디로 간 것이며 그들의 무덤은 어디에 있을까?

두 가지 설이 있다. 고령, 합천, 함안 지역 등 대가야 지역으로 갔다는 것이다. 상대적으로 발전이 더딘 경상도 내륙 지방이 5세기 초부터 급속히 발전한 것이 그 증거라고 본다. 또 하나는 북큐슈 지방의 왜국으로 이동해서 지배자가 되었다는 설이다. 이것은 작가 최인호의 장편 소설『제4의 제국』에 보면 잘 나온다. 소설은 원래 허구지만 작가는 역사 연구를 한 후 기본 줄거리는 허구가 아닌 역사적 사실로 주장했다. 그의 주장에 의하면 391년 광개토대왕의 공격을 받고 가야는 거의 궤멸되었다. 그 후, 가야의 유민 약 100만 명이 400년대 초에 왜로 대거 탈출했다. 그들은 세스, 가와치 지역에 들어가 하내국河內國(오사카 지역)을 세우고 주변의 긴기近畿 지역으로 진출해 야마토 정권의 토대를 만들었다. 일본의 10대 숭신천황은 원래 가야의 왕이었고 391년 고구려의 침입을 받자 그의 자손인 15대 응신천황(오진천황) 때부터 민족 대이동을 시작해서 16대 인덕천황(닌토쿠천황)이 야마토 정권을 완성시켰다. 인덕천황의 능은 일본의 최대 능이다. 작가는 응신천황 때부터 실제 역사에 존재하는 천황이며 그의 어머니 신공황후는 허구의 인물로 본다. 그 후 가야 계통의 왕조가 제 25대 무열천황까지 100여 년간 이어지다가 507년에 제 26대 계체천황(곤지의 아들)으로 교체됨으로써 가야 계통의 왕은 백제 계통의 왕으로 바뀌게 된다고 주장한다. 곤지는 백제 개로왕의 동생으로 작가는 그가 백제와 왜 사이에서 '킹메이커' 역할을 했다는 것이다. 실제로 곤지는 일본에서도 숭배받으며 지금도 일본에 그의 신사가 있다. 이렇게 가야, 백제와 밀접한 관계를 갖고 있던 왜는 신라의 3국 통일 후인 670년에 스스로 '일본'이란 국호를 내세우며 새로운 나라로 출발하게 된다는 것이다.

이런 설은 당연히 일본 학계에서는 받아들일 수 없고 한국 학계도 마찬가지일 것 같다. 학문적 세계에서는 증거가 필요한데 소설은 엄밀한 증거보다는 이런저런 설에다가 작가의 상상력을 결합시킨 것이기 때문이다. 진실이 무엇인지 확실치 않지만 어쨌든 가야, 백제, 신라, 왜는 서로 간에 영향을 주면서 존재했던 것은 분명하다.

『일본서기』에는 백제 사신이 544년에 신라에 의해 임나가 쇠퇴하는 정세를 길게 보고하면서 왜의 도움을 청하는 기록이 나온다. 그리고 흠명천황 23년, 562년에 신라가 임나관가를 공격하여 멸망시켰다는 기록이 있다. 임나에 대한 설명도 나온다. 통틀어 말하면 임나이고 개별적으로 말하면 가라국, 안라국, 사이기국, 다라국, 졸마국, 고차국, 자타국, 산반하국, 걸손국, 임례국 등 모두 열 나라라고 열거하면서 왜는 이렇게 분노를 표출하고 있다.

"우리 기장족희존(신공황후를 말한다)은 거룩하고 총명하여, 천하를 두루 돌아다니시며 인민을 보살피고 기르셨다. 신라가 궁지에 빠져 귀의한 것을 불쌍히 여겨서 목이 베어지려던 신라왕을 온전하게 하고, 신라에게 요충의 땅을 주어 신라로 하여금 유달리 번영하게 해주었다. 우리 기장족희존이 신라에 대해서 무엇을 박하게 했겠는가? 백성이 신라에 대해서 무슨 원한이 있겠는가? 그러나 신라는 긴 창과 강한 활로 임나를 침공해 멸망시켰고, 거대한 이빨과 갈고리 같은 손톱으로 사람들에게 잔학한 일을 하였다. 간을 가르고 발목을 끊고도 만족하지 않고, 뼈를 드러내고 주검을 태우고도 잔혹하다고 생각하지 않는다. 임나의 귀족과 백성을 칼과 도마를 써서 죽이고 젓갈을 담았다. 왕의 신하로서 사람의 곡식을 먹고 사람의 물을 마시면서 누가 차마 이것을 듣고 마음으로 슬퍼하지 않겠는가? 충성을 다하여 함께 간악한 역적을 죽여 천지의 큰 아픔을 씻고 군부君父의 원수를 갚지 못하면 죽어서도 신하의 도리를 이루지 못한 한이 남을 것이다."

신라에 대한 원한이 하늘을 찌른다. 가야의 지배층과 유민들이 신라에게 밀려나 나라를 버리고 왜로 이주해 지배층이 되었다면 이런 분노와 한이 이해가 된다. 만약 그렇다면 가야의 분노는 곧 왜의 분노였을 것이다.

『삼국사기』에는 532년에 금관가야 멸망, 562년에 대가야 멸망이 간단한 기록으로 등장하는데 『일본서기』에서도 562년에 임나가 멸망했다고 기록하고 있다. 결국 『일본서기』에서 임나라고 표현한 나라는 가야임이 드러난다. 가야가 쇠약해지자 왜의 신라에 대한 공격도 뚝 끊긴다. 과연 가야와 왜의 관계는 무엇인가? 가야는 분명히 김수로왕 등이 등장하는 우리 역사의 일부다. 『삼국유사』에는 금관가야 왕들의 계보도 나온다. 하지만 『일본서기』에는 우리 역사서에 나오는 이야기들이 등장하지 않는다. 하여 『일본서기』에 등장하는 임나는 정황적으로 보면 가야인데 내용을 보면 우리가 생각하는 가야가 아니다. 어딘지 '현실의 가야'와 '가상의 가야'가 초점이 딱 맞지 않은 채 어릿거리는 느낌이다.

여전히 가야사는 미스터리다. 일본인들은 『일본서기』를 통해 천황을 신성한 존재로 만들었고 일본인들의 독특한 정체성을 강조했지만 왜와 일본은 가야, 백제를 떼어 놓고 생각할 수 없다. 그래서 일본사도 여전히 미스터리다. 『일본서기』는 호수 같은 세계다. 그 책을 읽다 보면 호수에 비친 풍경을 보는 느낌이 든다. 나무, 하늘, 구름을 현실처럼 반영하지만 때때로 자신들의 한, 분노, 상상, 정치적 바람에 의해 모양이 일그러지는 세계다. 『일본서기』는 그렇게 우리를 헷갈리게 만드는 묘한 책이다.

일본서기와
천황제는 허구다

────

『일본서기와 천황제의 창출』이라는 책을 흥미롭게 본 적이 있다. 그 책에서 저자 오야마 세이이치 교수는 일본 천황제의 허구성을 여지없이 비판하고 있다. 그는 일본에서 불교가 자리 잡는데 큰 역할을 한 쇼토쿠 태자(6세기말)는 실존했던 인물이 아니며 그것을 수록한 『일본서기』 자체가 역사서로서 가치가 없다고 주장한다.

그는 중국의 『수서 왜국전』을 중심에 놓고 조사해 가는 가운데 소가노 우마코에 주목한다. 소가노 우마코(551-626년)는 천황 밑에서 정권을 담당했던 귀족 정치인으로 알려져 있지만 오야마 세이이치 교수는 그야 말로 대왕이었다고 한다. 즉 그 이전에 천황은 없었다는 것이다. 소가노 우마코는 500년대 후반 백제로부터 불교를 받아들이고 일본에 뿌리를 내리게 한 인물이다. 그런데 그의 자손들 소가노 에미시, 소가노 이루가 가 645년에 나카노오에中大兄와 가마타리에 의해 살해되면서 가문이 끝이 난다. 그 후 나카노오에가 천지天智(덴지)천황이 되면서 혁신을 하는데 이를 다이카 개신大化改新이라 부른다. 오야마 세이이치 교수는 천지천황 세력이 자신들의 쿠테타의 정당성을 확보하기 위해 소가노 집안을 악인으로 만들었고 소가노 우마코가 이룩한 불교 중흥 업적을 가공의 인물인 쇼토쿠 태자가 한 것으로 만들었다고 주장한다. 이때부터 일본에서 중국의 황제를 모방한 천황제도가 나왔다. 하지만 일본에는 중국처럼 절대 유일의 전제 권력이 성립할 기반이 없어서 실질적으로 권한을 가졌던 천황은 없었다고 본다.

672년 '임신의 난'이 일어난다. 천지천황이 죽은 후 그의 동생인 오아마황자大海人 皇子가 지방의 호족들과 함께 반란을 일으켜 조카로부터 왕위를 빼앗는 사건이다. 그는 천무天武(덴무)천황이 되는데 그가 한 일은 별로 없었다. 천무천황은 유약한 존재였다. 천황은 형식적으로만 법을 초월한 존재고 다만 인사권을 통해 권력을 행사할 수 있었다. 그러나 이것도 천황의 옹립에 관여한 세력과 인척에 의해 영향을 받았다고 한다. 그 후 천황의 외척 인물인 '후지와라노 후히토'의 주도로 720년에 일본서기를 편찬한다. 그는 천황제를 튼튼히 만들고 자신의 권력을 유지하기 위해서 천손강림이라는 신화를 구상했으며 신화와 역사와 허구를 뒤섞어서 일본서기를 만들었다. 후지와라노 후히토가 천황제라는 '프로젝트'를 완성시킨 주인공이라는 것이다. 오야마 세이이치 교수는 소가노 우마코나 천지천황은 진정한 대왕이었지만 그 후의 천황들은 후지와라노 후히토의 방 한 켠의 인형상자에 들어간 것으로 묘사한다. 천황은 절대권력자가 아니라 시대의 권력자들이 필요할 때마다 꺼내서 화장을 해주는 정도였다고 한다.•

오야마 세이이치 교수의 설이 일본 학계에서 어느 정도 인정을 받았는지 나는 모르겠다. 다만 소가노 우마코는 분명히 실재했던 역사적 인물이라는 것을 알고 있다. 일본 아스카에 가면 거대한 고인돌이 있다. 그 밑이 웅덩이처럼 깊게 파져 있는데 그곳이 소가노 우마코의 무덤으로 추정되고 있다. 아스카는 일본인들의 마음의 고향이다. 아스카 절 등 일본 고대문화가 퍼져 있는 이곳에 백제 도래인들이 많이 와서 산 흔적이 있다. 매우 아늑하고 평화로운 곳으로 봄날 자전거를 타고 돌아보면 좋은 곳이다.

그런데 소가노 집안이 백제계라는 설도 있다. 백제 개로왕이 죽고 한

• 『일본서기와 천황제의 창출』 오야마 세이이치, 연민수, 서각수 옮김, 동북아역사재단, 2012

성백제가 망할 때 개로왕의 아들을 데리고 웅진으로 간 장군이 목협만 치다. 이는 『삼국사기』 「백제본기」에 나온다. 그런데 『일본서기』에는 목 라근자라는 백제 장군이 나오고 그 아들이 목만치라는 기록도 나온다. 여기서 상상력이 깃든 설들이 또 나온다. 목라근자의 아들 목만치가 5 세기 무렵 일본에서 활약한 것으로 보이는 소가노 마치이며 그가 소가 노 집안을 일으킨 인물이라는 것이다. 또 백제에서 활약한 장군, 목협만 치의 이름이 목만치와 비슷해서 동일 인물이라는 설도 있는데 나이, 시 기가 좀 어긋난다. 하여튼 고대사에는 수많은 설들이 나오는데 나로서 는 판단할 수가 없다.

지금은 민족감정으로 대립되어 있지만 세월을 거슬러 올라가면 우리 는 한 곳에서 만난다. 진화인류학자 제레드 다이아몬드가 쓴 『총, 균, 쇠』 에 의하면 현생 인류는 세 갈래로 진화했는데 하나는 아프리카에 남았 고, 3~4만 년 전에 한 갈래는 유라시아 대륙으로 뻗어나가면서 북반구 에서 진화하다가 해빙기 무렵인 1만3천 년 전, 아메리카 대륙으로 넘어 갔다. 그리고 또 3~4만 년 전에 남쪽 길을 택해 인도 대륙, 동남아, 뉴기 니, 호주 쪽으로 간 일파가 있었다. 이들은 지금도 뉴기니에서 볼 수 있 는 종족으로 유라시아 대륙으로 진출한 인류와는 다른 길을 걸었다. 일 본에 오래전부터 정착한 조몬인들도 그 일파로 보고 있다. 빙하기 시절 에는 산둥반도, 한반도, 일본이 지금처럼 바다로 분명하게 갈라져 있지 않은 채 이어져 있었다고 한다. ●●

그러니 오래전부터 한반도와 일본에는 북방, 남방계가 뒤섞였을 가능성이 있다. 1만3천 년경 빙하기가 끝나면서 바다가 드러나고 한반도, 산둥반도, 일본은 분리된다. 서서히 한반도의 토착민들은 마한, 진한, 변한을 형성했고 기원전 1세기 무렵부터 북방에서 내려온 것으로 추정되는 기마족이 지배하면서 신라, 백제, 가야 등이 출현했다. 지배계급은 북방인이지만 피지배자였던 사람들은 '수많은 갈래'에서 왔을 것이다. 가야지방에서 발견된 유골을 유전자 검사해 보니 그중에서는 인도, 동남아, 뉴기니, 일본(조몬인) 쪽 갈래를 통해 진화한 즉 남방 계통의 유전자가 발견되었다는 보고가 있다. 즉 까마득한 세월 너머 이 땅에서 살아온 수많은 사람들에게 초점을 맞추면 '여럿'이 나온다.

일본인들도 마찬가지다. 고고학적 흔적을 보면 처음에는 해양에서 온 남방 계통의 조몬인들이 살다가 훗날 북쪽 한반도와 중국에서 인종들이 들어온 것으로 보인다. 기원전 3, 4세기경 한반도에 살던 사람들이 대규모로 일본으로 이주했다. 이들을 야요인이라 하는데 그들은 일본에서 농경 문화를 크게 일으키고 조몬 문화를 압도했다. 현대 일본인들의 유전자를 분석해 보면 남방계 조몬인의 특성보다는 한반도에서 건너간 북방계 야요인들의 특성이 압도적으로 많이 나타난다고 한다. 조몬인은 현재 아이누족으로 보고 있다.

●● 『총, 균, 쇠』 제레드 다이아몬드 지음, 김진준 옮김, 문학사상사, 2009

이런 인류학적 사실을 부정한 채 일본은 신성한 민족이고 하늘에서 내려온 천황이 지금까지 이어지고 있다는 식의 프레임은 완전한 허구다. 그래서 오야마 세이이치 교수의 "이제 일본이 역사를 냉정히 회고하고 어떤 허구에도 휘둘리지 않는 보편적인 인류사의 일원임을 자각할 때가 왔다"는 말이 인상에 남는다. 일본에도 양심적인 학자들은 있다.

'보편적인 인류사의 일원'이란 말은 일본에게만 해당되는 것은 아니다. 요즘에 나타나고 있는 중국의 동북공정 역시 보편적인 태도는 아니다. 그것에 대한 저항으로 우리 안에서도 강한 민족주의 성향의 역사적 관점이 생기고 있다. '국뽕' 현상은 세상 어디서나 생긴다. 강한 민족주의 감정에 의해 왜곡된 역사관은 '함께 살아야' 하는 미래를 어둡게 만든다. 그것은 우리에게도 해당되는 말일 것이다. 사실 인류는 거슬러 올라가면 한 집단이었다. 나는 내 나라, 내 민족을 사랑하고, 타민족을 존중하지만 너무 강한 민족주의를 내세우는 집단들을 보면 극히 우려스럽다. 그 나라가 어디든.

1 2
3 4
5

1. 봉황동 유적지는 기마 문명 집단의 터전이었다 2. 2천 년 전, 봉황동 유적지에 있었을 창고 모습 3. 인도에서 왔다는 김수로왕비 허황옥이 묻혀 있는 곳 4. 인도 아요디아에서도 수없이 발견되는 김수로왕릉의 쌍어문 무늬 5. 김수로왕 탄강비. 그는 하늘에서 내려온 알에서 태어났다

PART

2

충청

X 은진미륵과
호국의 도시

대한민국 군필자의 타임캡슐,
논산 육군훈련소

아무 생각 없이 하려던 일이 의미를 띠는 경우가 있다. 논산 여행이 그
랬다. 4월 중순, 푸른 신록의 기운을 느끼러 공주, 부여, 논산을 돌아보
려는데 아내가 말했다.

"신병들이 논산 훈련소에 입대하는 날이 월요일 아니면 화요일일 걸.
기차표가 없을 수도 있어."

몇 년 전 자기 조카들이 입대하던 요일을 기억하고 있다니 대단해. 확
인해 보니 월요일이 훈련소 입대일이었다. 마침 나의 여행이 시작되는

날이 4월 19일, 월요일이었다. 그럼 입대 광경을 봐야겠다고 생각했는데
어, 42년 전 내가 입대하던 날이 4월 18일이었잖아. 이럴 수가? 바로 이
맘때였다. 우연히 날짜가 그렇게 된 것이다.

　8시 32분, 기차는 용산역을 출발했다. 논산에는 10시 53분에 도착할
예정. 훈련소 가는 이들이 많이 탈 줄 알았는데 열차 칸은 텅 비어 있었
다. 한 칸에 4~5명 정도. 코로나 때문에 승용차를 타고 오는 사람들이
많은 것 같았다. 창 안으로 들어오는 햇살이 따스하다. 42년 전 어제가
생각났다. 1979년 4월 18일, 그때 머리를 빡빡 깎은 나는 광운공대(지금
은 광운대학교)로 갔었다. 그곳이 집합장소였다. 헌병, 군인들, 줄, 고함
소리들이 희미하게 기억난다. 그 후 근처 어딘가에 준비된 특별 열차를
타기 위해 정문을 나섰다. 팔짱을 끼고 교문을 통과해 나가는데 갑자기
'와…' 하는 고함 소리가 들려왔다. 가족들, 친구들이 배웅을 하며 환성
을 질러대고 있었다. 어떤 이들은 플래카드를 흔들었다. 머리끝이 쭈뼛
해지면서 가슴이 떨려 왔다. 기차에 타는 동안 호루라기 소리가 어지럽
게 들려왔다. 자리에 앉으니 흥분되었던 가슴이 가라앉았다. 창밖에서
가방을 든 남자아이가 누군가를 불러댔다. 친구를 배웅하러 왔다가 늦
었나 보다. '누구야, 누구야'하며 부르는 소리가 애절했다. 이쪽저쪽에서
훌쩍거리는 소리가 들려왔고 나도 그만 눈물이 나왔다. 기차가 출발하
자마자 우리는 군인이 되어갔다. 우리보다 좀 나이 들어 보이는 아이가(
아마 군대를 조금 늦게 가는 것 같았다) 딱딱거리던 군인에게 뭐라 한 마
디 했다. 무슨 말인지 기억은 안 난다. 군인 다루듯이 하지 말라는 이야

기였나? 하여튼 항의였다. 그러자 군인이 그의 팔을 꺾은 후 등짝을 주먹으로 패기 시작했다. 퍽퍽. 숨 막힐 듯한 침묵 사이를 뚫고 들려오는 소리에 가슴이 졸아들어 갔다.

어느새 기차는 조치원을 지나고 있었다. 졸음이 왔다. 한숨 자고 깨어나니 논과 낮은 가옥들이 펼쳐졌고 이윽고 논산역에 도착했다. 역사가 깔끔했다. 나오는 승객을 보니 열댓 명 정도밖에 안 된다. 머리를 짧게 깎은 젊은이들과 가족들이다. 역에서 나오니 택시기사들이 호객을 한다. 그들을 뒤로 하고 시외버스터미널로 향했다. 길을 몰라 사람들에게 물어보니 무뚝뚝해 보이던 노인도, 중년 사내도 느긋한 충청도 사투리로 매우 친절하게 가르쳐 준다. 마음이 푸근해진다. 근처의 정류장에서 훈련소 가는 버스를 기다렸지만 버스는 하염없이 오질 않았다. 결국 택시를 탔다.

"논산에서는 버스가 잘 안 다녀유. 이용하는 사람이 적으니께."

"오늘 입영하는 신병들이 오는 날이지요?" "맞아유. 월요일 날 오고 또 목요일 날 오구…. 그런데 요즘은 다 자가용 타고 오쥬."

택시기사는 점잖고 푸근했다. 마음이 편안해졌다. 예전에는 논산이 '돈산'으로 불렸다고 한다. 각지에서 신병과 면회객들이 와서 먹고, 자고 또 온 김에 관광도 해서 돈이 많이 풀렸었다고 한다.

어느새 택시가 연무대 육군훈련소 앞을 지나고 있다. 내가 4주 동안 지독하게 훈련받았던 곳이다. 신병들은 처음부터 훈련소로 가는 것이 아니다. 일단 수용연대에서(지금은 입영심사대로 부르지만 그때는 그렇게 불렀었다) 신체검사를 받고 의복을 지급받은 후, 대기를 하다가 훈련소로 갔었다. 드디어 '입영심사대'라 현판이 써 붙여진 부대 앞에 도착했다. 그러나 나는 내 입에 익은 대로 '수용연대'라 부르겠다. 그런데 여기가 그때 거기 맞나? 40여 년 전에는 수용연대 앞에 민가들도 많았던 것 같은데 지금은 식당, 카페들은 많지만 마을이 아닌 황량한 대로다. 이전했나? 오후 1시 반에 입소한다는데 11시 반이라 부대 앞은 한산했다. 부대 앞 가게에서 뭔가를 사는 젊은이들이 보였다. '들어가도 압수당하지 않는 입영 5대 필수용품'인 시계, 깔창, 물집 방지 밴드, 아대, 화장품 등을 팔고 있었다. 화장품? 자세히 보니 화장품, 위장크림이라고 써 붙였는데, 우리는 종이를 태워서 그걸 얼굴에 바른 것 같다. 42년 전 기억은 희미하다. 우리 때는 민간 사제품을 모두 압수당했었다.

밥을 먹기 위해서 식당을 기웃거렸는데 식당마다 꽉꽉 차 있었다. 한우, 불낙전골…, 군대 가는 자식들에게 좋은 음식을 사주는 모습들을 보니 가슴이 아릿해진다. 카페에도 입영하는 신병 가족들이 다 들어차 있었다. 혼자서 식사할 곳은 없었다. 편의점도 없었다. 간신히 짬뽕 한 그릇을 먹을 수 있었다. 사람들이 엄청나게 오는데 나 혼자서 네 자리를 차지하고 앉아 있자니 미안했다. 그런데 식당에서 일하는 아줌마가 느긋하다. 나에게 눈치도 주지 않고 새로 오는 손님들에게 느긋하게 "조금만 기다리세유" 한다. 충청도 아줌마의 여유에 마음이 한결 편해졌다.

점심을 먹고 다시 수용연대로 가는데 내 앞에 일가족이 걸어간다. 아버지가 앞장서고 엄마와 아들은 손을 꼭 붙잡고, 할머니는 뒤에서 쫓아 가고 있다. 입대하는 청년이 아이처럼 보였다. 나이 먹어도 엄마 앞에서 자식은 다 아기다. 42년 전 5월 8일, 어버이날에 훈련소 연병장에서 여 느 때처럼 머리를 땅에 박고 기합받았는데 조교들이 일부러 "나실 제 괴 로움 다 잊으시고, 기르실 제…" 하는 노래를 시켰다. 우리가 어떻게 그 노래를 부를 수 있었겠는가? 우리는 땅에 머리를 박고 눈물, 콧물 다 흘 리며 통곡을 했었다. 그래도 "남아의 끓는 피, 조국에 바쳐, 충성을 다하 리라 맹세했노라"라는 군가를 부르며 그 험한 시기를 우리는 이겨냈다. 1시가 넘자 부대 안으로 들어갈 수 있었다. 코로나로 인해 입영 환영식 은 없다는 안내방송이 나왔다. 상상했던 것처럼 슬픈 광경은 펼쳐지지 않았다. 다들 담담하게 사진을 찍으며 웃었다. 드디어 1시 반이 다가오 자 아이들이 하나둘씩 가벼운 가방을 들고 비탈길을 걸어 내려갔다. 그 제야 아이의 뒷모습을 바라보는 가족들이 눈물을 닦는다. 우리 조카들도 저렇게 걸어갔겠구나 생각하니 가슴이 서늘해졌다. 그런데 이미 다 제대 를 한 후, 잘 살아가고 있다.

옛날에 나는 집단으로 줄을 서서 수용연대에 입소했었다. 들어가자마 자 황당했던 것은 '욕'이었다. 며칠 먼저 온 아이들이 우리들과 연병장에 서 마주치면 "XX년"이라고 욕을 해댔다. 아니 놈도 아니고 년이라니. 그 러지 않아도 거친 아이들이 군대에 와서 더 거칠어져 갔다. 여기 묵던 며 칠 동안 유일한 낙은 저녁이면 들려오는 '산울림'의 노래였다. 그 시절, 산울림은 최고로 인기였고 나 또한 좋아했었는데 세 형제 중 둘, 즉 큰

형 김창완 말고 그 밑의 동생 둘이 며칠 전에 입대해서 수용연대에 왔다는 것이다. 밤만 되면 공연장에서 부르는 그들의 노래가 들려왔다. 나는 '아니 벌써'와 '빨간 풍선'을 들으며 불안감과 두려움을 달랬다. 그 유명한 산울림도 군대 왔다는 사실이 막연하게 위로가 되었다. 나중에 훈련소에 들어가 사역을 할 때였다. 그 시절, 무슨 공사가 있는지 훈련이 없는 일요일 날이면 벽돌 몇 개씩을 들고 먼 길을 걸으며 운반했었다. 그때 논산 훈련소에서 근무하던 어떤 병사가 우리를 보며 외쳤다.

"얘들아, 힘내! 국방부 시계는 쉬지 않고 돌아간다!"

그러자 옆에 있던 병사들이 웃으며 군화발로 그의 엉덩이를 걷어찼다. 보니 이등병, 우리보다 1~2개월 먼저 들어온 신병이 우리 앞에서 폼을 잡은 거였다. 그 들뜬 목소리에는 진심이 가득 담겨 있었다. 나도 뒷모습을 보이며 들어가던 젊은이들에게 그 말을 해주고 싶었다. 얘들아, 국방부 시계는 그때나 지금이나 쉬지 않고 돌아간다. 너희들 때문에 국민들이 다리 뻗고 잔다. 가족들에게도 응원을 보냈다. 자식들을 군대에 보내는 당신들이야말로 진정한 애국자다. 당신들이 있기에 이 나라가 건재하고 있다는 말을 꼭 하고 싶다.

계백장군의 묘와
논산8경 탑정호

———

계백장군 묘는 우연히 가게 되었다. 탑정호까지 택시를 타고 가던 길에 '계백장군 묘'라는 팻말을 본 것이다.

"아니 계백장군 묘가 여기 있나요?"

"그런가 봐유. 지금 가시는 탑정호 수변생태공원 근처에유."

탑정호보다 묘에 먼저 가기로 했다. 주차장에서 내려 걸어 올라가니 적막하다. 계백장군 묘 옆에 있는 백제군사박물관은 월요일이라 휴관 중이었다. 얼마 걸어가자 소나무숲 사이로 계백장군의 묘가 나왔다. 과연 여기에 계백장군이 묻혀 있을까? 황산벌전투 후 백성들이 가묘를 만들었다는 이야기가 전해져 내려왔는데 1965년 백제문화 되찾기운동의 하나로 계백장군 무덤으로 '인정해서' 충남기념물 제74호로 지정했다고 한다.

5천 명의 결사대를 이끌고 5만 명의 신라군에 맞서 싸웠던 장군 계백은 기록이 많이 남아 있지 않다. 『삼국사기』 「백제본기」에 의하면 "의자왕은 장군 계백을 보내 결사대 5천 명을 거느리고 황산에 나아가 신라 군사와 싸우게 하였다. 계백은 네 번 크게 싸워 모두 이겼으나 군사가 적고 힘도 꺾여 드디어 패하고 계백도 죽었다"라고 나오고, 「신라본기」에는 신라군의 입장에서 적고 있다. 김유신 등이 황산벌에서 네 번을 싸웠으나 졌다. 그러자 장군 흠순이 아들 반굴에게 목숨을 바쳐 싸우라 명하자 반굴은 싸우다 죽는다. 또 품일이 아들 관창(또는 관장)에게 "네 나이 열여섯이지만 오늘의 싸움에서 모범을 보이라"고 하자 관창은 홀로 백제 진영에 가서 싸우다 잡힌다. 계백은 너무 어린 관창을 보고 살려 보낸다. 그러나 관창은 다시 가서 싸우다 결국 목이 잘렸고 백제군은 말안장에 관창의 목을 매달아 신라 진영에 보낸다. 그러자 신라군이 죽을 마음을 먹고 진격하여 백제가 패하게 된다는 잘 알려진 이야기가 나와 있다.

『삼국사기』「열전」에는 계백에 대한 이야기가 조금 더 나온다. "당나라와 신라의 대군을 당해내야 하니 국가의 존망을 알 수 없다. 내 처와 자식들이 포로로 잡혀 노비가 될지 모르는데 살아서 욕을 보는 것보다는 차라리 쾌히 죽는 것이 낫다"라고 말하며 가족을 모두 죽인 후 전쟁터로 갔다. 전쟁사에서 이렇게 처절했던 장군이 있었나?

아담한 봉분은 고즈넉했고 어디선가 새소리가 들려왔다. 아무도 오지 않는 그곳에서 한참을 서 있었다. 말이 그렇지 자기 처자식을 죽일 때의 마음은 상상조차 하기 싫다. 그 각오로 싸웠기에 5천 명의 백제군은 5만 명의 신라군을 네 번이나 이겼다. 신라군도 필사적이었다. 자신의 아들을 제물로 바치고 승리했다. 그때는 지도자들에게 그런 정신이 있었다. 특히 신라는 수없이 괴롭힘을 당하는 가운데 정치인, 군의 장군, 화랑 등 지도자들에게 '노블레스 오블리주nobless oblige'라는 먼저 희생하고, 솔선수범하는 도덕적 의무감, 정신이 있었다.

반면에 백제는 신라보다 강했기에 오히려 지도층이 타락하고 국제 정세를 읽을 줄 모르는 무능함으로 인해 나라가 한순간에 망했다. 하지만 계백장군이 있음으로 인해서 백제는 빛난다. 계백장군에 대해서 알려진 것은 거의 없다. 그가 태어난 해, 그의 집안도 알 수 없고 계씨가 아니라는 설도 있다. 그런데 황산벌은 어디일까? 탑정호 동쪽의 벌판, 즉 연산면 연산리 일대라고 한다. 지금도 그곳에는 '황산벌'이란 지명이 많이 보인다. 또 논산시 양촌면 일대라는 설도 있다. 그 처절한 전투를 뒤로 하고, 지금 이 묘지는 계백장군을 기리는 충장사라는 사원과 백제군사박물관이 옆에서 지키고 있다.

탑정호는 그곳에서 걸어 5분 거리였다. 논산 8경 중에서 2경이라는 탑정호는 충남에서 두 번째로 넓은 호수다. 1944년에 만들어진 이 저수지의 물은 논산 시민의 식수로 공급되며 호수에서 잡히는 쏘가리, 잉어, 붕어 등의 민물고기 매운탕은 유명하다. 멀리 호수를 가로지르는 '출렁다리'가 보였다. 4월쯤 한국에서 제일 긴 '출렁다리'를 개통할 예정이었는데 얼마 전 젊은이들이 차를 몰다가 추락하는 바람에 개통식이 뒤로 미뤄지고 있었다. 월요일 오후인데도 생각보다 사람들이 있었다. 호수 주변 벤치에 앉아 커피를 마셨다. 드넓은 호수 풍경과 볼을 스치는 바람이 마음을 느긋하게 해준다. 논산에 와서 계속 느끼는 편안한 기운이다.

현대에 다시 주목받는
관촉사의 은진미륵

———

드디어 은진미륵을 보러 간다. 정식 이름은 '석조미륵보살'인데 은진면에 있어서 은진미륵이라 불렀다고 한다. 은진미륵은 논산 8경의 제1

경으로 반야산 기슭에 있는 관촉사에 안치되어 있다. 크기가 어떤 자료에는 17.8미터, 어떤 자료에는 18.12미터인데 무엇이 맞는지 모르겠다. 하여튼 우리나라에서 최고로 큰 불상이고 국보 제323호다. 그 정도로만 알고 있던 은진미륵이었는데 인터넷에 뜬 사진을 보고 조금 흥분했었다. 아니 캄보디아의 앙코르 유적지 '바이욘 사원'에서 본 관세음보살상과 비슷하잖아? 남성적인 힘이 넘쳐흘렀다. 탑정호에서 콜택시를 타고 관촉사로 가는 동안 기사에게 물었다.

"관촉사에는 사람들이 많이 옵니까?"

"많이 오지유. 다른 곳의 불상과 틀려유. 어떤 사람은 한 번 보고 또 보러온다니께요."

기사는 은진미륵을 자랑스럽게 여기고 있었다. 관촉사 앞에서 내려 매표소로 가니 표 파는 노인이 웃으며 반갑게 맞았다.

"어이구, 어서 오세유. 택시를 타고 오셨네유."

사무적이지 않게 손님을 대하는 따스한 관심과 친절이 고맙다. 가파른 계단을 따라 언덕 같은 산을 올랐다. 정문을 통해 들어가니 왼쪽에 요사체(스님이나 신도들이 기거하는 곳)가 있고 중앙에 새로 생겼다는 법당 그리고 오른쪽에 조그만 미륵전이 보였다. 은진미륵은 미륵전 뒤편 산 밑에 우뚝 서 있었다. 역시 크다. 인상도 사진에서 본 것처럼 무뚝뚝하다. 두근거리는 가슴을 안고 다가갔다. 중년 부부가 그 앞에서 구경할 뿐 경내는 적막했다.

설화에 의하면 어느 여인이 고사리를 캐다가 큰 바위에서 아이 우는 소리를 듣고 관가에 알렸더니 나라에서 '이것은 큰 부처를 조성하라는 길조'라며 금강산에 있는 혜명대사를 불러 불상을 조성하게 했다고 한다. 솟아난 바위를 허리 아랫부분으로 만들고 가슴과 머리 부분은 30리 떨어진 곳의 바위를 옮겨와 이어 붙였다고 하니 서로 다른 돌을 합쳐서 만든 것이다. 고려 광종 19년(968년)에 시작해서 목종 9년(1006년)에 완성했으니 38년이나 걸린 역사였다. 불상에서 나오는 상서로운 기운이 천지에 가득했고 백호(미간에 난 길고 굵은 하얀 털)에서 나오는 밝은 빛이 중국까지 건너가 송나라 지안대사가 빛을 따라 찾아와 예불을 올렸다고 한다. '그 빛이 마치 촛불을 보는 것 같다'라고 하여 절 이름이 관촉사가 되었다고 한다.

중앙의 수인(깨달음이나 활동을 상징적으로 나타내는 손가락의 모습)이 다른 불상과 달랐다. 손가락이 부조처럼 몸통에 붙은 채 아래로 꺾여 있었다. 머리 위에는 장방형의 보관(보배로운 모자)이 얹혀 있고 밑에 원통형의 길쭉한 관이 있었다. 원통형의 관에는 구멍이 세 개 있는데 거기에는 원래 작은 불상들이 달려 있었지만 일본인들이 떼어 갔다고 한다. 얼굴 형태는 사진에서 보던 대로 파격적이다. 신라 시대의 불상처럼 은은한 미소를 담은 균형미가 보이지 않고 코도 넓적하고 입술도 두둑하다. 원래 보살상은 중성적인데 이 불상에서는 남성적인 힘이 넘쳐흘렀다.

인터넷에서 본 기사가 생각났다. 2007년 은진미륵의 정비사업에 참여한 국립중앙박물관 최선주 학예연구관은 아파트 6층 높이(18.12미터)에 직접 올라가 은진미륵의 까만 눈동자를 보는 순간 전율과 경외감을 느꼈다고 한다. 아래에서 볼 때는 검은 눈동자가 화강암에 검게 칠한 것인 줄 알았는데 가까이 보니 흑색 점판암으로 검은 눈동자를 제작한 뒤 미리 파놓은 눈 모양의 부분에 끼워 놓은 것이었다.

그런데 나에게 더 인상적인 것은 미륵전의 형식이었다. 미륵전 안에 불상이 안치되어 있지 않았다. 이런 형태는 처음이다. 부처님이 앉는 자리를 텅 비운 채 창문을 통해 거대한 은진미륵이 보이게 했다. 워낙 큰 미륵불상이라 멀리 있어도 액자 안에 있는 불상처럼 다가왔다. 자연과 불상과 건물이 혼연일체가 된 느낌. 전위적인 예술품을 보는 것 같았다. 미륵전 안으로 들어가니 그리 크지 않은 공간, 왼쪽 구석에서 중년 여성이 커다란 불경책을 펴놓고 읽다가 절을 하고 있었다. 내가 들어와도 전혀 신경 쓰지 않았다. 나는 정숙하게 앉아 정면의 창밖으로 보이는 미륵상을 바라보았다. 액자 속에 들어앉은 그림 같다. 섬세한 아름다움은 없지만 눈길은 엄정하고 입술은 자비로웠다. 어디선가 새소리가 들려왔고 열린 문을 통해 바람도 불어왔다. 은진미륵과 그 뒷산에 핀 붉은 상사화, 파란 하늘과 그 앞의 연등, 그리고 적막한 기운과 바람이 어우러진 장면은 그 자체가 하나의 예술 작품이었다.

은진미륵이 탄생하던 시절에는 힘이 중요했다. 통일신라 시대의 불상은 절대자와 호족들의 근엄한 이미지를 질서와 조화 속에서 표현했지만 고려인들은 은진미륵에서 민간신앙으로 남아 있던 장승의 토속적 이

미지를 불교적으로 표현했고 불상을 신비한 힘을 가진 괴력의 소유자로 표현했다고 한다.●

사실 신라에게 망한 백제의 유민들이 신라 귀족 세력의 가치관과 미적 감각을 받아들일 이유는 없었다. 그런데 '역동적인 힘'은 현대의 우리에게도 여전히 중요하다. 프랑스 철학자 미셸 푸코의 『말과 사물』이란 책에 의하면 유럽에서 질서, 조화를 중시하던 고전주의적 인식은 근대에 와서 '역동적인 힘'이 스며들며 파괴되었다고 한다. 정치, 사회, 문화, 예술 등 전반적인 분야에서 근대의 중심이 된 것은 힘, 변동, 변화였다. 노동의 힘, 이데올로기의 돌출, 사회 변혁, 권력 의지, 기술의 개발, 파격적인 예술적 시도 등 근현대의 흐름은 과거의 질서와 조화를 여지없이 깨버렸다. 그 중심에 '역동적인 힘'이 있었다. 그런 시대적 분위기 때문일까, 이곳에 오는 현대의 미학 전문가, 건축 전문가들도 다들 신선한 충격을 받는다고 한다.

기존의 가치관과 질서가 무너지면 사람들은 자신을 붙잡아줄 '강력한 힘'을 원한다. 우리는 흔히 복을 구하는 '기복신앙'을 비판한다. 젊은 시절의 나는 그랬다. 머리로 이해하는 철학적 관점이 더 고차원적으로 보였다. 그러나 점점 인간이 부실하고 허약하다는 것을 느끼면서 왜 종교인들이 초월적 힘을 갈구하는지를 이해하게 되었다. 모든 종교에 깃든 그런 염원이 '믿음의 원형' 아닐까?

● 『나의 문화유산 답사기』 유홍준 저, 창비, 2012

1. 논산 훈련소로 향하는 그대들이 애국자다
2. 경치도 멋있고 매운탕도 맛있는 논산 탑정호 3. 만고의 충신, 계백장군의 묘
4. 대한민국에서 가장 큰 불상, 석조미륵보살(은진미륵)

X 오래 봐야 보이는
   백제의 시간

아는 만큼 느끼는 부여

　부여의 건물은 낮고 거리는 조용하다. 여유 있고 고즈넉하고 따스하다. 하지만 나는 '파면 뭐가 나오는' 부여의 땅 밑이 궁금해진다. 사라진 시간들도 눈앞에 어른거린다.

　백제는 역사 속에서 수도를 계속 옮겼다. 한성백제(기원전 18-475년)는 한강 유역에서 493년을 보냈고 웅진백제(475-538년)는 공주에서 64년을 보냈다. 그리고 사비백제(538-660년)는 부여에서 123년을 보냈다. 백제는 망했지만 약 680년의 긴 세월을 이어온 나라였다. 만약 그 시간 동안 부여가 계속 수도였다면, 또 망하지 않았다면 경주 못지않게 화려한 유적지가 남아 있을 것이다. 백제는 망하기 직전까지도 신라보다 군사적, 문화적으로 우월했었다. 신라의 임해전은 백제의 망해정을 모방한 것이라는 설이 있고 부여에 남아 있는 궁남지는 원래 크기의 3분의 1밖에 안 된다. 신라의 자랑인 황룡사 9층 목탑을 만드는데 크게 기여한 장인 '아비지'는 백제 사람이었다. 화려한 왕궁, 아름다운 절과 탑들, 백제왕들의 무덤들이 즐비했을 텐데 망하다 보니 부쉬지고, 불태워지고, 파헤쳐지고, 방치되었다. 왕과 귀족이 당나라로 끌려가고 일본으로 망명했으니 돌보는 이도 없었다. 망한 나라의 비극이다.

그러나 백제는 사람들로 남았다. 나는 사람들의 부드러움과 따스함 속에서 백제인들을 본다. 부여의 매력이다. 그 매력을 알려면 먼저 역사를 알아야 한다. 아는 만큼 보인다는 말도 있듯이 아는 만큼 느끼는 곳이 부여다.

백제 몰락의 이유는
지도층의 분열

———

600년대 중반, 백제의 공격을 맞닥뜨린 신라는 바람 앞의 등불이었다. 『삼국사기』에 의하면 그 무렵, 백제 의자왕은 재위 2년, 642년에 신라의 40여 개 성을 뺏고 대야성을 공격해서 김춘추의 딸과 사위인 성주 품석을 죽였다. 다음 해인 643년에는 고구려와 화친한 후, 신라가 당나라로

가는 항구로 이용하던 당항성도 빼앗았다. 그 후에도 계속 신라와 성을 뺏고 뺏기는 가운데 영토를 넓혀 갔고 655년에 고구려, 말갈과 함께 신라의 33성을 공격했다는 기록이 나온다.

『일본서기』에 의하면 656년에 백제는 왜의 제명천황에게 대규모 사절단을 파견한 것으로 보이는데 그만큼 의자왕은 자신만만했고 왜와의 동맹관계는 튼튼했다. 또한 당에도 조공을 잘해서 외교를 잘했다. 신라를 고립시키고 힘이 세진 의자왕은 그때부터 풀어진 것 같다. 『삼국사기』에 의하면 의자왕 16년인 656년 3월에 궁녀와 더불어 주색에 빠져 술 마시기를 그치지 아니하였다. 좌평 성충이 간언하자 왕은 분노하여 그를 옥에 가두었고 성충은 굶어 죽었다. 그 후 백제가 망하는 과정을 『삼국사기』의 「신라본기」, 「백제본기」, 「열전」과 『삼국유사』를 토대로 알기 쉽게 설명하고, 『일본서기』의 기록도 참고하되 사료의 내용이 서로 다르면 비교 분석도 해보려 한다.

당 고종은 660년 3월 백제 정벌을 명하고, 소정방은 13만의 병사를 이끌고 바다를 건너와 덕물도에 도착한다(현재 인천 앞바다에 있는 덕적도다). 신라의 태자인 법민이 6월 21일 병선 100척을 거느리고 덕물도에서 소정방을 맞이하였다. 이때 소정방은 7월 10일에 백제의 사비성에서 신라군과 만나기로 약속하고 기벌포로 향한다.

백제에는 이미 1년 전인 659년부터 흉흉한 소문이 돌았다. 여우가 의자의 궁중에 들어와 좌평의 책상 위에 올라앉았고, 암탉이 작은 참새와 교미를 했다. 660년 2월에는 우물이 핏빛이 되었고 강물도 핏빛이 되었으며 한 귀신이 궁중에 들어가 크게 부르짖기를 "백제는 망한다. 백제는 망한다" 하고는 즉시 땅속으로 들어갔다. 왕이 사람을 시켜 땅을 파보니 거북이 한 마리가 나타났고 거북의 등에는 "백제는 둥근 달이요 신라는 초승달과 같다"는 글이 나왔다. 둥근 달은 차차 이지러지고 초승달이 점점 차게 될 것이라고 점풀이를 한 무당은 죽임을 당했다.

이런 이야기들은 아마도 신라의 김유신이 퍼트렸을 것이다. 김유신은 용맹하면서도 지략이 뛰어났다. 그는 백제군에게 잡혀가 종이 되어 일하고 있던 신라인 조미갑을 이용한다. 김유신은 조미갑을 시켜 주인인 백제의 좌평 임자에게 "나라의 흥망은 미리 알 수 없는 법이니 만약 그대의 나라가 망하면 그대는 우리나라에 의지하고 우리나라가 망하면 나는 그대의 나라에 의지하겠다"라는 말을 전한다. 고민하던 임자는 그 말을 받아들인다. 간첩이 된 임자는 백제 사정을 유신에게 알려준다. 유신은 임자를 통해 백제 궁 내부의 사정을 훤히 파악했고 백제인들이 동요할만한 유언비어를 사비에 퍼트렸을 것이다. 용의주도한 준비를 마친 신라의 김유신 장군은 5만의 병력을 이끌고 백제로 진군한다.

의자왕은 나당연합군의 침공에 당황했다. 의자왕은 바른 말을 하다 유배당한 좌평 흥수에게 의견을 묻는다. 흥수는 과거에 충신 성충이 말했던 것처럼 백강(기벌포)에서 당나라군을 막고 탄현(혹은 침현)에서 신라군을 막아야 한다고 주장한다. 그곳은 군사 요충지여서 한 명의 군사와 한 자루의 창으로 막아도 1만 명이 당할 수 없기에 적의 주력부대가 그곳을 넘지 못하게 하고 적의 군량미가 다 떨어질 때까지 성에서 버티면 승산이 있다고 말한다. 탄현이 어딘가에 대해서는 설이 많은데 『신증동국여지승람』에서는 '탄현은 현 동쪽 14리에 있는데 공주와의 경계'라고 하고 있으며 기벌포는 금강 하류로 보고 있다. 그러나 대신들은 흥수가 옥에 갇혀 임금을 원망하는 사람이므로 그의 의견을 믿으면 안 된다고 주장한다. 그런 논의를 하고 있는 사이에 이미 당나라군은 백강을 지났고 신라군은 탄현을 넘었다. 결국 왕은 계백을 보내 결사대 5천 명으로 황산벌에서 신라와 싸우게 한다.

백강(백마강, 금강)을 거슬러 온 당나라군은 사비 도성 30리 떨어진 곳에 머물며 신라군의 합류를 기다렸다. 그러나 신라군은 7월 9일 황산벌전투에서 계백군에게 4연패를 당하며 고전을 면치 못하다가 당나라와 약속한 시간마저 지키지 못했다. 당나라 대장군 소정방은 책임을 물어 신라 장군 김문영의 목을 베려 했다. 김유신은 이에 분노하여 당나라군과 일전을 불사하기로 한다. 이를 보고 놀란 소정방은 뜻을 꺾는다.

그 후, 나당연합군의 공격을 받은 백제군은 패했다. 백제 왕자는 그 전에 당나라군에 글을 보내 군대를 철수시킬 것을 애걸하고 가축과 많은 음식을 당나라군에 보냈으나 소정방은 거절했다. 결국 나당연합군의 공격을 받은 백제 의자왕은 7월 13일에 좌우 측근을 거느리고 몰래 북쪽 웅진성으로 달아난다. 그런데 『삼국사기』「신라본기」에서는 '좌우 측근'을 데리고 갔다고 하지만 『삼국사기』「백제본기」에서는 '태자 효'와 함께 북쪽으로 달아났다고 나온다. 『삼국유사』에서는 '태자 융'과 함께 달아났다고 하면서 '일설에 태자 효라는 말이 있지만 잘못'이라는 기록을 덧붙였다. 또『일본서기』에는 태자 융이 의자왕과 함께 잡혀갔다는 기록이 나온다. 이렇게 기록이 각각 달라서 조금 혼란스럽다. 또『삼국사기』「백제본기」의 앞부분에서는 의자왕 재위 4년 644년에 왕자 '융'을 태자로 삼았는데 뒷부분에서는 660년 의자왕이 '태자 효'와 함께 도망갔다고 다르게 기록되어 있다. 16년 사이에 태자가 바뀐 것이다.『삼국유사』,『일본서기』를 믿으면 태자는 융이지만『삼국사기』를 믿는다면 처음에는 태자가 융이었다가 나중에 효로 교체된 것을 추론할 수 있다. 그 사이에 권력 암투가 있었다는 추측이 생긴다.

한편 의자왕이 태자 융(혹은 효)과 함께 도망가자 의자왕의 둘째 아들 태는 스스로 왕이 되어 백제를 굳게 지켰다. 그러자 내분이 일어난다.『삼국사기』에 의하면 태자 효의 아들은 숙부가 왕이 된 것을 받아들일 수가 없었다. 그는 측근들과 함께 밧줄을 타고 성을 넘어 나갔다. 그러자 백성들이 모두 그를 따랐다. 태는 그것을 막지 못했다. 결국 당나라군이 성에 올라가 당나라 깃발을 세우자 모두들 성문을 열고 항복했다. 백제군은 제대로 싸우지도 못하고 지휘부 안에서 내분이 일어나 망한 것이다.

마침내 7월 18일, 공주로 도망갔던 의자왕은 태자와 함께 '웅진방령'의 군사를 거느리고 웅진성에서 나와 항복하였다. 8월 2일 장병들을 위로하는 주연에서 신라왕과 소정방 및 장수들은 대청마루 위에 앉아 의자왕과 그 아들 융이 따르는 술잔을 받았다. 한편 소정방은 신라를 칠 계획을 세우고 있었다. 이를 간파한 김유신이 결전의 의지를 다지자 소정방은 포기하고 유인원과 군사 1만 명을 남긴 채 의자왕 및 왕족, 신료 93명과 백성 1만2천 명을 배에 태우고 당나라로 돌아갔다.

그러나 백제는 아직 망한 것이 아니었다. 백제의 장수 흑치상지를 중심으로 군사들이 결집한다. 10일 사이에 합류한 자가 3만여 명이나 되었다. 백제 무왕의 조카 복신과 승려 도침도 군사를 모아 싸우는데, 왜에 있던 옛 왕자 부여풍을 맞아들여 새 왕으로 세운다. 백제 부흥군의 위세는 한때 대단했지만 내분이 일어난다. 복신이 승려 도침을 죽인 것이다. 부흥군의 왕 부여풍이 이를 못마땅하게 여기자 복신은 계략을 세운다. 아프다 하고 방에 누워있을 때 부여풍이 문병을 오면 죽이려고 했지만 이를 알고 부여풍이 먼저 복신을 죽인다.

그 후 부여풍은 왜에 사신을 보내 원군을 청하고 왜병들이 663년 백촌강으로 온다. 당군은 170척의 배를 끌고 가 신라군과 당나라에 복종하는 백제의 왕자 부여융과 함께 백촌강에서 왜와 전투를 벌였다. 왜는 네 번을 모두 패하며 배 400척이 불태워졌고 주류(유)성은 함락된다.『일본서기』에 의하면 부여풍은 일본군 1만여 명이 바다를 건너오고 있다며 준비하라 하고 자기는 백촌강으로 가서 왜군을 기다리겠다고 하며 떠났는데 훗날 고구려로 갔다고 전해진다.

백촌강전투에서 왜가 패배하고 9월에 백제의 주류(유)성이 당에 항복하자 일본에 있던 국인国人(백제인)들은 "백제의 이름은 오늘로 끊어졌다. 이제 조상의 묘가 있는 곳을 어떻게 갈 수 있겠는가?"라며 슬퍼했고 그 후 많은 백제의 유민들이 일본으로 갔다고 기록되어 있다. 이제 백제 부흥군에서는 지수신만이 외롭게 임존성에 버티고 있었다. 유인궤는 항복한 백제의 흑치상지장군을 앞세워 임존성을 공격했고 지수신은 처자식을 버리고 고구려로 도망갔다. 이로써 백제의 부흥운동은 끝이 난다. 망한 것도 비극이지만 왕자 부여융이 다른 왕자 부여풍을 공격하고, 부흥군의 장수였던 흑치상지가 동료였던 지수신을 공격하는 상황이 더 기가막힌 비극이었다.

당은 백제의 왕자 부여융을 웅진 도독에 임명하고 665년에 유인궤는 신라의 문무왕과 부여융을 불러 놓고 신라와 백제의 화친을 종용한다. 그들은 흰 말을 잡아 맹세하고 피를 나눠 마셨다. 유인궤는 자신이 쓴 매우 긴 맹세문을 읽는다. 내용은 서로 과거의 감정을 풀고 우방으로서 함께 형제처럼 지내고 황제의 말을 공손히 받들어 감히 어기지 말라는 것이었다. 그 맹세문은 신라의 종묘에 간직했다고 한다. 그러나 당나라는 백제는 물론 신라까지 지배하려는 야심을 갖고 있었다. 668년 고구려가 망한 후, 670년부터 676년까지 신라는 나당전쟁을 벌이며 당을 몰아낸다.

『삼국사기』에 의하면 의자왕은 무왕의 맏아들로 용감하고 담력과 결단력이 있었다고 한다. 무왕 재위 33년, 632년에 의자는 40대 중반의 나이에 태자가 된다. 왜 이렇게 늦게 태자가 되었을까? 만약 의자왕이 설화에 나오는 대로 신라에서 온 선화공주의 아들이라면 외갓집이 신라였기에 신하들의 반대가 많았으리라는 추측이 가능하다. 의자는 반대파를 의식하며 잘 보이려고 애쓰지 않았을까? 그는 부모에게 효도하고 형제와 우애가 있어서 당시에 해동증자라고 불렸다 한다. 의자를 태자로 책봉한 지 9년만인 641년에 무왕이 죽고 의자왕이 등극하니 의자왕은 그때 아마 50대 초, 중반이었을 것이다. 의자왕은 신라계라는 자신의 약점을 극복하기 위해 더 신라를 공격했는지도 모른다.

한때 위세를 드높였던 의자왕은 재위 15년, 655년에 태자궁을 극히 사치스럽고 화려하게 수리했고 왕궁 남쪽에 망해정을 세웠으며, 재위 16년 656년에는 주색에 빠졌다는 기록이 나온다. 나이 계산을 하면 대략 60대 후반이다. 만약 사서에 실린 기록이 맞다면 의자왕은 나이 들어가고, 권력을 독차지할수록 총기가 흐려진 것이다. 개인이든 조직이든 나라든 자만하고 나태해지면 한순간에 망한다는 것을 보여주는 예다.

여기에 '은고'라는 인물이 등장한다. 텔레비전 드라마를 통해서 유명해진 의자왕의 여인이다. 은고는 실존 인물일까? 궁금해서 꼼꼼히 찾아보았다. 은고에 관련된 이야기는 우리나라 사서에는 나오지 않고 『일본서기』에만 두 번 나온다. 모두 제명천황기에 나오는데 고구려 승려 도현(다우겐)이 편찬한 『일본세기』에 "김춘추가 소정방의 도움을 얻어 백제를 협공해 멸망시켰다. 왕의 '대부인'이 요사스럽고 무도하여 국정을 좌우하고 현명하고 어진 신하를 주살하였기 때문에 이런 화를 초래하였다"는 기록이 나온다고 언급한다. 조금 뒤쪽에는 백제의 좌평 귀실복신이 일본에 있던 부여풍을 보내달라고 청하고 당 군이 백제 임금과 신하들을 모조리 잡아갔다는 기록이 보인다. 이어서 『일본서기』 저자는 "백제왕 의자, 그의 처 은고恩古와 아들 태자 융 등과 신하들이 당으로 끌려갔다"고 덧붙인다. 이런 기록을 살펴보면 '왕의 요사스럽고 무도한 대부인(왕비)'이 당나라로 끌려간 '은고'라는 것을 추론할 수 있다. 이런 조각난 사실들을 엮어서 상상한다면 백제왕 의자는 정치를 잘했지만 어떤 시점에 은고라는 여인을 만나 사랑에 빠진다. 아마도 60대 무렵일 것이다. 그때부터 의자왕은 주색에 빠지고 총기가 흐려지며 요사스런 은고가 국정을 좌지우지했다. 그 와중에 정치가 엉망으로 된 것이라고 추측된다.

그런데 서울신문 2007년 11월 8일 자에 흥미로운 기사가 실렸었다. 중국 시안西安에서 출토된 묘지명의 주인이 예식진인데 중국의 바이건싱 교수는 "당시 웅진으로 피신한 의자왕이 나당연합군에 투항한 것은 장수들의 반역적인 협박에 의한 것이었으며 그 주역은 웅진성 방어를 총지휘한 웅진 방령 예식일 것이다. 그런데 묘지명에 나온 예식진이 곧 예식이다"라고 주장한다. 예식진(예식)은 의자왕을 협박하여 항복하게 했기에 그는 훗날 당나라 황제의 신임을 얻고 좌위 대장군을 역임했으며 672년에 사망했다는 것이다.

『삼국사기』의 「신라본기」 태종 무열왕 편에는 '7월 18일에 의자왕이 태자와 웅진 방령의 군사 등을 거느리고 웅진성으로부터 나와서 항복하였다'라는 기록만 있지 '예식'이란 인물은 나오지 않는다. 그런데 중국 사서인 『구당서』의 「소정방 열전」에 '웅진 방령, 백제 대장군 예식'이란 기록이 등장한다. 이런 증거들에 의해 웅진 방령 예식이 곧 예식진일 것이라고 추정한다. 설득력 있는 이야기다. 그런데 여기서 더 나아간 주장, 즉

'예식이 의자왕을 협박해서 항복하게 했다'는 설은 추론이다. 실제로 예식이 의자왕을 협박했을 가능성도 있고, 항복하자고 설득했을 수도 있으며, 70대 초반의 노쇠한 의자왕이 낙심하여 항복을 결심했을 수도 있다. 정확한 기록이 없다 보니 추론을 통해 그날을 상상할 수밖에 없다.

삼천궁녀는 허구지만
그날의 비극은 사실이다

———

부여에서 백제의 모습을 눈으로 확인하는 방법이 있다. 백제문화재단지로 가면 된다. 부여읍 외곽의 부여리조트 단지 옆에 있는 문화재단지 안에는 백제 시절이 잘 재현되어 있다. 정양문을 지나면 드넓은 광장이 펼쳐진다. 사비궁이 이렇게나 넓었나, 하는 감동과 함께 백제의 스케일이 느껴진다. 멀리 보이는 천정문을 통과하면 임금이 정사를 보던 천정전이 나오고 사비성 오른쪽에는 능사가 있다. 능사는 비참하게 죽어간 성왕의 명복을 빌기 위해 만든 백제 왕실 사찰이다. 그 외에도 고분을 모아 놓은 고분군, 백제민속촌이라 할 수 있는 생활문화마을이 있고 그 너머에는 한강 유역에 있던 위례성도 재현해 놓아서 백제의 향기를 흠씬 느낄 수 있다. 또 근처의 백제역사문화관에 가면 백제 역사와 문화를 자연스럽게 알게 된다.

그러나 역사의 현장이었던 부소산성을 가야 진짜 백제의 향기를 맡을 수 있다. 드라마틱한 곳은 아니다. 20대 중반, 처음에 왔을 때 나는 실망했었지만 중년을 넘어가니 이곳이 점점 더 좋아진다. 부소산은 해발 100미터, 둘레 2.2킬로미터의 작은 산으로 '부소'는 소나무란 뜻이다. 지금도 부소산성에는 소나무가 많다. 북쪽은 백마강이 휘감고 남쪽으로는 평야가 펼쳐지는데 백제 26대 성왕이 538년, 웅진(공주)에서 사비(부여)로 천도하며 이 산성을 만들었다. 『삼국사기』에 의하면 백제인들은 이곳을 소부리라고 불렀고 국호를 남부여라고 하였다. 그들은 옛날 자신들의 터전이었던 뿌리 즉, 북쪽 대륙에 있던 '부여'라는 나라를 잊지 않았다.

부소산성은 왕궁을 뒤에서 보호하는 산성이다. 조선 시대 때 한양을 방어하기 위한 북한산성, 남한산성처럼 부소산성은 사비 도성의 일부분이며 전시에는 방어 역할을 했고 평시에는 왕과 귀족들이 휴식을 취하는 비원이었다. 백제의 왕궁은 부소산성의 남서쪽인 관북리에 있던 것으로 추정된다. 바로 부소산성 코앞이다. 드넓은 터만 남았는데 백제문화재단지에서 본 사비성을 상상하면 실감 난다. 눈앞에 보이는 수많은 건물들과 시외버스터미널을 지우면 탁 트인 남쪽 벌판에 아득히 정림사 5층 석탑이 보일 것이다. 더 멀리 가면 지금 넓이의 3배가 되는 드넓은 호수, 궁남지가 펼쳐진다. 그리고 멀리 능산리 고분과 백제 왕실 사원인 능사와 탑이 보인다. 곳곳에 절과 탑들이 있고 수많은 백제인들의 집이 들어서 있는 광경을 상상하면 다른 세상이 펼쳐진다. 그러나 지금의 부여 모습도 나는 좋다. 낮은 건물들은 차분하고 평화롭다. 사비로, 성왕로, 계백로, 서동로, 백제초등학교, 사비 검도관 등 길, 학교, 건물 이름만 보아도 예스런 정취를 느낄 수 있다. 길을 걷는 동안 마음이 푸근해졌다.

부소산성에 9시쯤 가니 부지런한 부여 시민들이 산책을 하고 있었다. 매표소 여직원이 "어서 오세요"하며 반갑게 맞이한다. 들어가자마자 백제의 충신인 성충, 흥수, 계백장군의 영정이 모셔진 의열사가 나왔다. 나태한 왕에게 끝까지 충성을 바친 이들이다. 왕이 계룡산에서 떠오르는 해를 바라보았다는 영일루 근처에는 군대의 곡식을 저장했던 군창지와 백제 병사들의 움막을 복원한 수혈주거지가 있었고 반월루 올라가는 길에는 새소리와 바람이 가득했다. 드디어 반월루가 나왔다. 누각에 오르면 '반월'처럼 휜 백마강의 모습이 보인다고 해서 붙여진 이름인데 근처의 매점에서 노인들이 커피를 마시고 있었다. 라면, 동동주, 도토리묵도 팔고 있는데, 한 잔 할까? 아침부터 그럴 수는 없지. 다음 기회로 미룬다.

부소산성의 가장 높은 곳에 사자루가 있다. 원래 달 구경을 했다는 송월대가 있던 곳으로 1919년에 망루를 지으면서 사자루로 불렀다고 한다. 누각에 오르니 백마강이 한눈에 보인다. 산책하던 부여 시민들이 다이 근처에 모여 있었다. 언덕의 벤치에 앉아 백마강을 내려다보며 아줌마들은 음식 만드는 이야기, 노인들은 자식 이야기를 하고 있었다. 옆을 서성거리며 느긋한 충청도 사투리를 엿듣는 것도 즐거웠다.

조금 더 가니 비탈길 중간에 갈림길이 나왔다. 왼쪽은 낙화암, 오른쪽 비탈길은 고란사 가는 길이다. 먼저 낙화암으로 갔다. 40여 년 전 처음 왔을 때 제일 기대되던 곳이었다. 의자왕의 삼천궁녀가 백제가 망하던 날 강으로 뛰어들었다는 곳. 그런데 낙화암은 비스듬한 산언덕으로, 강물로 곧바로 뛰어들 수도 없고 백마강도 잘 보이지 않았다. 또한 나중에 알고 보니 허구였다. 의자왕이 방탕했다고 해도 그 시절 사비의 인구가 5만 명에 불과한데 3천 궁녀가 있었다면 서울 인구 1천만 명 중에 60만 명 정도가 궁녀였다는 이야기다. 상상할 수 없는 비율이다. 또 3천 궁녀를 터키처럼 '하렘'같은 곳에 모여 살게 하려면 어마어마한 건물이 있어야 하는데 그런 흔적은 없다. 『삼국유사』의 「태종 춘추공」 편에 보면 이곳은 타사암(墮死巖)이라고 불리었다. 많은 이들이 강에 투신하여 죽었다고 해서 그렇게 불리었는데 훗날 조선 시대 문인들에 의해 낙화암이라 불리었다. 조선 전기의 문인인 김흔(1448-1487년)이나 민제인 (1493-1549년)의 시에서 삼천궁녀라는 표현이 사용되는데 이런 표현은 중국의 시에서 자주 확인되듯이 '많다, 혹은 길다'의 문학적 표현이라고 한다.● 그 표현을 두고 3천 명이다, 아니다를 따지는 것은 지극히 현대인의 관점이다.

어쨌든 낙화암 근처에서 많은 사람들이 죽었을 것이다. 한 나라가 멸망하는 과정에서 살인, 약탈, 방화, 성폭행은 흔한 일이었다. 수많은 여인들이 백마강에 몸을 던졌을 가능성은 충분하다. '3천 명 죽었다'는 말이 거짓이라 해도 망하던 날의 비극까지 거짓은 아니다. 절벽이 아니더라도 조금만 내려가면 바로 강이 흐르고 있다. 나라가 망하면 그런 일은 지금도 일어난다.

● 『부여의 누정』 오세운, 부여문화원, 2000

죽어 간 그들을 추모하기 위해 1929년, 낙화암 위에 백화정을 세웠고 고란사에서는 그들의 넋을 위로해 주고 있다. 고란사로 내려가니 스님이 '석가모니불, 석가모니불'을 하면서 염불을 외고 옆에서 신도인 아주머니가 열심히 절을 하고 있었다. 백제 17대 아신왕 때 창건했다는 고란사는 크지 않지만 아늑했다. 백제왕들은 절의 뒤편 암벽에서 자라는 풀, 즉 고란초 약수물을 마셨다고 한다. 몇 년 전에 왔을 때는 고란사 선착장에서 유람선을 타고 구드레 나룻터까지 '백마강' 노래를 들으며 갔었지만 지금은 코로나로 운행이 끊긴 상태였다.

부소산성은 올수록 정이 든다. 천천히 걷고 숲 향기를 맡고, 새소리를 듣는 동안 잔잔한 행복감이 가슴에 스며들었다. 다음에 오면 반월루 근처의 매점에서 도토리묵에 낮술을 한 잔 할 것이다. 취기 어린 몸을 끌고 휘이휘이 걸어 사자루 근처의 의자에 앉아 백마강을 하염없이 바라보면 부여가 더 애틋하게 느껴질 것 같다.

서동과 선화공주의
사랑이 깃든 궁남지

————

궁남지에 한여름에 갔을 때는 연꽃이 가득했지만 더위가 장난이 아니었다. 멕시코인처럼 커다란 밀짚모자를 쓰고 다녔다. 그러나 이번에 4월 말 저녁에 가니 바람이 시원했다. 해가 지자 궁남지의 야경이 서서히 시작되고 있었다. 붉은 해가 어둠 속에 잠기자 모든 사물이 실루엣으로 변해갔다.

이곳에는 낭만적인 전설이 있다. 『삼국유사』에 의하면 궁궐에서 나와 연못가에서 혼자 사는 여인이 연못 속의 용과 교통하여 아들을 낳았는데, 그 아들은 '마'를 팔았다. 그래서 '마를 파는 아이'라는 뜻으로 '서동' 혹은 '맛동'이라 불리었다고 한다. 그 후 신라 땅으로 건너간 서동은 잘 알려진 대로 '서동요'를 퍼트려서 신라 진평왕의 셋째 딸인 선화공주와 함께 백제로 돌아온다. 그런데 당시 신라, 백제의 적대적인 관계로 보아 허구라는 설도 있고, 서동이 태어난 현장은 부여가 아니라 미륵사가 있던 익산이란 설도 있다. 익산의 미륵사는 선화공주의 발원으로 무왕(서동)이 건립한 것으로 알려졌는데 2009년 미륵사 석탑을 복원하기 위해 해체하던 중 미륵사 창건의 발원문이 발견되었다. 그 내용은 선화공주가 아니라 '백제 왕후 좌평 사택적덕의 따님'이 재물을 희사하여 이 절을 만들었다는 것이다. 그럼 백제 무왕의 왕비는 선화공주가 아니라 백제 귀족인 사택적덕의 딸인가? 선화공주 이야기는 허구였나?

『나의 문화유산답사기』에서는 선화공주 설화를 부정하지 않는다. 미륵사 창건에는 수십 년이 걸렸을 것이기에 창건 당시에는 선화공주의 발원으로 이루어졌고 선화공주가 사망한 후 새로 맞이한 혹은 후비인 왕후 사택적덕의 딸이 탑에 발원문을 봉안했을 가능성도 있다고 설명한다. 몇 년 전 익산의 금마에 있는 왕궁터와 미륵사지에 가보니 그곳에도 서동공원이 있었다. 인터넷에서 현재 '서동 생가터'를 만들 계획이 있다는 기사도 보았다. 그러니 현재 서동이 탄생한 곳은 부여의 궁남지와 익산의 서동 생가터로 나뉘게 되는 셈이다. 서동이 어디에서 태어났든 그들의 사랑 이야기가 사실이었으면 좋겠다. 아름답기 때문이다.

해가 졌다. 7시 10분이 되니 호수 중앙에 있는 포룡정과 호수 주변에 등이 들어왔다. 멋지다. 물속에서도 정자와 등과 나무와 검은 하늘이 펼쳐진다. 서늘한 바람이 볼을 스치는데 문득, 서동과 선화공주가 사무치게 보고 싶어졌다. 얼마나 아름다운 청춘들이었나? 하지만 그것이 사실이라면 그들 사이에서 난 의자왕은 비극적인 백제의 마지막 왕이 되었으니 또 얼마나 슬픈가?

성왕의 비극과 금동대향로

부여 여행에서 빠트리지 말고 보아야 할 것은 국립부여박물관에 있는 '백제 금동대향로'다. 백제 금속공예의 최고 걸작품으로 국보 제287호다. 1993년에 박물관 근처의 능산리 고분에서 발견된 높이 64cm, 무게가 11.8kg인 초대형 금동향로는 화려하지만 비극적인 역사를 갖고 있다.

성왕은 백제를 다시 일으킨 걸출한 왕으로 나제연합 동맹을 맺어 고구려로부터 한강 유역을 빼앗았고 538년 웅진(공주)에서 사비(부여)로 천도를 하며 백제 부흥을 꾀했다. 그런데 신라 진흥왕에게 한강 하류 일대를 뺏기게 된다. 어떻게 대응할 것인가? 많은 대신들은 신중론을 폈

으나 태자 창이 싸우자고 주장한다. 태자는 신라를 쳤는데 위기에 빠지자 성왕이 친히 나서서 전쟁터로 향하다 사로잡힌다. 『삼국사기』에는 간단하게 나와 있다.

"성왕 재위 32년(서기 554년) 7월, 왕이 신라를 습격하고자 친히 보병과 기병 오십을 거느리고 밤에 구천狗川에 이르렀는데 신라의 복병이 뛰어나와 싸우다가 살해되었다"

『일본서기』에는 더 자세한 기록이 실려 있다. 성왕은 관산성管山城(현재 충북의 옥천)에서 노비 출신의 고도苦都라는 병사에게 잡힌다. 고도는 성왕에게 두 번 절하며 머리 베기를 청한다. 성왕은 "왕의 머리를 노비의 손에 줄 수 없다"라고 하자 고도는 "우리나라의 법에는 맹세한 것을 어기면 비록 국왕이라 하더라도 노비의 손에 죽습니다"라고 말한다. 성왕은 하늘을 우러러 크게 탄식하고 구차하게 살 수 없다면서 머리를 내밀었다. 성왕은 구덩이에 묻혔다고도 전해지고, 잘린 성왕의 목은 신라 관청의 계단 아래에 묻힌 채 몸통만 백제로 돌려보내졌다고도 한다.

신라 병사 '고도'가 '맹세한 것을 어기면 국왕이라 하더라도 노비의 손에 죽는다'고 말한 것은 무엇을 의미할까? 추측건대 정치적, 전략적으로 먼저 나제동맹 협약을 어기고 한강 유역의 땅을 차지한 것은 신라였지만 그런 것을 모르는 다른 지역의 신라 병사들은 백제가 먼저 약속을 어기고 자신들을 침범했다고 여긴 것이 아닐까? 어쨌든 전투에서 지면

할 말이 없는 법이다. 태자는 겨우 포위망을 뚫고 살아나 왕위에 올랐으나 죄책감에 시달렸고 신하와 백성들의 원망을 샀다. 위덕왕은 그런 시련을 딛고 후반기에는 활발한 정치를 했다. 후에 위덕왕 남매는 비참하게 세상을 뜬 아버지의 영혼을 달래고 싶어 이 금동대향로를 만든 것으로 추정하고 있다.

박물관에서 처음 이것을 보았을 때, 얼마나 섬세하고 화려한지 감탄을 멈출 수 없었다. 용이 수직으로 몸을 곧추 세운 채 향로의 몸통 부분을 떠받치고, 몸통은 활짝 핀 연꽃 모양으로 불룩했다. 용은 물속에서 사는 성스러운 동물이고 연꽃은 물속에서 피는 불교의 깨달음을 의미하는 꽃이다. 향로의 몸통에는 물고기와 신령스런 새와 동물들이 정교하게 새겨져 있고 뚜껑에는 산봉우리들과 수십 마리의 동물들, 신선들과 악사들이 새겨져 있다. 그 산들은 도교의 신선들이 살고 있다는 중국의 박산(삼신산—봉래산, 방장산, 영주산)을 상징하는데 거기에 나무, 바위, 폭포 등이 정교하게 새겨져 있었다. 뚜껑에는 봉황새가 날아갈 듯이 우뚝 솟아 있었는데 향을 피우면 그 연기가 봉황의 가슴팍과 산에서 솟아오른다고 한다. 상상만 해도 환상적이다. 아들 위덕왕은 향을 피우며 비참하게 죽어간 아버지의 영혼을 위로했을 것이다(부여박물관 홈페이지에 들어가면 실제 향 연기가 올라가는 아름다운 장면을 볼 수 있다).

몇 년 전 이것이 발견된 능산리 고분군을 천천히 거닐다 깜짝 놀랐었다. 백제 의자왕과 그의 맏아들 부여융의 무덤이 보였기 때문이다. 아니 중국에 있는 줄 알았는데? 알고 보니 가묘였다. 당나라의 장안(지금의 시안)으로 끌려간 의자왕은 4개월 후 죽고, 부여융은 당나라에서 벼슬을 하다가 663년에 잠시 귀국했지만 훗날 692년에 68세를 일기로 중국의 북망산에 묻혔고 묘지석은 중국 하남성 박물관에 소장되어 있다. 백제 의자왕 묘 찾기 사업을 벌인 부여군은 1996년 낙양시와 자매결연을 맺은 후, 2000년 4월 의자왕의 영토塋土를 모셔와 부여의 고란사에서 모시다 능산리에 묘를 만들었다고 한다.

내가 가장 사랑하는 탑,
정림사지 오층석탑

———

　정림사지 오층석탑은 나의 사부와도 같은 탑이다. 정림사지 오층석탑 하나만 보기 위해서라도 나는 부여에 또 올 것이다. 내가 정림사지 오층석탑을 처음 본 것은 1982년 가을이니 약 40년 전이다. 대학 3학년 1학기를 마친 나는 6개월 동안 휴학을 했고 외국 여행을 꿈꾸다가 실패한 후, 국내 여행을 미친 듯이 했었다. 늦가을 어느 날 저녁 나는 부여에 도착하자마자 배낭을 멘 채 정림사지 오층석탑으로 왔었다. 어둠에 서서히 잠겨가는 석탑을 보는 순간 전율했다. 나는 건축에 대해서 문외한이고 미적 감각도 둔하다. 또한 그 시절에는 지금처럼 정림사지 오층석탑의 건축미에 대해 설명해 주는 글을 본 적도 없었다. 그 시절에는 한국 최초의 석탑이고 당나라 소정방이가 석탑 1층 기단에 자신이 백제를 평정한 후, 어쩌고 저쩌고 하는 비문을 새겼다는 단편적인 정보만 알고 있었다.

그럼에도 불구하고 오층석탑을 보는 순간 깊은 감동이 몰려왔다. 어둑어둑해지는 가을 날씨 탓일까, 처음 와보는 낯선 도시의 분위기 탓일까, 1300여 년 전의 비극적 역사에 대한 상상 때문일까? 지금도 그 이유는 정확하게 모르겠다. 가까이서 보고, 빙빙 돌며 보다가 담벼락에 기대고 앉아 하염없이 석탑을 바라보았다. 그때 기억에 의하면 지금처럼 정림사지 오층석탑은 담벼락에 의해 갇히지 않았었다. 한쪽에만 담이 있었고 도로 쪽에 담이 없던 것은 분명히 기억한다.

이 탑은 목탑에서 석탑으로 넘어가는 초기의 탑인데 한때 한국 최초의 석탑으로 알려졌지만 지금은 익산의 미륵사 구층탑이 최초의 석탑이고 그 다음이 정림사지 오층석탑이라고 알려져 있다. 그 후 부여에 올 때마다 정림사지 오층석탑을 보면 가슴이 뭉클해졌다. 1300여 년 전 망국의 장면을 다 지켜본 석탑이었다.

떠날 시간이 되어가는데도 계속 머뭇거리다 다시 사진을 찍었다. 늘 정면에서 찍다가 대각선 측면에서 찍었는데 오, 다른 면이 드러난다. 각진 모서리가 날카롭게 세워지면서 역동적인 느낌을 주었다. 어디선가 새소리가 또 들려오고 있었다. 저 새소리는 논산 계백의 묘, 탑정호, 관촉사에서부터 따라다니더니 부여까지 따라왔다. 이 지역의 새들은 다 백제인들의 혼령일지도 몰라. 문을 나서기 전에 다시 돌아보았다. 앞에 서면 웅장하지만 멀리서 보니 작고 아담하다. 그러나 역시 의연하다. 마음이 흔들리고 우울해질 때면 다시 올 것이다.

1. 백제 패망의 날을 지켜본 낙화암 2. 죽어간 혼령을 위로하는 고란사의 염불 소리 3. 내가 가장 사랑하는 탑, 정림사지 오층석탑 4. 어디선가 서동과 선화공주가 나타날 것만 같은 궁남지

X 백제의 트라우마

아늑하고 포근한 곰나루,
공산성에 오르다

———

　종종 공산성에 갔었다. 기약 없는 아버지 병간호를 하던 시절, 앞길이 막막할 때, 부부싸움을 하고 나서도 훌쩍 서울을 떠나 공산성을 돌았었다. 특별히 볼 것은 없었지만 천천히 걷다 보면 마음이 차분해지며 기운을 차릴 수 있었다.

　공주의 옛 이름이 웅진인데 우리말로 '곰나루'다. 한 어부가 근처의 연미산에서 암콤에게 잡혀 부부의 연을 강제로 맺게 된다. 두 명의 자식을 낳고 살지만 남자는 호시탐탐 도망칠 궁리만 하다가 금강을 건너 도망을

쳤다. 그러자 암콤이 자식과 함께 강물에 빠져 죽었다는 전설이 있다. 그래서 이곳을 '곰나루'라 불렀는데 이후 곰주, 공주로 변했다고 한다. 곰나루를 한자식으로 표현하면 '웅진'이다. 처음에 공산성 입구는 초라했지만 몇 번 오는 가운데 성곽이 번듯해졌다. 백제 시절에는 더욱 웅장했을 것이다. 웅진백제 시절의 왕궁은 지금 공산성시장터라는 설도 있고 공산성 안이라는 설도 있다.

공산성에는 동서남북에 문이 있는데 동쪽문은 영동루, 서쪽문은 금서루, 남쪽문은 진남루, 북쪽문은 공북루다. 그중에서 금서루가 가장 잘 복원되었고 관광객들은 처음에 이 문을 통과한다. 공산성을 돌아보는 방법에는 여러 가지가 있다. 가장 쉽고 편한 방법은 금서루를 지나 쌍수정 유적지, 진남루와 근처의 유적지를 돌아보는 것이다. 한 시간이면 충분하다. 동네 산보다야 훨씬 크지만 걷기가 편하고 쉽다. 나는 늘 편한 코스를 걸었다. 대개 가을의 낙엽진 길과 겨울의 헐벗은 한적한 길이었는데 봄은 이번이 처음이었다. 날씨도 좋으니 성곽을 따라 돌기로 했다.

인적 드문 산책길이었다. 쌍수교가 금방 나왔고 근처의 넓은 평지에 쌍수정이 보였다. 조선 시대 이괄의 난을 피하여 이곳으로 왔던 인조는 소나무 두 그루 사이에 앉아 시름을 달래다가 난의 평정 소식에 기뻐하며 두 개의 나무(쌍수)에 벼슬을 내렸다고 한다. 그것을 기념하기 위한 정자가 쌍수정이다. 쌍수정 앞의 널찍한 터에서는 1980년대에 큰 건물터와 백제 시대 유물이 발견되어서 왕궁터라는 이야기도 있지만 그리 넓은 곳은 아니다.

남쪽 문 진남루를 통과하자 언덕길이 시작되었다. 동쪽의 문, 영동루를 지나니 임류각이 나왔다. 임류각은 2층짜리 누각으로 24대 동성왕 22년(500년)에 지은 왕과 신하들의 연회 장소로 보고 있다. 근처의 명국삼장비는 임진왜란과 정유재란 때 공주에 주둔하며 일본군과 싸운 명나라 군사를 위한 비석이고 근처에는 2층 누각인 광복루가 있었다. 그 다음부터 성곽을 따라 밑으로 내려가는 길이 엄청나게 가팔랐다. 오른쪽에는 금강이 유유히 흐르고 다리들이 보였다. 문득 공주는 산에 둘러싸여 있음을 알게 된다. 사방이 온통 산이다. 급경사 성곽길을 내려오니 영은사가 나왔다. 조선 세조 때 지어진 절로 임진왜란 때는 승병의 합숙소로 쓰였다는데 염불 소리가 평화롭게 울려 퍼지고 있었다. 그 앞의 연지는 백제 시대의 연못이고 정자는 만하루로, 조선 영조 시절에 건립된 누각인데 보수 중이라 출입이 금지되어 있었다.

이번에는 가파른 성곽 언덕길을 올라간다. 아이고 숨차다. 꼭대기에 다다르니 공산성 얼음창고가 나왔다. 거기서부터 다시 비탈길이다. 아, 힘들어. 오르락내리락 하니 땀이 흥건하다. 공산성은 한성백제에서 쫓겨난 백제인들의 트라우마를 엿볼 수 있는 곳이다. 방어를 위해서 이런 험한 산에 터를 잡았던 것이다. 다시 내려오니 평지에 공산성 북쪽의 문, 즉 공북루가 나왔다. 문밖을 보니 길이 거의 없다. 아마 뱃길로 온 사람들이 들어오는 성문이 아니었을까?

공북루 바로 앞의 평지에는 마을이 있었다. 성안마을인데 내가 약 40년 전, 공산성에 처음 왔을 때만 해도 집들이 보였고 주민들이 왔다 갔

1. 공산성의 서쪽문 금서루 2. 오르락내리락 가파른 공산성 3. 공산성을 호위하는 사신도 깃발 4. 땀 흘린 후, 공산성 전망대에서 금강을 내려다보다

다 하던 기억이 난다. 그런데 지금 그 마을은 사라졌다. 공북루부터 다시 언덕길이 시작되었다. 헉헉거리며 길을 오른다. 멀리 정상에 정자가 보였다. 전망대의 정자에 오르니 산들이 아스라하게 보이고 금강이 유유히 흐르고 있었다. 절경이다. 시원한 바람에 날아갈 것만 같다. 이런 풍경은 땀 흘리고 난 뒤 보아야 더 기가 막히다. 사람이 없으니 더욱 좋다. 준비해온 빵과 주스를 먹으며 기쁨을 만끽했다.

바로 밑에 금서루가 보였다. 내가 공산성 산책을 시작했던 출발점이다. 그러니까 가장 쉽게 멋진 공주 전망을 즐기려면 금서루로 들어와 왼쪽 성곽길을 따라 전망대에 오르면 된다. 이번에는 한 시간 반 정도 걸렸는데 다음에는 더 넉넉한 시간을 갖고 음미해야겠다. 낙엽 지는 가을에! 공산성은 계절마다 들르고 싶은 아늑하고 포근한 곳이다.

무령왕은 일본의 섬에서 태어났다

백제 25대 왕, 무령武寧왕릉이 발견되자 한국의 사학계는 발칵 뒤집혔다. 최초로 주인공이 확실하게 밝혀진 무덤이었기 때문이다. 무덤 안에서 '사마왕'이란 한자가 나왔는데 『삼국사기』에 무령왕이 그렇게 표현되어 있었다. 또한 일본학계의 관심도 집중되었다. 그들의 역사서인 『일본서기』에도 무령왕이 '사마왕'이라 기록되었고 일본 큐슈 북쪽의 가카라시마各羅島라는 섬에서 출생했으며 그의 후손으로 추정되는 딸이 일본 천황

1. 송산리 고분군 5, 6, 7호 2. 무령왕릉 앞을 지키던 수호 산돼지 3. 1500년의 세월을 간직한 무령왕릉 입구 4. 왕의 위엄이 있는 왕관 꾸미개 5. 왕비의 부드러운 왕관 꾸미개 6. 무령왕과 왕비의 관은 일본에서 나는 금송으로 만들어졌다

가와 연결되기 때문이다. 1982년 처음 이곳에 왔었던 나는 그 중요성을 잘 알지도 못하면서 두근거리는 마음으로 돌아보았었다.

무령왕릉은 송산리 고분군에 있다. 5, 6, 7호분 세 개가 있는데 7호는 5호와 6호 사이에 있다. 1932년 5호와 6호를 발굴한 사람은 공주에서 교사로 있던 '카루베 지온'이란 일본인이었다. 6호 고분 벽화에 그려진 사신도四神圖는 백제가 고구려와 뿌리가 같다는 중요한 증거였다. 그러나 카루베 지온이 그곳에서 나온 유물들을 몰래 빼돌려 지금도 그 행방을 모른다고 한다. 7호는 1971년이 되어서야 이 세상에 모습을 드러냈다. 7월 5일, 6호분에서 비가 새서 배수로 공사를 하던 중 발견된 것이다. 즉각 문화재관리국에 보고가 되고 김원용 국립박물관장을 단장으로 하는 발굴단이 구성되었다. 7월 8일, 새벽에 발굴단은 위령제를 간단하게 지낸 후 7호 고분을 발굴하기 시작했다. 약 1400년의 세월 속에 잠겨 있던 백제 25대 무령왕이 모습을 드러내는 순간이었다.

잠시 백제 역사를 간략하게 돌아보자. 고구려를 일으킨 고주몽의 차남 온조대왕이 연 한성백제(기원전 18-475년)는 한강 유역에서 493년 동안 번성했다(고구려, 백제. 신라가 원래 중국 대륙의 요동반도 쪽에 있었다는 설도 있다). 4세기에는 13대 근초고왕이 고구려의 평양성을 공격해 고구려의 고국원왕을 죽일 정도로 강성했지만 21대 개로왕은 고구려의 첩자 도림과 바둑을 즐기며 그에게 휘둘려 온갖 토목 공사를 일으켜 백성의 원성을 사게 되었다. 결국 475년 침입한 고구려군에 의해 개

로왕은 죽임을 당하고 왕족, 귀족, 백성 등 약 8천 명이 살해되면서 한
성백제는 멸망한다.

그 후, 백제는 웅진(공주)으로 와서 사비(부여)로 수도를 옮기기까지
64년 동안 개로왕의 아들 문주왕을 시작으로 웅진백제(475-538년) 시
대를 연다. 공주에서 64년을 보내는 동안 왕들이 계속 암살당하고 일찍
죽는 가운데 혼란스러웠다. 이런 과정을 거친 후 등극한 이가 25대 무령
왕(재위 501-523년)이었다. 그는 백제를 다시 반석 위에 올려놓은 위대
한 왕이었는데 그에 대해서는 『삼국사기』와 『일본서기』의 기록이 다르다.
『삼국사기』 「백제본기」에 의하면 문주왕 다음에 그의 맏아들이 삼근왕이
된다. 그 뒤를 이어 문주왕의 동생 곤지昆호의 아들이 동성왕이 된다. 그
리고 무령왕은 동성왕의 둘째 아들로 나온다.

"무령왕은 이름이 사마斯摩 혹은 융隆이라고 한다. 모대왕(동성왕)의 둘
째 아들로 신장이 8척이요, 눈썹과 눈이 그림과 같았으며 인자하고 너그
러워서 민심이 따랐다."

신장이 8척이면 얼마나 될까? 계명대 사학과 노중국 교수에 의하면
'척'은 시대별로 달랐다. 백제는 중국의 도량형을 썼는데 후한 시대에 썼
던 후한(25-220년)척은 23cm, 서진(215-316년)척은 24cm, 동진(317-
429년)척은 약 25cm인데● 무령왕(재위 501-523년) 시절에 근접한 동

───────────────

● 『백제사회사상사』 노중국 지음, 지식산업사, 2011

진척에 의거해 계산하면 8척은 약 2m 정도였으니 무령왕은 매우 장신이었다. 반면에 『일본서기』에 실린 무령왕 출생에 관한 기록은 『삼국사기』와 조금 다르다. 곤지라는 인물이 문주왕의 동생이 아니라 개로왕의 동생으로 나온다.

"개로왕은 자기 아우 곤지에게 '너는 마땅히 일본으로 가서 천황을 섬기도록 하라'고 명했고 곤지는 '왕의 명을 거스를 수 없습니다. 원컨대 왕의 부인을 내려주신다면 명을 받들겠습니다'라고 대답했다. 왕은 임신한 부인을 곤지에게 주면서 '나의 임신한 부인은 이미 산달이 되었다. 만일 가는 길에 출산하면 바라건대 어디에 있든지 배 한 척에 실어 속히 본국으로 돌려보내도록 하라'고 말하였다. 이들 일행이 가던 중 여인은 큐슈 북쪽의 츠쿠시筑紫(축자)의 가카라시마各羅島(각라도)라는 섬에서 아이를 낳았다. 아이의 이름을 도군嶋君,嶋君이라 지었고 도군을 배에 태워 본국으로 돌려보냈다. 이가 무령왕이다. 백제 사람들은 이 섬을 주도主島라고 부른다. 7월에 곤지가 왜의 왕경(수도)으로 들어왔고 이윽고 다섯 아들을 두었다. ●●

'도군嶋君'은 '섬왕, 섬임금'이란 뜻이다. 일본어로 도島,嶋의 음은 시마인

●● 『역주 일본서기2』 연민수, 김은숙, 이근우, 정효운, 나행주, 서보경, 박재용. 동북아역사재단, 2014

데 '사마斯麻'로 표현된 것 같다(이 부분이 확실치 않은데 고대 일본어에서 嶋와 斯麻의 발음이 비슷했나 보다). 그런데 백제에서나 일본에서 군君은 왕족이나 귀족에게 내린 칭호로, 왕의 뜻으로 썼고 실제 우리가 생각하는 왕은 대왕으로 표기되었다고 한다.●●●

그러니 도군은 곧 사마왕이었다. 일본인들은 지금도 사마왕이 탄생한 동굴 앞에서 제사를 지내고 인터넷에도 그곳을 직접 방문한 사람들의 기록이 보인다.

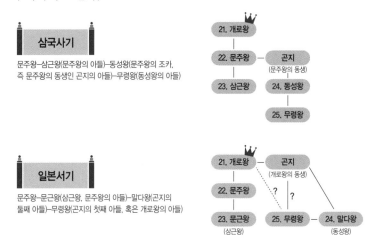

〈무령왕 계보〉

이렇듯이 무령왕의 혈통에 대해서 설이 많다. 『삼국사기』에 의하면 무

●●● 『일본서기 한국관계 기사 연구(1)』 김현구, 박현숙, 우재병, 이재석 공저, 일지사, 2002

령왕은 곤지의 아들인 동성왕의 둘째 아들이니 곧 곤지의 손자다. 그러나『일본서기』에 의하면 무령왕은 개로왕의 아들로 곤지의 조카다(개로왕의 임신한 후궁이 섬에서 낳았으니까). 그런데『일본서기』에는 이런 기록들도 있다.

"백제의 문근왕(삼근왕)이 죽자 일본 천황은 곤지의 다섯 아들 중 둘째인 말다왕(동성왕)이 어린데도 총명하므로 친히 머리와 얼굴을 어루만지며 훈계하여 백제의 왕으로 삼고 축자국의 군사 500인을 함께 보내어 백제까지 호송하게 하였다."(마치 일본이 백제의 왕실을 좌지우지하는 것처럼 보이는데『일본서기』에 대한 비판은 이미 앞에서 했다.)

그런데 일본 25대 무열천황 4년, 백제의 말다왕(동성왕)이 백성에게 포악한 짓을 하여 살해되자 일본 천황은 도왕嶋王을 왕으로 세웠으며 그가 무령왕이라는 기록이 있다. 그런데『일본서기』편찬자는 이런 말을 뒤에 덧붙인다.

"『백제신찬』에서 말하길 무령왕은 사마왕이라 말하며 곤지왕의 아들이다. 즉 말다왕(동성왕)의 배다른 형이다. 곤지가 왜로 향할 때 섬에서 태어나서 이름이 그렇게 지어졌다….지금 생각하니 도왕嶋王은 개로왕의 아들이고 말다왕(동성왕)은 곤지왕의 아들이다. 이를 배다른 형이라고 함은 분명하지 않다.

기록이 묘하다.『백제신찬』에 의거해 무령왕은 곤지의 아들이며 동성왕(말다왕)과 배다른 형제라고 하더니 '지금 생각하니' 하면서 무령왕은 개로왕의 아들이라고 바꿔 말하며 흐지부지 끝난다. 자기들 처음의 기록에 의하면 무령왕은 개로왕의 아들인데 『백제신찬』의 기록에 의하면 곤지의 아들이라고 하니 글을 쓰던 사람도 좀 헷갈렸나 보다. 무엇이 맞을까? 학자들은 일본서기에 보이는 백제왕의 계보, 인명표기, 출생연도에 대해 종합적 검토를 하면 무령왕을 곤지의 아들로 보는 견해가 유력하다고 한다. 정리하면 24대 동성왕은 『삼국사기』에서나 『일본서기』에서나 곤지의 아들이다. 문제는 25대 무령왕인데 『백제신찬』의 기록을 따른다면 그는 곤지의 첫째 아들이다. 무슨 연유에서인지 곤지의 둘째 아들이 먼저 24대 동성왕이 되었고 그가 살해된 후 배다른 형인 무령왕이 25대 왕이 된 것이다.

한편 『삼국사기』의 기록에는 무령왕을 나타내는 한자가 斯摩(사마)인 반면에 『일본서기』에서는 斯麻(사마)로 나온다. 처음에 나는 무심코 지나 갔지만 꼼꼼히 보는 가운데 한자가 조금 다름을 발견했다. 그런데 무덤에서 나온 글자는 '寧東大將軍 斯麻王(영동대장군 사마왕)'으로 여기서 '사마'는 일본서기의 기록과 같은 斯麻(사마)라는 한자다. 왜 백제의 역사에 관한 한 삼국사기보다 일본서기에 더 자세하고 정확한 면이 있을까? (물론 과장과 왜곡도 보이지만) 성왕이 죽는 모습도 그렇고 무령왕의 이야기도 그렇다. 그럴 수밖에 없는 것이 망한 백제의 유민들은 그들의 역사서를 들고 일본으로 망명했기 때문이다. 720년에 편찬된 『일본서기』

는 백제 관련 역사를 쓸 때 백제인들이 갖고 간 『백제기百濟記』, 『백제신찬百濟新撰』, 『백제본기百濟本記』 등의 사서를 주로 인용했다고 한다.••••

지금 그것은 전해지지 않고 있다.

그런데 개로왕이 임신한 자기 부인을 동생에게 주었다는 사실이 이상하다. 여기에서 또 수많은 설이 나온다. 원래 임신한 부인은 곤지의 아내였고 거기서 난 아들 무령왕은 곤지의 아들이었는데 나중에 왕이 되는 과정에서 정통성을 확보하기 위해 개로왕의 아들이었다는 식으로 얘기를 꾸몄다는 설도 있고, 곤지가 개로왕의 후궁을 좋아했다는 추측도 할 수 있다. 어쨌든 그때의 일을 지금의 윤리적 잣대로 볼 수만은 없다. 고대사로 가면 하여튼 설이 많다.

곤지라는 인물은 더 수수께끼다. 『일본서기』에 의하면 한성백제의 개로왕은 동생 곤지를 왜에 파견했다. 웅략雄略천황 5년, 461년에 일본으로 온 것으로 되어 있다. 그런데 『일본서기』에는 무령왕이 섬에서 출생한 사실과 곤지가 일본에서 낳은 다섯 명의 아들이 있다는 사실만 나오지 더 이상의 기록은 없다. 그 후 곤지의 기록은 『삼국사기』 「백제본기」에만 나온다. 문주왕 시절인 477년 4월에 곤지는 내신좌평에 올랐고 그해 7월에 죽었다. 이런 기록에 의하면 곤지는 461년부터 477년까지 최대 16년간 일본에 머문 것으로 추측된다. 곤지가 왜로 간 이유는 고구려

•••• 『일본서기 입문』 야마다 히데오 지음. 이근우 옮김. 민족문화사. 1988

의 남하에 대비해 왜병의 지원을 요청하기 위한 것으로 보고 있다. 그런데 왜의 파병은 이루어지지 않았음에도 곤지가 아들을 다섯이나 두면서 오랜 기간 왜에 체류한 것을 보면 백제 계통의 이주민을 조직화하여 왜에 협력하고 이들의 힘을 이용해 백제를 구원하려는 임무를 수행했다는 의견도 있다. ●●●●●

24대 동성왕
(479~501)
정치적 혼란 수습
토목공사, 자연재해, 백성 핍박,
신하 백가에 의해 암살당함

23대 삼근왕
(477~479)
해구의 반란, 진압.
15세에 사망

25대 무령왕
(501~523)
정치를 안정시킴

22대 문주왕
(475~477)
병권좌평 해구가
암살함

26대 성왕
(523~554)
사비 천도

〈웅진백제의 혼란〉

『삼국사기』에 의하면 475년에 개로왕이 고구려군에 의해 죽고 아들 문주왕이 웅진으로 피신하자 곤지는 문주왕을 돕기 위해 귀국하여 477년 4월에 내신좌평에 오르지만 3개월 만인 7월에 죽고 문주왕 역시 9월에

●●●●● 『일본서기 한국관계 기사 연구(1)』 김현구, 박현숙, 우재병, 이재석 공저, 일지사, 2002

사냥을 나갔다가 병관좌평 해구가 보낸 자객에 의해 암살당한다. 이것을 보면 곤지도 암살당했을 가능성이 있다. 그만큼 왕권이 취약했다. 뒤를 이어 나이 13세에 왕이 된 삼근왕은 해구의 반란도 겪다가 재위 3년 만에 일찍 죽고 그 뒤를 이은 동성왕은 23년간 왕위에 있었지만 자연재해가 많았다. 재위 21년(499년)에는 크게 가뭄이 들어 백성들이 굶주려 서로 잡아먹을 정도가 되었는데도 동성왕은 잔치를 베풀고 밤새도록 실컷 즐겼다고 한다. 결국 재위 23년인 501년에 또 암살당한다.

뒤를 이어 왕이 된 이가 25대 무령왕이었다. 무령왕은 동성왕을 죽인 백가를 죽이며 이전과 달리 불안정했던 정치를 안정시키고 민심을 얻어 백제를 다시 일으켰다. 그의 아들 성왕 역시 정치를 잘했고 수도를 사비(부여)로 옮겼다. 그는 신라와 동맹을 맺어서 한강 유역을 차지했으나 신라의 배반으로 한강 유역을 잃자 전쟁을 하다가 신라군에 의해 포로가 되어 죽임을 당한다. 성왕의 아들이 위덕왕이고, 혜왕, 법왕을 거쳐 서동 즉 무왕이 등장한다. 그 무왕은 선화공주와 결혼했고 그 사이에서 낳은 이가 의자왕이다. 그러니까 무령왕은 한성백제가 멸망한 후 위기에 처한 백제를 다시 일으킨 중요한 왕이었다.

곤지는 자신의 혈육을 일본에 많이 퍼뜨린 것 같다. 일본의 아스카飛鳥 지역에는 곤지왕을 시조로 하는 아스카베飛鳥戶 신사가 있다고 한다. 무령왕은 일단 아기 때 백제로 갔지만 그 후 어떻게 되었는지 기록이 없다. 아마도 일본에 다시 와서 자라다가 훗날 백제로 가서 왕이 된 것으로 보인다. 훗날 무령왕의 후손들 중의 한 여인이 고닌^{光仁}천황과 결혼하여 낳은 아들이 간무^{桓武}천황이 되었다는 이야기가 있다. 일본 아키히토천황 스스로 '간무천황의 생모가 백제 무령왕의 자손이라고 속일본기에 기록되어 있어서 한국과의 인연을 느낀다'고 말한 적도 있었다.

고분 옆의 송산리 고분 전시실로 가면 제일 먼저 눈에 띄는 것이 매지권이다. 영동대장군 백제 사마왕(무령왕)이 을사년(525년) 8월 12일에 돈 1만 문으로 토왕, 토백, 토부모, 토하중관 여러 관리들에게 신지(남서방향)의 토지를 매입하여 무덤을 쓴다는 내용이다. 즉 무령왕이 묘를 쓰면서 토지 신에게 땅을 샀다는 것인데 실제로 무덤에서 중국 돈이 발견되었다고 한다. 이런 풍습은 중국 도교사상에서 유래한 것으로 백제인들의 자연에 대한 겸손한 태도를 보여주는 것이라고 한다.

이곳에는 무덤 모형이 있다. 6호분에는 그 유명한 사신도가 그려져 있고 무령왕릉인 7호분의 모형은 더 컸다. 들어가 보니 벽돌 쌓아 놓은 모양이 그대로 드러나고 있었다. 처음 이 고분을 발굴할 때 기자들과 구경꾼들이 몰려들었다고 한다. 이에 김원룡 발굴단장은 성급하게 서둘러 유물들을 들어내게 했다. 훗날 김원룡 단장은 두고두고 그 점을 후회하며 반성했다. 너무 성급하게 해서 피해가 많았다고 한다. 당시 발굴에 참여했던 공주박물관 김영배 관장은 무령왕릉 발견 소식을 듣기 전날 밤 산돼지에 쫓겨 다니는 꿈을 꾸었는데 사흘 뒤에 무덤을 파 들어가다 제일 먼저 만난 것이 바로 꿈속의 그 산돼지와 같은 돌조각이어서 깜짝 놀랐다고 한다. 망자인 무령왕이 노해서일까? 그 뒤 발굴 단장이었던 김원

룽 국립박물관 관장에게도 안 좋은 일이 계속 일어났다고 한다. 이런 이야기를 들으면 좀 으스스하다. 사실 조용히 잠자고 있던 무령왕의 입장에서는 분노할 일이었다.

　무령왕릉 근처의 공주국립박물관에는 무령왕릉에서 출토된 수많은 전시품들이 전시되고 있다. 무령왕릉에서 총 4,600여 점의 유물이 출토되었다니 어마어마하다. 그중에서도 제일 내 눈길을 끈 것은 왕관을 장식하는 금제관식이었다. 왕의 것은 불타는 듯한 기백이 넘쳤고 왕비의 것은 다소곳하게 아름다웠다. 또 왕의 금귀걸이는 아름다우면서도 묵직했고 왕비의 귀걸이는 화려하고 매혹적이었다. 그런데 무령왕의 관 옆에 관이 또 있었다. 왕비도 함께 묻혔었나? 그 시절 설마 순장은 아닐테고 나중에 왕비가 죽은 후 합장을 했나? 집에 와서 이런저런 자료를 찾았지만 왕비에 대한 이야기는 찾기 힘들었다. 공주무령왕릉 안내소에 전화를 걸었더니 학예사 선생에게 알아보고 다시 전화를 해주겠다고 했다. 10분 후에 연락이 왔다.

　"학예사 선생님에 의하면 무령왕은 523년에 세상을 떴고 27개월 동안 '빈장'이라는 풍습에 의해 임시로 안치되어 있었다고 합니다. 그 장소는 아마도 정지산 유적일 것이라고 추측되는데 그곳에 외국 사신들이 오면 참배했다고 합니다. 그리고 525년에 지금 무령왕릉에 안치되었고 왕비는 526년에 사망해서 역시 27개월 후인 529년 무령왕릉에 같이 매장되었다고 합니다. 순장은 아니라고 하네요."

　아, 나처럼 꼼꼼하게 따지는 사람을 귀찮게 여기지 않고 빠르게 명쾌

한 대답을 주니 고맙다. 목소리에 열정과 친절이 듬뿍 담겨 있었다. 그 방면의 전문가들, 또 자기 지역을 사랑하는 사람들이 애정을 갖고 일하는 것 같았다. 그런데 왕과 왕비의 관은 한국이 아닌 일본에서만 나는 금송으로 만들어졌다는 것은 널리 알려진 일이다. 금송은 습기에 뛰어나서 일본에서도 왕족이나 귀족만 쓰는 것인데 어찌된 일일까? 무령왕이 일본과 밀접한 관계가 있었던 것은 분명하다.

공주의 재발견, 제민천

공주에는 여러 번 왔지만 나는 공주를 콩알만큼 알고 있었다. 공주는 금강을 경계로 구시가지와 신시가지로 나뉘는데 내가 본 곳은 일부분이었다. 신시가지의 신관동이라는 번화가와 구시가지의 공산성과 공주국립박물관과 그 옆의 무령왕릉만 보았다. 번화했다는 신관동은 내가 사는 서울의 어느 동에 비해서도 한적했고 공산성 주변의 구시가지 쪽은 더욱 한산했었다. 그럼에도 불구하고 종종 온 이유는 공산성이 좋아서였다. 그런 내가 이번에 '다른 공주'를 보게 된 것은 행운이었다. '중동 사거리' 근처의 제민천 부근에 숙소 예약을 했었다. 버스가 중동 사거리로 접어들자 차창 밖의 활기찬 풍경에 가벼운 흥분이 일었다.

"아니 공주에 사람들이 이렇게 많이 살고 있었어?"

물론 서울 기준으로 보면 여전히 한산하지만 그 전의 이미지가 깨지는 순간이었다. 사람들이 복닥거리며 사는 모습이 정겹게 다가왔다. 버스에서 내려 걷다가 '낭만의 거리'라는 아치를 통과하자 제민천이 나왔는데 그 주변이 그림 속의 마을처럼 다가왔다. 천 주변의 아기자기한 낮은 건물들, 밝은 간판들 사이로 따스한 기운이 넘쳐흘렀다. 내가 예약한 제민천 근처의 호스텔도 깨끗해서 만족스러웠다. 나중에 알고 보니 중동 사거리는 예전부터 공주의 중심지였고 제민천은 동네 주민들이 빨래하던 곳으로 하숙집들이 많았다고 한다. 지금도 달방, 여관 등이 종종 보였다. 공주는 원래 교육도시로 학생들이 많이 모여 사는 곳이었다.

그런 제민천이 2011년도부터 도시재생사업으로 가꿔지고 2015년도쯤에 서울의 청계천처럼 새로 태어났다. 집집마다 나오는 하수를 정화하고 천을 정비해서 지금은 물고기도 사는 맑은 2급수가 되었다. 사시사철 물이 흐르는 천 주변은 잘 가꾸어졌고 산책길과 자전거 도로가 나 있었다. 천 부근에 예쁜 카페와 여행자 숙소들이 생겨났고 예전부터 있었던 전통 식당들도 주목받기 시작했다. 삼계탕, 아구찜, 생선찜, 갈비, 수육, 국밥, 한우, 칼국수 등 주로 한식당이 많이 보였다. 그리고 근처의 공산성시장은 활기찼다. 이미 2, 3년 전부터 제민천 부근은 방송을 타며 공주 여행의 중심이 되어가고 있었는데 텔레비전을 안 보고 사는 나는 이런 사정을 몰랐던 것이다.

문득 10년 전에 가보았던 중국 수저우의 어느 운하 풍경이 떠올랐다. 식당, 게스트하우스, 카페, 기념품 가게들이 줄지어 선 낭만적인 운하 옆길은 늘 관광객들로 북적거렸다. 제민천도 그렇게 변해갈 것 같은 예감이 들었다. 공주사범대학교(현 공주교육대학교)를 졸업한 나태주 시인을 기리는 '공주풀꽃문학관', 아기자기한 벽화, 한옥스테이, 건물 위에서 기타 치는 학생의 조각들도 있어서 문화적인 분위기가 물씬 풍겼다. 하지만 지방 어느 도시나 그렇듯이 밤거리는 적막했다. 숙소로 돌아오는 길에 편의점에서 '알밤 동동주'를 샀다. 밤 맛이 나는 기분 좋은 술이었다. 공주는 원래 밤이 유명하다.(알고 보니 이 동동주는 경기도 가평에서 만든 것이고 알밤 '막걸리'가 공주산이다) 이 근처에 묵기를 잘했다. 만약 공주 신시가지의 어느 호텔에 묵었다면 나는 이곳을 모른 채돌아갔을 것이다.

백제와 충청도의 정신은
검이불루 화이불치

————

백제의 흔적을 찾아다닌 충청도 여행은 푸근했다. 싱그러운 신록의 기운에 푹 젖었고, 늘 새소리가 따라다녔으며, 봄바람이 상쾌했다. 자극적인 볼거리는 없어도 역사적 상상력이 피어나는 흥미로운 땅이었다. 백제 땅에 오면 슬픈 기분이 들었지만 사람들의 느긋한 말투, 친절함과 여유가 나를 편안하게 해주었다.

백제는 많이 베푼 나라였다. 성왕 시대에는 왜국에 불교를 전파했고 학자와 기술자들을 보내 그들의 국가 형성과 문화에 크게 도움을 주었다. 신라를 공격한 의자왕도 선덕여왕이 황룡사 9층목탑을 건립할 때는 백제의 장인 '아비지'를 파견해 도와주었다. 그들의 문화는 화려했으며 베풀 줄을 알았다. 그런 베푸는 마음은 아직도 사람들에게 남아 있다.

김부식은 『삼국사기』에서 백제의 궁궐이 검이불루儉而不陋 화이불치華而不侈, 즉 '검소한데 누추하지 않고 화려하되 사치스럽지 않았다'고 기록했다. 유홍준 선생은 『나의 문화유산답사기』에서 그것이야말로 '백제의 정신'이라고 강조한다. 나도 공감한다. 내 경험에 의하면 백제인의 후예들은 검소해도 너무 누추하고 인색한 것을 싫어한다. 또 넉넉하게 베풀면서도 사치스럽고 잘난 체 하는 것을 좋지 않게 본다. 성급하게 화를 내는 것을 피하며 유머감각이 있다. 개그맨들의 50% 정도가 충청도 출신이란 이야기도 들었다.

『나의 문화유산답사기』에도 소개된 유명한 일화가 있다. 서울 사람이 충청도에 와서 차를 급하게 몰다가 접촉사고가 날 뻔했다. 그러자 앞서가던 차가 서더니 덩치가 엄청나게 큰 사내가 내렸다. 그가 저벅저벅 차를 향해 걸어오자 서울 사람은 바짝 긴장했다. 충청도 사내는 유리창을 툭툭 치며 창을 내리라고 했다. 긴장한 서울 사람에게 사내가 던진 말이다.

"그렇게 급하면 어제 오지 그랬시유….."

그러고 가더라는 것. 충청도식 유머요 너그러움이다.

1 2 3

1. 제민천에 있는 서울 석관동 떡볶이
2. 알밤 동동주는 경기도 가평, 알밤 막걸리는 공주에서 만들어졌다
3. 먹을 것 그득한 공주산성 시장

PART
3

전라

X 근대화의 미명

세상 끝의 도시,
목포의 추억

내가 목포에 처음 갔을 때는 6년 전, 초여름이었다. 그전까지 내 상상 속의 목포는 세상 끝에 있는 아련한 도시였다. 가수 이난영이 부른 '목포의 눈물'과 '목포는 항구다'는 가냘프고 슬펐다. 삼학도, 유달산에는 늘 안개가 끼고, 뱃고동 소리는 가슴을 저미고 어딜 가나 홍어삼합에 막걸리 한 잔을 기울이는 모습이 보일 것 같았다. 상상 속에서 그리던 목포는 '대전 부루스'의 '잘 있거라 나는 간다… 목포행 완행열차'란 노랫말처럼 밤 기차를 타고 하염없이 가야 간신히 도착하는 세상 끝의 도시였다.

그런데 KTX를 타고 목포에 처음 도착한 순간, 환상이 깨지기 시작했다. 아니 목포가 이렇게 가까웠었나? 2시간 남짓 걸린 후 도착한 여름의 목포는 태양이 쨍쨍 내리쬐고 있었다. 맑은 하늘, 짠 냄새 섞인 후텁지근한 바닷바람은 눈물과 안개와 한숨을 모두 증발시켰다. 남국의 낯선 도시에 도착한 기분이 들었다. 역 밖으로 나오니 광장 어디선가 쿵작쿵작 트로트 음악이 들려왔다. 오거리 부근의 어느 꽃집 여인에게 길을 물어보니 타 지방에서 온 손님이라고 친절하게 대답해 주었다.

흥겨운 기분으로 유달산을 올랐고 삼학도를 거닐었다. 목포문학관과 주변의 박물관들, 평화의 광장과 갓바위 주변의 바닷가를 돌았으며 세발낙지를 먹었다. 목포는 슬프고 축축한 곳이 아니라 밝고, 포근하고, 아늑한 곳이었다. 몇 년 후, 겨울에 아내와 함께 다시 왔었다. 그때 목포는 수십 년 만의 폭설이 내려 천지가 눈으로 뒤덮였다. 눈을 맞으며 걷던 그 길들이 얼마나 낭만적이었는지 우리는 지금도 그때를 이야기한다. 다시 몇 년이 지난 6월 초순, 나는 다시 목포로 가고 있었다. 목포는 어떻게 변해 있을까?

코롬방제과점의 원조 싸움,
둘 다 맛있더라

———

역사 밖으로 나오니 바닷바람이 신경줄을 느슨하게 만든다. 목포의 매력이다. 바다 냄새가 잔뜩 밴 짠 바람이 덮쳐왔다. 아, 다시 목포에 왔구나. 나에게 목포의 인상은 언제나 초여름 바람 냄새로 남을 것이다. 나를 들뜨게 하는 것은 먹거리도, 볼거리도 아닌 이 바람과 이 더위다.

6년 전의 시간 속으로 걸어 들어갔다. 첫 추억을 찾아 코롬방제과점으로 향했다. 처음에 우연히 들렀던 코롬방제과점은 목포의 오래된 유명한 빵집이다. 크림치즈 바게트, 새우 바게트가 고소하고 맛있었다. 그런데 나는 옆자리 노인들의 이야기가 더 기억에 남는다. 어느 노인이 친구에게 하소연하고 있었다. 동생에게 돈을 3,000만 원 빌렸는데 월 20%의 이자를 받더라는 것. 두 달 만에 갚았지만 1,200만 원을 이자로 냈다는 것이다. 아니, 어떻게 그런 일이? 친동생 맞나? 설마. 동네 양아치 동생이겠지. 내용은 딱했지만 나는 미안하게도 노인의 걸쩍지근한 전라도 사투리가 판소리처럼 들려와 감상을 했다. 서울내기인 나는 여행 중 사투리 듣는 것을 매우 좋아한다. '사투리 학원'이라도 있으면 배우고 싶은 생각이 들 정도다. 나는 어느 지방 사투리든 좋아한다. 사투리는 표준어를 기준으로 볼 때 변방이지만 그 땅에서 살아온 사람들의 삶과 역사가 담긴 보물인 것이다. 하지만 아쉽게도 이번엔 그곳이 텅 비어 있었다. 코로나 때문인가? 종업원에게 물어보니 아니라고 한다.

"아까도 부산에서 오신 분들 한 팀이 있다 가셨어요."

어쨌든 텅 빈 그 공간이 서운했다. 쫄깃한 '목화솜빵'에 아이스 아메리카노를 마시며 나는 그 노인들을 잠시 그리워했다.

그런데 코롬방제과점 대각선 맞은편에 '씨엘비베이커리'라는 빵집이 보였다. 이틀 후, 목포를 떠나기 전 호기심에 들어가 보니 벽에 '코롬방제과점, 2005-2019년 운영, 크림치즈 바게트, 새우 바게트'라 쓰인 글이 보였다. 각종 방송에 출연한 사실과 함께 '코롬방제과점을 저희가 운영했다는 증명서류' 등이 붙어 있었다. 이건 또 무슨 소리인가? 그러니까 내가 왔던 시기인 2015년과 2018년에 나는 여기 사람들이 운영했던 빵을 코롬방에서 먹은 셈이다.

"여기와 코롬방제과점과의 관계가 어떻게 됩니까?"

종업원에게 물어보니 간단하게 대답했다.

"건물주가 자기네가 직접 하는 바람에 여기서 하는 겁니다."

그러니까 건물주가 장사가 잘 되니까 뺏었단 말이지. 그런 일은 흔하게 일어나는 법이다. '씨엘비베이커리'는 2019년에 새로 만들어서 빵 매장과 카페가 더 쾌적해 보였다. 그런데 돌아오는 기차 안에서 곰곰이 생각해보니 좀 이상했다. 코롬방제과점은 1949년부터 시작한 빵집으로 목포 시민들의 추억이 서린 곳이다. 빵에 대해 아무것도 모르는 건물주가 이렇게 운영진을 교체하면서 해왔다면 명맥을 잇기가 힘들었을 텐데? 돌아와서 검색해 보니 이미 매스컴을 통해 보도가 많이 된 사건이었다. 간략하게 요약한다면 1949년, 그 당시 일본인이 운영하던 빵집을 한국인이 인수하여 '코롬방'이란 간판을 달고 개업했고 1967년부터 지금의 사장이 인수해서 계속 운영을 해왔다. 그 과정에서 목포 인구가 줄고 베이커리 체인점들이 생기며 경영하기 힘들어지자 사장은 조카에게 경영을 맡겼고 조카는 2005년도부터 2019년까지 성공적으로 경영했다. 그러다 코롬방제과점의 아들이 직접 경영을 하게 되자 조카는 나와서 씨엘비colombang 빵집, 즉 코롬방의 앞 글자를 따서 새로운 빵집을 만들었는데 그 과정에서 갈등이 생긴 것 같았다. 한 제과점의 내부 사정에 대해 관심을 갖는 이유는 코롬방제과점의 상징성 때문이다. 신문 기사를 보니 빵순이, 빵돌이에게 목포는 유달산도 아니고, 갓바위도 아니고, 시벌넉지(세발낙지)도 아니고 홍어도 아니라고 한다. 대전에 성심당, 군산에 이성당이 있듯이 목포에는 코롬방이 있는데 어디가 '진짜 원조'인가를 알고 싶다는 이야기가 많다.

제과점 자체만 본다면 1949년부터 이어온 '코롬방제과점'이 원조다. 단순히 건물주라기보다는 시작부터 지금까지 명맥을 이어온 주인이다. 그러나 대표 상품이 된 크림치즈 바게트 개발에 대해서는 논란이 있다. 코롬방제과점에서는 다른 직원이 개발한 것을 조카가 배웠다고 이야기한다. 반면에 씨엘비 대표는 별 볼일 없던 크림치즈 바게트를 자신이 주도해서 지금의 것으로 개발했으며 이어서 새우 바게트도 만들었다고 주장한다. 거기에 '코롬방제과점'의 유명세, 상징성이 얽히다 보니 문제가 복잡해진 것 같았다.

어디다 기준을 두느냐, 누구 말을 믿느냐, 어떤 것이 더 맛있는가는 각자의 판단에 맡기는 수밖에 없다. 나에게는 큰 문제가 아니다. 두 집이 다 맛있으므로 두 군데 다 가면 된다. 코롬방에서는 옛날스런 분위기를 맛보고 씨엘비에서는 쾌적한 분위기를 즐길 것이다. 두 군데 다 잘 되기를 바랄 뿐이다. 나는 역사 유적지뿐만이 아니라 이런 사건들도 흥미롭다. 우리 삶과 사회의 한 단면이기에 그렇다.

낮술을 마시며,
민어회와 중깐

———

목포는 맛에 대해 자부심이 강하다. 2015년도 6월에 왔을 때, 홍보 팸플릿에는 '목포 오미'가 홍어삼합. 세발낙지, 민어회, 갈치조림, 꽃게무침이라고 했다. 2021년도 6월에 오니 '목포 구미'가 되었다. 병어, 준치, 아귀, 우럭간국이 추가된 것이다. 자꾸 숙제가 늘어나는 기분이 들지만 선택의 폭이 넓어지는 것은 즐겁다. 인터넷에는 목포 맛집들에 대한 이야기가 즐비하다. 종류도 엄청나게 많다. 텔레비전과 블로그 글을 보며 맛집을 찾아다니던 시절이 있었다. 하지만 이제는 손님 없어 소외당하는 '맛집 옆집' 혹은 우연히 마주치는 곳을 많이 들른다. 맛집이 아니더라도 목포와 전라도 지방은 먹을 것이 많다. 처음 왔을 때 맛집 아닌 곳에서 연포탕을 먹었었다. 원래 4만 원이지만 1인용으로 2만 원에 해준다고 했다. 그 전날 아침과 점심이 부실했고, 유달산에 올라갔다 온데다가 잠을 잘못 자서 힘들었는데 연포탕을 먹고 나서 아침에 일어나니 거뜬했다. 이래서 앓던 소도 낙지를 먹으면 벌떡 일어난다는 말이 있구나. 목포

혹은 전라도 지방에서 먹는 유혹을 뿌리치기란 힘들었다.

　목포 구시가지에는 '민어의 거리'가 있다. 코롬방제과점에서 '목화솜빵'으로 간단한 요기를 마친 나는 민어회를 먹기로 했다. 걸어서 10분도 채 안 되는 거리에 민어 횟집들이 보였는데 은근히 걱정이 되었다. 유명한 식당은 줄을 서야 한다는데 다행히 비어 있었다. 혼자 갔으니 민어회 반 접시를 먹기로 했다. 민어는 6월부터 8월까지가 제철이라니 맞는 시기에 온 것이다. 서울 토박이인 우리 아버지가 민어를 매우 좋아하셨다는 기억만 있지 민어회는 처음이다.

　드디어 잘게 썬 배춧잎 위에 수북하게 쌓인 민어회와 부레, 껍질 등이 나왔다. 찬은 간단했다. 깻잎, 상추, 마늘, 고추, 기름 섞인 장 정도. 민어 살이 도톰했다. 살이 차오른 민어회는 입에 꽉 차서 튼실했다. 부드러운 살을 꼭꼭 씹으니 고소했다. 간장과 와사비 혹은 장을 찍었어도 살이 많으니 고소한 맛이 압도했다. 뭐, 내가 민어회 맛을 비교하며 분석할 처지는 아니다. 그저 좋다. 여기에 목포 생막걸리 한 잔! 낮술 좋다. 한 입, 한 입 술에 취해 가며 꼭꼭 씹었다. 저쪽에서 아줌마 손님들이 수다를 떨고 종업원 아줌마들은 의자에 앉아 휴식을 취한다. 취기에 어린 세상은 평화롭다. 역시 술은 낮술이지. 여기는 목포, 민어의 거리. 서울을 떠난 지 세 시간 정도 되었는데 목포에서 민어회에 막걸리를 마시고 있다는 사실이 감격스러웠다. 욕심 안 부리면 당일치기 여행도 얼마든지 즐길 수 있는 곳이 목포다. 한참 더울 때 민어는 보양식이라고 한다. 살이 찔 것 같아서 매운탕과 밥은 먹지 않았다.

하지만 다른 것을 먹고 말았다. 거리를 걷다가 '중깐'이란 메뉴를 설명한 중국식당을 보았다. 중깐은 '중화식당 간짜장'이란 의미로, 중화요리를 먹고 난 후 후식으로 먹는 짜장면이다. 가늘게 뽑은 면과 곱게 다진 채소와 고기를 춘장에 볶은 별미라는 설명이 있었다. 안 들어갈 수 없었다. 중깐은 우선 양이 적어서 좋았다. 면은 얇고 오이와 계란이 얹혀 있었다. 춘장을 섞어 먹는데 아줌마가 와서 더 잘 비벼 먹으라고 한다. 사람은 친절하고 음식은 맛있었다. 입에 착착 감겼다. 시계를 보니 4시 정도. 오늘 저녁은 안 먹기로 했다. 그날은 밤이 되어도 배가 고프지 않았다.

근대화와
트렌드세터들의 도시, 목포

———

목포는 전남에서 세 번째로 큰 도시다. 2021년 4월 현재, 인구가 순천이 28만2000명, 여수가 28만 명, 목포가 22만1000명이다(광주는 광역시로서 144만5000명 정도). 목포는 조선말까지 작은 포구였다. 나무가 많은 포구, 혹은 목화가 많이 난다하여 목포라는 설이 있지만 서해로부터 육지로 들어가는 길목이라 하여 목포가 되었다는 주장이 가장 많이 알려졌다고 한다. 목포는 1897년에 개항된 이래 일제강점기 동안 급속히 성장하면서 근대화의 물결을 타고 한때 앞서 가던 도시였다.

목포 '근대역사관 1, 2'에 전시된 자료에 의하면 1897년 10월 1일, 부산, 원산, 인천에 이어 네 번째로 개항한 목포는 고종이 칙령으로 개항한 최초의 항구였다. 정부는 관세의 수입을 늘려 재정을 확충키 위해 각국 조계지, 즉 외국인들이 사는 치외법권 지역을 설정했지만 실제로 들어온 외국인들은 대개 일본인이었다. 개항 당시 목포에는 주거지가 부족해서 갯벌과 바다를 메우는 매립 공사를 시작했다. 목포 근교에서 들어온 노동자들은 쌍교리 근처의 무덤을 옮기고 거기에 터를 잡고 살았다. 한국인이 주로 모여 살던 유달산 북쪽의 그 마을을 북촌이라 불렀고 일본인들이 사는 마을은 유달산 남쪽 기슭에 있어서 남촌이라 불리었다. 북촌은 남촌에 비해 상하수도 및 주거 시설이 매우 열악해서 빈부 격차는 점점 벌어졌다. 일제강점기에 전라도에서 산출된 쌀과 면화가 목포항을 통해 일본에 건너갔고, 의료, 우편, 전신, 은행 등의 근대 문물이 도입되었다. 또한 미국 선교사들에 의해 기독교와 근대 교육이 전파되기 시작했다. 목포는 이처럼 신학문과 현대의술 등의 개화 문물이 한반도에서 가장 먼저 퍼진 곳 중의 하나였다.

나의 목포 여행 출발점은 언제나 오거리문화센터다. 이곳은 일본인들이 많이 살던 남촌의 일부로 일제강점기 때는 목포의 중심지였다. 오거리는 목포역, 조선인 마을, 일본인 마을, 목포항 등으로 이어지는 길이 교차하는 곳으로 번화가였는데 주변에는 (구)일본 영사관, 일본 가옥들이 조금 남아 있다.

1. 코롬방 원조 싸움. 어디든 다 맛있다
2. 민어회는 여름철이 제철. 살이 도톰하다
3. 고기 먹고 후식으로 먹으면 딱 좋은 중간
4. 오거리문화센터 앞에 오면 마음이 푸근해진다

이곳에 오면 일본인들이 게다짝 끌고 다니는 모습과 가방을 들고 다니던 조선 학생들의 모습이 상상 속에서 펼쳐진다. 가수 이난영은 1916년생으로 어린시절 목포에서 학교를 다녔고 1924년생인 김대중 전 대통령과 극작가 차범석도 이곳에서 학교를 다녔다. 1940년대 초에 김대중 전 대통령은 목포상업고등학교를 다녔고 '전원일기'로 유명한 극작가 차범석은 목포서점의 많은 책들을 탐독했다고 한다. 1932년생인 법정스님도 목포상업학교를 졸업하고 목포초급상과대학(전남대 상대 전신)을 한때 다닌 적이 있었다. 그 후 문학평론가 김현이 1942년생으로 전남 진도에서 태어났지만 일곱 살 때부터 목포에서 초등학교와 중학교를 다녔으며, 1946년생 가수 남진도 학창시절을 목포에서 보냈으니 1920년대부터 1960년대 사이에 이들은 오거리 근처의 책방과 극장과 빵집을 기웃거렸을 것이다. 그 시절, 그들이 미래를 꿈꾸고 혹은 방황하던 모습을 상상하면 이 거리가 예사롭지 않다.

이 근처는 도보여행을 해야 그 맛을 느낄 수 있다. 유달산 기슭에 있는 노적봉과 목포근대역사관 1, 2, 일본식 가옥들, 민어의 거리 등이 '오거리문화센터'에서 반경 6, 7백 미터 안에 있다. 오거리문화센터는 코롬방제과점 바로 옆에 있는 작고 아담한 건물이다. 원래 일본 교토에 있는 동본원사의 별원으로 세워진 사찰로 지금의 건물은 1930년대에 세워진 것이다. 그 후, 1958년부터 2007년까지 목포중앙교회로 사용되었으나 철거될 위기에서 오거리문화센터로 살아남았다고 한다.

그런데 지금까지 거론했던 인물들과 흔적은 노년층들이나 관심 있지 젊은이들은 잘 모를 것이다. 가수 이난영의 '목포의 눈물'은 멀리 있고 삼학도의 전설은 아득할 것이다. 그들에게 목포는 코롬방제과점의 빵과 케이블카, 해양스포츠, 평화의 광장 분수쇼로 다가올 것이다. 어차피 도시는 변하고 사람도 변하며 여행의 초점도 변한다. 길거리를 지나다 공사 현장에 붙은 글을 보았다.

"지붕 없는 박물관 목포. 1년 내내 축제의 열기에 흠뻑 취하다. 산과 바다의 매력, 문화와 예술의 향기에 매혹되는 축제의 향연 속으로 초대합니다."

양지바른 동네
온금동

———

목포는 땅끝에 있는 변방이다. 나는 변방, 경계를 좋아한다. 그곳에 가면 살아오던 세상이 아득해지고 저 너머의 세계가 어른거린다. 처음 왔을 때, 변방에서 더 변방스런 온금동에 가게 된 것은 우연이었다. 목포로 떠나던 날, 신문에서 목포의 '다순구미(온금동)'에 대해 쓴 글을 보았기 때문이다. 얼마나 글을 멋지게 썼는지 목포에서 가장 볼만한 곳이 온금동처럼 다가왔다.

다순구미는 '양지바른'이란 뜻의 전라도 사투리라고 한다. 따스하다는 '다순'이란 말이 한자어 '온'으로 바뀌고 '구미'가 금으로 바뀌면서 온금동이 된 것 같은데 택시기사는 '다순구미'를 이해하지 못했다. 온금동이라 하니 그제야 이해했다. 택시는 바닷길을 따라 달렸고 비지스의 '트래지디'가 흘러나오고 있었다. 1970년대 후반 대학시절 늘 듣던 노래였다. 그러더니 뒤이어 차중락의 '낙엽 따라 가버린 사람'이 흘러나온다. 저 노래도 아득한 옛날 노래다. 문득 40년 전으로 돌아온 느낌. 그런 분위기 속에서 잔뜩 기대하고 갔던 온금동은 썰렁했다. 저녁 어둠이 조금씩 깔리는 길엔 인적이 드물었고 차량도 끊겼다. 언덕의 허름한 집들 사이의 골목길에는 도무지 사람이 보이질 않았다. 궁핍스러움이 골목에 짙게 배어 있었다. 언덕에서 내려다보니 회색빛 바다가 아득하게 보였고 골목길들은 을씨년스러웠다. 길 건너편에 이런 플래카드가 걸려 있었다.

"병원, 마트 하나 없는 이곳에서 시내 사는 사람들에게 손가락질 당하며 이렇게 살기를 원합니까?"-서산, 온금 재정비 촉진 1구역, 조합설립 추진위원회.

재개발을 찬성하는 주민들, 즉 아파트를 만들자는 주민들과 반대하는 주민들 간에 갈등이 있는 것 같았다. 6년이 지나가는 지금, 인터넷을 보니 온금동과 그 옆의 서산동의 재정비사업이 재추진된다는 기사가 있었다. 그동안 서로 갈등을 빚다가 고층 아파트 대신 저층 아파트가 들어서는 방향으로 진행된다는 것. 궁금해서 다시 가보기로 했다.

온금동은 목포항에서 바닷길을 따라 걸어가도 되지만 이번에는 목포여중 쪽의 길로 걸어갔다. 고갯길을 넘어가는데 언덕에 낡은 빌라 한 동이 있고 그 앞에서 이야기를 나누던 할머니 중에 한 분이 나를 내려다보다 눈이 마주쳤다. 내가 고개를 수그리며 인사를 하자 환하게 웃었다. 그 빌라는 낡았지만 창문으로 바다가 훤히 내려다보이는 명당자리였다. 온금동은 그 밑이었다. 고개를 넘자 온금동 하늘 위로 죽 이어진 케이블카들이 둥둥 떠가고 있었다. 2019년에 개통되었다는 북항에서 고하도까지 이어지는 해상케이블카였다.

온금동의 낡고 퇴색한 골목길은 여전했지만 한낮이라 인적이 있었다. 집에서 나와 어디론가 걸어가는 청년, 물건을 사갖고 오다가 무거워서 한숨을 내쉬는 할머니가 보였다. 유리문에 붙인 '박스 여기에 버리지 마세요, 제발'이란 글자, 어린이집을 보며 사람들의 체취가 느껴졌다. 바닷가 대로에는 멋진 카페도 보였다.

옆 동네인 서산동에는 영화 〈1987〉에 나왔다는 '연희네슈퍼'가 있었고 시화마을 언덕 골목길들에는 정성 담긴 벽화 그림과 글들이 보였다. 작은 카페, 공방, 사진관 등의 벽과 내부에 파란색, 보라색, 분홍색 등이 칠해져서 아기자기한 분위기였다. 언덕에 오르니 파랗고, 빨간색 지붕들 너머 그림 같은 바다가 펼쳐졌다. 원래 어부들의 터전이었으니 집집마다 사연이 많을 것이다. 예전에 텔레비전의 어느 프로그램에서 어떤 섬을 취재한 것을 보았다. 남편과 아들을 모두 바다에 내주고 홀로 사는 할머니가 이렇게 말했다.

"남편도, 아들도 바다에서 죽었는데 내가 살겠다고 밥을 먹고 있더라고…." 손녀 같은 여자 피디에게 중얼거리던 할머니의 망연한 눈빛이 떠올랐다. 이 골목에도 그런 아픈 사연들이 배어있을 것이다. 뱃사람들의 애환을 잘 모르는 나지만 그래도 조금은 짐작할 수 있을 것 같았다. 앞으로 이곳에 아파트들이 들어설까? 아니면 부산 감천문화마을처럼 아기자기하게 단장될까? 이곳이 어떻게 변하든 주민들이 고향에서 쫓겨나지 않기를 바란다.

이제 목포의 새로운 명물은 케이블카다

케이블카를 타러 온금동에서 북항 스테이션을 향해 걸었다. 택시를 타면 금방 가겠지만 한적한 바닷길을 걷고 싶었다. 하늘엔 케이블카들이 둥둥 떠서 고하도 쪽으로 날아가고 멀리 멋진 목포대교가 바다를 가로지르고 있었다. 바닷가 벤치에 앉아 잡담을 나누는 노인들이 보였고 조금 더 가니 바닷가로 툭 튀어 나간 바위에 앉아 낚시를 하는 사내가 있었다. 저 사내의 집은 어디일까? 저 사내의 직업은 무엇일까? 은퇴한 사람? 실직한 사람? 잡은 생선을 갖고 가서 회에 소주 한 잔 하겠지. 유유자적하는 모습이 부러우면서도 온갖 궁금증이 일었다. 하지만 등만 보이고 낚시를 하는 사내의 정체는 짐작조차 어렵다. 고요하고 포근한 바다 위로 하얀 햇살이 부서지고 있었다. 조금 더 걷다 보니 바닷속 작은 바위에 여인이 보였다. 인어 조각이었다. 바다에서 방금 나와 앉아 있는 것처럼 생생하다. 저런 인어가 정말 바다속에 살고 있을지도 모른다는 터무니없는 상상이 잠시 가슴을 설레게 했다.

북항 스테이션은 신안비치호텔에서 유달산 기슭으로 좀 걸어 올라가니 나왔다. 자, 이제 케이블카를 타는구나. '크리스탈'과 '일반' 중에서 나는 일반을 선택했다. 밑이 훤하게 보이는 크리스탈은 현기증이 난다. 예전에 홍콩에서 크리스탈을 탔다가 아내가 무서워하고 멀미를 한 적이 있었다. 유달산 스테이션을 거쳐 고하도까지 갔다가 다시 이곳으로 오는 왕복 요금이 2만2000원. 가격이 센 것 같지만 타고 나니 천만에, 국내 최장 길이 3.23킬로미터, 왕복 40분간 공중에서 다도해의 기가 막힌 풍경을 감상하는 값으로 비싸지 않았다. 내가 여태까지 케이블카에서 바라본 풍경 중에서 최고였다. 이제 케이블카는 목포의 새로운 명물이 되었다.

드디어 출발. 둥실, 움직인 케이블카는 이내 허공으로 솟구쳤다. 목포대교가 보이더니 이내 목포 시가지가 펼쳐졌다. 그 너머로 파란 바다와 산 그리고 섬들이 아스라하게 보였다. 한 폭의 동양화다. 아, 기가 막히다. 세상 어디에서도 볼 수 없는 케이블카 풍경이다. 흥에 겨워 셀카와 동영상을 찍다 보니 어느새 유달산 스테이션에 도착했다.

유달산 스테이션에서 내리지 않고 곧바로 고하도로 가는 사람들도 있었지만 나는 일단 내려 유달산 정상으로 향했다. 정상까지는 500미터. 나무 계단을 따라 올라가니 등산로가 나왔다. 지난번에는 마을 근처에 있는 노적봉에서부터 걸어왔었다. 해발 228미터라고 해서 동네 뒷산처럼 생각했는데 가파른 길이었다. 그래도 정상까지 구경하며 올라가려면 한 시간은 족히 걸렸는데 이번에는 10분 정도밖에 걸리지 않았다. 정상에 올라가니 사방으로 탁 트인 전경이 펼쳐지고 있었다. 건물들이 가득 들어서 있는 목포 시가지와 고즈넉한 삼학도가 보이고 저 멀리 섬들이 점점이 떠 있었다. 목포는 자식 같은 섬들을 거느린 어머니처럼 포근한 땅이다.

6시를 조금 넘긴 시간, 낮달처럼 하얀 해가 고하도와 목포를 잇는 목포대교 위로 서서히 내려앉고 있었다. 파란 동해 바다는 씩씩하지만 무서울 때가 있다. 남해 바다는 따스하고 평온하며 서해 바다는 하늘과 땅의 경계가 흐릿하다. 목포 바다는 남해의 따스함과 서해의 흐릿함을 함께 갖고 있었다. 그곳에 있는 전망 지도를 보니 저 멀리 '천사대교'가 있다는데 잘 보이지 않았다. 신안군과 암태읍을 잇는 다리로 1004개의 섬으로 이루어진 신안군의 특징을 살리기 위해 그렇게 이름 지었다는데 목포 주변에는 섬들이 정말 많다. 목포는 두고두고 찾아올 곳이 많다.

다시 케이블카 스테이션으로 가서 고하도로 향했다. 이 구간은 더 좋았다. 바다를 가로지르는 동안 해는 노란빛을 띠며 조금씩 가라앉고 있었다. 드디어 고하도 스테이션에 내리는데 직원이 7시 20분까지는 와서 케이블카를 타라고 했다. 시계를 보니 6시 50분, 완전히 작전 미스였다. 알고 보니 이순신장군이 임진왜란 때 배를 숨겼던 이 고하도에는 볼거리와 산책할 곳이 많았다. 전망대는 물론, 이순신장군 관련 유적지, 해안 데크 등이 있었는데 시간이 없는 것이다. 부지런히 걸어 전망대로 갔다.

이순신장군의 13척의 판옥선 모형을 격자형으로 쌓아올린 전망대는 독특했지만 문이 닫혀 있었다. 대충 분위기만 보고 다시 케이블카를 타는 수밖에 없었다. 다음을 기약했다. 다시 황홀한 풍경이 펼쳐졌다. 가라앉는 해는 황금색으로 변했고, 은은한 바다는 평화로웠다. 케이블카로 들어오는 바람을 마시며 허공에서 이 멋진 풍경을 바라보니 꿈만 같다. 돈이 안 아깝다. 야경은 못 보지만 일몰 풍경도 기가 막혔다.

유달산 스테이션에서 내려 걸어 나가니 직원이 말렸다. 어두워질 테니 곧바로 북항으로 가라고 한다. 걱정하는 표정으로 말하는 직원의 관심과 친절이 고맙다. 나는 이런 따스한 정에 종종 감격한다. 그러나 내 숙소는 유달산 밑이다. 오히려 북항으로 가면 돌아가야 한다. 해는 아직 안 졌고 길은 이미 알고 있었다. 천천히 걸어 내려오는 동안 저녁 운동하는 목포 시민들이 올라오고 있었다. 이순신장군의 근엄한 동상을 잠시 보고 노적봉으로 내려왔지만 아직도 그리 어둡지는 않았다. 노적봉은 커다란 바위다. 임진왜란 때 이순신장군은 노적봉을 짚과 섶으로 둘러 군량미가 산더미처럼 쌓인 것처럼 위장해서 왜군의 기를 꺾고 혼란에 빠트렸다는 이야기가 있다. 노적봉을 뒤로 하고 걸어 내려오는데 내 앞으로 고양이가 지나갔다. 밑에서 웬 할머니가 작은 개와 함께 내 쪽을 바라보며 물었다.

"혹시, 그쪽에서 개 못 보았어요?"

"고양이가 지나갔는데요."

자식을 기다리는 엄마처럼 개를 기다리는 할머니의 뒷모습이 따스했다.

그래, 역시 목포는
'목포의 눈물'이야

숙소 창밖으로 바다 건너편의 삼학도가 보인다. 삼학도는 지금은 매립되어 뭍처럼 변했지만 원래 세 개의 섬이었던 곳으로 애달픈 전설이 서려 있다. 유달산에서 무술을 수련하던 젊은이에게 마음을 뺏긴 세 처녀가 상사병 때문에 죽어서 학이 되어 하늘을 날아다녔는데 그것을 모르는 청년은 활을 쏘아 맞추었다. 그러자 학들이 떨어져 만들어진 세 개의 섬이 삼학도. 지난번에 삼학도에 가보니 바다의 흔적은 가느다란 수로로만 남아 있었다. 그곳에 '이난영공원'이 있었다. '이난영 나무'라고 새겨진 돌 뒤에 나무 한 그루가 보였다. 이난영이 묻힌 곳이다. 경기도 파주의 한 공원묘지에 안장되어 있던 이난영의 유해를 타계 41년만인 2006년도에 이난영 기념사업 추진위원회가 이곳으로 옮겼다고 한다. 20년생 백일홍 나무 밑에 수목장을 지냈다는데 근처에는 '목포는 항구다'와 '목포의 눈물' 노래비도 있었다.

올 때마다 나는 이 숙소에 묵었는데 처음 왔을 때 2층 방에서 이상한 풍경을 보았었다. 밤 12시가 넘었는데 하늘에서 새 수십 마리가 이리저리 날아다니며 군무를 추고 있었다. 질서정연했다. 어떻게 저렇게 착착 맞춰서 빠르게 날아다니지? 잠도 안 자고 이 밤에 훈련을 하나? 신기했다. 그 후 아내와 이곳에 왔을 때는 1월 초였다. 그때 목포는 수십 년 만에 내린 이상한 폭설에 파묻혀 있었다. 새벽에 깨보니 아내가 이불을 뒤집어쓰고 밖을 내다보고 있었다.

"뭐 하는 거야?"

"밖을 내다보고 있어. 다른 세계에 온 것 같아."

새벽 여섯 시쯤, 눈이 뒤덮인 컴컴한 길을 버스가 달리는데 어쩌다 한두 사람씩 내려서 종종 걸음으로 어디론가 가고 있었다. 우리는 나란히 앉아서 밖을 보았다. 하얀 눈 덮인 해안길을 달리던 버스에서 한 사람이 내렸다… 두 사람이 내렸다… 그걸 세면서 목포의 신새벽을 맞았다. 아내에게 목포는 '겨울왕국'으로 남았다. 하얀 눈 덮인 노적봉, 유달산 그리고 무릎까지 빠지며 걷던 골목길, 하얀 눈과 파란 바다가 어우러진 평화광장과 갓바위 등 천지가 모두 눈에 덮여 있었다. 그로부터 몇 년이 흐른 지금 나는 2층의 바로 그 방에서 창밖을 바라보며 유튜브로 이난영의 '목포의 눈물'을 들었다.

사공의 뱃노래 가물거리면, 삼학도 파도 깊이 스며드는데
부두의 새악시 아롱젖은 옷자락, 이별의 눈물이냐 목포의 설움.

목포의 눈물은 우리 아버지 세대의 노래지만 나도 어릴 적에 수없이 듣고 자랐다. 그때는 몰랐는데 나이가 드니 트로트가 좋다. 그래, 역시 목포는 '목포의 눈물'이야. 아무리 케이블카가 좋아도 '목포의 눈물'을 불러가며 홍어삼합과 세발낙지에 막걸리를 마셔야 목포지.

1 2
3
4 5

1. 이순신장군의 판옥선 13척을 쌓아서 만든 고하도 전망대 2. 평화의 광장 앞의 바다는 고요하고 하늘은 신비하다 3. 이난영의 묘앞에 서면 '목포의 눈물'이 절로 나와 4. 목포근대역사관 앞은 국도 1, 2호선 출발점 5. 근대역사관 주변의 카페. '오빠는 풍각쟁이야' 같은 노래가 흘러나온다

X 여러 겹의 시간과 맛

마한의 땅, 나주

목포에서 2박을 하는 동안 중간에 나주에 다녀왔다. 나주 가는 날, 아침부터 비가 왔다. 8시 45분에 출발한 텅 빈 무궁화호 열차는 나주까지 42분밖에 안 걸렸지만 길고도 긴 시간이었다. 기차는 조금 달리는가 싶더니 스르르 속도가 줄면서 섰다. 7~8분 정도 간격인 것 같다. 빗물이 주르륵 흘러내리는 창문 밖으로 안개 피어오르는 산, 반듯하게 나누어진 논들, 흩어진 가옥들 그리고 무덤들이 스쳐 지나갔다. 아무도 안 타고, 안 내리는 역들이 이어졌다. 일로역, 몽탄역을 지나 낙지로 유명한 무안, 나비축제로 유명한 함평역을 지나간다. 대부분의 역사들은 텅 비었지만 어쩌다 타는 사람도 한둘 있었다. 덜컹, 문 여닫는 소리가 아득하게 들려오며 졸음이 쏟아졌다. 기차 바퀴 소리가 수면제 같다. 무궁화호라서 그럴까? 호남평야의 느긋한 기운 때문일까? 의자를 뒤로 살짝 젖히니 잠이 더 쏟아진다. 어제 잘 만큼 잤는데 왜 이러는가? 자면 안 돼… 곧 도착할 텐데. 5~6분 후 기차는 어디선가 섰다가 다시 떠났고 드디어 나주에 도착했다. 나주역은 KTX가 통과하는 역이지만 단출했다. 식당 하나, 카페 하나만 있었고 짐 보관소는 없었다.

나주는 백제 이전에 마한에 속해 있었다. 중국의 사서『삼국지』「위지 동이전」에 의하면 마한은 충청도, 전라도 일대에 위치한 54개국의 연맹체로 그 맹주는 목지국이었다. 목지국의 위치에 대해서는 설이 많다. 충청남도 직산(천안 부근), 예산, 아산만 일대 혹은 전남 익산, 금강 유역, 나주 등으로 추정되고 있다. 또 나주는 마한에 속한 불미국不彌國이었다는 설도 있다.『삼국사기』「신라본기」에는 기원전 1세기 무렵, 마한의 목지국 왕이 신라의 박혁거세가 보낸 사신에게 '조공을 바치라'며 책망하는 기록이 나온다. 또 진나라에서 사람들이 건너왔을 때 목지국 왕은 마한의 동쪽에서 살게 해주었다는 기록도 보인다.『삼국사기』「백제본기」에 의하면 백제의 온조왕이 재위 24년, 즉 서기 6년에 자기네 땅에 목책을 짓자 목제국 왕은 사신을 보내 백제왕을 이렇게 질책한다.

"왕이 처음에 강을 건너와 발붙일 곳이 없을 때 나는 동북방 100리 땅을 떼어 살도록 하였다. 그렇다면 마땅히 이에 보답할 생각을 해야 할 것인데 이제 나라가 안정되어 백성들이 모여들고 적수가 없다고 생각하여 성과 연못을 크게 만들어 우리의 영토를 침범하니 그것이 의리에 합당한가?"

이에 온조왕은 부끄러워하며 목책을 허물었다고 한다. 이런 것을 보면 목지국은 기원전 1, 2세기 무렵 충청도, 전라도 일대를 중심으로 경상도까지 영향력이 있었던 나라였다. 『삼국지』「위지동이전」에 의하면 마한은 54개 소국들의 연맹체 중에 큰 나라는 1만여 가, 작은 나라는 수천 가로 모두 합하면 10여만 호가 된다고 했다. 이들 선주 토착집단의 후예들을 우리는 마한, 진한, 변한, 즉 '삼한'이라 부른다. 그 후 기원전 1세기 이후 고조선계의 유민, 부여계 등 북방에서 철기 문화를 가진 집단이 남하하면서 삼한 세력은 소멸되고 백제, 신라가 등장하며 한반도에는 고구려와 함께 삼국시대가 열린다.

마한은 『삼국사기』에 의하면 온조왕 재위 27년, 즉 서기 9년에 백제에게 공격당해 멸망한다. 그러나 그 외의 여러 사서에 의하면 마한의 잔존 세력은 3세기 말에 중국 진나라와 통교했고 369년에 와서야 백제에 정복당했다고 한다. 하지만 고고학적으로 볼 때 6세기 초까지 영산강 유역에 마한이 존재했다는 설도 있다. 전시관의 지도를 보니 신라는 경북, 가야는 경남, 백제는 충청도, 마한은 전라도 지역을 차지하고 있었다. 나는 여행하는 동안 사람들의 얼굴을 보고 사투리를 들으며 이들은 어디

서 왔을까를 상상했다. 얼굴도 지방마다 특징이 있고 사투리도 다 다르
다. 우리가 여러 곳에서 들어왔다는 증거다. 물론 거슬러 올라가면 비슷
한 곳에서 다 만나겠지만 그 과정이 궁금해진다. 현재 살아가는 사람들
이야말로 살아 움직이는 흥미로운 유물이다.

그곳에는 누가 살았을까, 복암리의 아파트형 고분

─────

　나주에 도착하자마자 제일 처음 간 곳은 복암리 고분전시관이었다. 그
곳까지 가는 503번 버스정류장을 찾기 위해 추적추적 비 내리는 거리를
잠시 걷다가 택시를 탔다. 택시기사는 복암리 고분군이 어디냐고 나에게
반문했다. 설명하다 보니 아 '다시 역' 쪽으로 가면 나오는 곳이라며 이해
했다. 영산강을 따라 비 오는 거리를 약 15분 정도 달리자 오른쪽에 고분
전시관이 나왔다. 10시에 문을 여는데 딱 10시에 도착했다.

　복암리에는 4개의 고분이 있는데 특히 3호분이 아파트형 고분이다. 각
기 다른 시기의 묘들이 한 군데서 층층이 발견되어 그런 이름이 붙었다
는데 전시관에 그대로 재현되어 있었다. 흥미로웠다. 왜 무덤 위에 무덤
들을 만들었을까? 각층마다 다양한 형태의 무덤들이 있었는데 독무덤,
돌방무덤, 굴식 돌방무덤, 돌덧널무덤, 구덩식 돌덧널무덤, 횡혈식 석실
등이라고 한다. 설명된 것을 참조하여 쉽게 표현하면 독무덤은 항아리에

시신을 넣은 것이고 굴식 돌방무덤은 통로와 방이 있는 구조로 독을 방에다 안치했다. 횡혈식 석실은 널찍한 방에 관과 부장품들을 매장했다. 백제의 무덤이 이런 형식이다.

3호분 무덤에서 독무덤은 가장 밑바닥에 있었다. 3세기 중반에서 5세기 중반까지 영산강 유역의 마한 사람들은 시신을 이처럼 항아리 같은 독에 넣고 매장했다고 한다. 여기서 독은 '알'을 의미하며 죽음 후에 새롭게 알에서 깨어나 탄생하는 것을 상징한다. 그 위에 5세기 후반에서 6세기 전반까지 통로와 방이 마련된 돌방무덤이 축조되었다. 전시관의 설명에 의하면 이것은 백제의 것과 다르고 왜(일본), 특히 큐슈의 돌방무덤과 유사하다고 한다. 백제식 돌방무덤과 횡혈식 석실들은 가장 위에 있는데 6세기 중반에서 7세기 전반에 만들어진 것이다. 여기서는 백제 귀족이 사용하던 은제 모자 장식, 은제 허리띠 등이 출토되었다.

400년대 후반에서 500년대 전반에 만들어진 돌방무덤에서 나온 왜계 유물로는 '규두대도'란 칼이 있다. 손잡이 머리 끝부분이 각이 진 칼로 일본에서 500년대에 유행하던 칼이라고 한다. 또한 일본의 영향을 받은 금제관식도 나왔다. 복암리 고분뿐만 아니라 1990년대 들어서 영산강 유역 즉, 광주, 함평, 해남, 영암, 고창 등지에서 왜계 무덤 형태가 13기가 발굴되었는데 앞쪽이 약간 네모나고 뒤쪽이 둥글어서 열쇠 모양처럼 생긴 전방후원분이다. 이런 형태는 일본의 고분 시대(4~6세기)에 발생한 일본 특유의 고분 형태다.

이것을 발굴하게 된 것은 한국 학자들의 열정 때문이라고 한다. 그들은 전방후원분이 한국에서 일본으로 건너간 것으로 확신하고 그 증거를 찾기 위해 노력했다. 그러나 발굴된 묘는 큐슈 북부 지방의 양식과 같지만 오히려 일본보다 뒤늦은 시기의 것이었다. 그러자 일본 학자들이 흥분했다. 전방후원분은 한반도에서 큐슈로 간 것이 아니라 큐슈에서 한반도로 갔기에 일본 학자들은 이를 왜가 한반도에 영향력을 미친 증거로 보려고 했다.●

그러나 한국 학자들은 왜가 진출한 것이 아니라, 여기 살던 마한의 잔존 세력이 왜와 교류했다고 본다. 왜계 유물만이 아니라 신라와의 연관성을 보이는 재갈, 백제와 연관된 토기와 장식품들도 나왔기에, 마한 세력은 백제의 지배 밑에 있으며 독자적으로 신라, 왜 등과 교류했다는 것이다. 어쩌면 영산강 일부에 왜인들이 살았을 수도 있다. 그 시절에는 마한, 백제, 가야, 변한, 진한, 신라인 그리고 왜인들이 섞여 사는 것이 당연했을지도 모른다. 그걸 두고 왜의 영향력을 과대평가 할 이유도 없고 반대로 불쾌하게 생각하며 배척할 필요도 없어 보인다.

디지털 영상을 보는데 어린이 유골을 바탕으로 얼굴을 재현한 모습이 보였다. 파란색 옷을 입고 입을 다문 모습이 꽤나 야무져 보였다. 나는 나주 사람들을 보면서 계속 마한 사람들을 상상했다.

● 『임나일본부설, 다시 되살아나는 망령』 주보돈, 역락, 2012

고려 시대 황제의
외갓집이 있던 나주

———

나주는 고려 시대 때부터 매우 중요한 도시였다. 후삼국 시절, 견훤과 싸우기 위해 나주에 출정했던 왕건은 목이 말라 우물가의 어느 처녀에게 물을 청한다. 그러자 여인은 버드나무 잎을 바가지 물에 띄워 물을 준다. 왕건이 그 이유를 물었더니 여인은 급히 마시면 체할까 봐 그랬다고 답한다. 왕건은 이 지혜로운 나주 여인을 부인으로 맞았고 훗날 여인은 장화황후가 된다. 그리고 그의 아들이 고려 2대 혜종이 되니 나주는 황제의 외갓집이 있던 곳이다.

그 후 고려 6대 황제 성종은 983년에 전국에 12목*을 설치한다. 이전에는 호족들이 지방을 통치했지만 차차 중앙집권체제를 갖춰 나갔다. 중앙정부는 12개의 주요 도시에 지방관을 파견해서 직접 통치했다. 이때 나주에 나주목이 설치되어 5개 군과 11개 현을 다스렸다고 한다. 12목은 양주, 광주(경기도), 충주, 청주, 공주, 해주, 진주, 상주, 전주, 나주, 승주, 황주인데 해로와 수로가 가까이 있어서 교통이 편리한 곳에 위치했다. 백성들로부터 세금으로 거둬들인 쌀은 목에 모였고 이것을 배로 고려의 서울인 개경까지 운반했다. 여기서 '목이 좋다'라는 말이 유래했다고 한다. 즉 '목'은 교통이 편리하고 사람과 상품이 많이 모여드는 곳을 의미한다.

거란의 침입을 받은 고려 8대 황제 현종은 1018년에 나주로 피난을 왔었고, 그 후 지방 행정조직을 5도 양계 8목으로 만든다. 그 시절 5도는 경상도, 전라도, 양광도(충청도, 경기도 일부), 교주도(경기도, 강원도 일부), 서해도(황해도)였고 양계는 동계(경상도, 강원도, 함경도 일부), 북계(평안도)였다. 전라도라는 명칭은 전주의 '전'과 나주의 '나(라)'를 따서 만들어졌다고 한다. 훗날 8목으로 축소되어도 나주는 계속 전남 지방의 유일한 목으로 남아 전남의 중심지가 되었다. 조선 시대 때도 나주는 전라도에서 전주 다음으로 큰 도시였고 목이 있었다. 즉, 나주는 고려 시대부터 중요성을 인정받은 천년의 역사를 가진 도시였다.

나주에는 나주목의 흔적이 남아 있었다. 나주에서 가장 먼저 볼 곳은 금성관이다. 금성관은 나주목 객사 정청으로 관찰사가 업무를 보거나 중앙에서 온 관리들이 묵던 곳이다. 이 객사는 전국 제일의 규모를 자랑하는 곳으로 문을 통과하니 꽤 넓은 뜰이 나왔다. 걸어가는 길에 깔린 돌이 울퉁불퉁해서 걷기가 꽤 불편했다. 이렇게 만든 데 어떤 이유가 있나? 오른쪽의 건물은 동익헌으로 정3품 이상의 관리가 묵던 곳, 왼쪽은 서익헌으로 당하관 종3품 이하의 관리가 묵던 곳이다. 마루가 꽤나 넓었다. 신을 벗고 올라가 앉아 마당을 내려다보니 초등학교 운동장만큼 넓다. 비가 오니 오는 이도 없어 고요했다. 기둥에 몸을 기대고 빗소리를 듣는 시간이 편안했다.

근처의 나주목문화관에서는 나주의 인물들을 소개하고 있었고 바로 옆의 나주 목사 내아는 나주 목사의 가족들이 기거하던 곳이었다. 아담한 한옥집인데 낮에는 관람객들이 구경하지만 저녁이 되면 한옥 스테이로 이용된다고 했다. 한옥 카페, 가겟집들이 드문드문 보였지만 비가 오니 인적이 드물었고 나주향교는 문이 닫혀 있었다. 골목길 벽에는 왕건의 유명한 이야기가 벽화로 그려져 있었다. 고즈넉하고 평화로운 분위기의 길들이었다. 걷다 보니 '읍성권내 전통 한옥마을 민간 한옥 신축지원사업. 보조 1억, 융자 1억'이란 간판이 보였다. 점점 이곳에 한옥 스테이, 한옥 카페, 한옥 식당들이 많이 들어설 것 같다. 5년, 10년 후에 그것을 볼 수 있을까? 궁금해진다.

나주 곰탕거리 VS. 영산포 홍어거리

———

나주에는 곰탕거리가 있다. 금성관 앞에 유명한 곰탕집들이 몇 군데 있는데, 유명한 곳은 11시인데도 벌써 사람들이 가득 차 있었다. 그곳에서 곰탕을 먹고 나니 여태까지 내가 서울에서 먹은 나주곰탕은 나주곰탕이 아니었음을 알았다. 듬뿍 나온 고기는 부드러웠고 맑은 국물은 구수했다. 파도 듬뿍, 고춧가루도 듬뿍 탄 후 '맛있네, 맛있어' 하면서 정신없이 먹었다. 그런데 김치와 깍두기가 너무 익어서 물컹했다. 혹시 먹다 남은 것을 내준 것 아니야? 그런 불만이 있어서 그런지 벽에 '김치, 깍두기는 삭힌 것으로 신선하다'는 글이 붙어 있었다. 하긴 전남 지방은 김치, 깍두기를 많이 삭혀서 먹는 것 같았다. 다른 식당들도 비슷했다.

이른 저녁은 영산포 '홍어의 거리'에서 먹었다. 시내에서 택시를 타니 금방이었다. 택시기사는 나주의 인구에 대해 걱정이 많았다.

"KTX 만들 때 인구 조사를 해보니 나주 인구가 7만 명 정도 밖에 안 되었대요. 그래서 나주시를 넓히기 위해 주변 군들을 합쳐서 14만을 만들었는데 다시 7만이 되었답니다. 사람들이 계속 빠져나가 10만 명이 깨진 겁니다. 공장이 없으니까 일자리도 없지요. 그런데 여기 나주 사람들 중에 의사, 전문직, 공무원들이 다 광주에 살면서 통근을 해요. 젊은 사람들은 혁신도시로 빠져나가고. 그러니 나주 구시가지는 텅 비어 가는 겁니다. 그래도 주말에는 나주곰탕 먹으러 외지에서 오고 영산포에서 황포돛배 타러 오는 사람들이 있어서 다행이에요."

드디어 영산포에 도착하니 영산강 주변의 제방에는 멋진 산책길이 있었고 황포돛배 선착장이 보였다. 날씨가 좋다면 황포돛배 타고 영산강을 노니는 맛이 있을텐데 그만 비 오는 평일이다 보니 썰렁했고 사람들도 없었다. 강변에 홍어 식당들이 죽 늘어서 있었다. 4시쯤이라 손님들이 보이지 않았다. 그중의 한 식당으로 들어갔다. 홍어삼합 칠레산은 2만5000원, 국산은 5만 원이다. 칠레산을 시키니 젊은 남자 종업원이 혼자서 먹기에 많으니 반만 먹으라고 한다. 가격은 1만3000원. 손님을 배려해주는 마음이 고마웠다. 종업원이 김에다가 초고추장 찍은 홍어 한 점과 돼지고기 한 점을 올린 후, 김치를 얹어 먹는 시범을 보여주었다. 김치는 홍어를 삭혀서 3년 동안 숙성시켜 만든 것이라 했다. 접시에 따로 나온 것은 홍어 코와 홍어 생식기라고 했다. 칠레산 홍어는 팍 쏘는

암모니아 맛이 덜했다. 국내산을 먹을 걸 그랬나? 그래도 막걸리에 먹으니 기분이 좋았다. 나는 분위기에 약하다. 홍어 코는 물컹하며 약간 알싸했고 홍어 거시기는 더 물컹물컹 했다. 옆방에서 떠드는 중년 사내들의 목소리가 들려왔다.

"이것이 홍어 거시기잖아…. 물컹물컹해서 만만한 게 홍어좇이란 말이 나왔잖아."

"아, 네 그 홍어좇이…."

일하는 아줌마 종업원도 잘 받아준다. 이어서 시킨 보리애국이 기가 막혔다. 밥을 말아 먹는데 와, 맛있다! 보리애국은 홍어애국에 보리순을 넣어서 만든 음식이다. 홍어 간으로 만든 홍어애국과 보리순이 합해진 보리애국은 약간 알싸하면서 구수했다. 나는 홍어보다 보리애국이 정말 맛있었다. 나주곰탕과 홍어삼합, 보리애국을 먹기 위해서라도 나주에 다시 오고 싶다. 아, 영산포에서 뱃놀이도 즐겨야지. 조선을 디자인한 혁명가 삼봉 정도전의 유배지도 나주에 있다. 다음에는 좀 더 천천히 나주를 여행하며 즐겨야겠다.

1. 복암리 고분 모형. 아파트처럼 층층이 무덤이 쌓여 있다 2. 나주는 고려 황제의 외갓집이 있던 곳이다.
3. 중앙에서 온 관리들이 묵던 곳. 금성관 4. 지금까지 먹은 나주곰탕은 나주곰탕이 아니었어 5. 나주 영
산포에 왔으면 홍어삼합을 먹어야지

X 현재진행형의 시간여행

1930년대의 시간을 사는 도시

2013년 4월 중순, 처음 군산에 왔을 때 고우당 게스트하우스란 곳에 묵었다. 일본풍의 목조건물이었고 중앙에 연못과 정원이 있었다. 군산에 일본풍의 숙소가 있다는 것이 흥미로웠다. 춘하추동이란 이름으로 건물이 여러 채 있었는데 방은 둘이 누우면 꽉 차는 다다미방이었다. 숙소소개에 의하면 '고우당'이란 전라도 사투리 '고우당께'에서 온 말로 월명동에 있는 일본식 가옥 체험공간이었다. 월명동은 1930년대 일본인들의 집단 거주지였다. 짐을 푼 후, 밖에 나가니 저녁 어스름이 조금씩 내려앉고 있었다. 주변 일본풍의 목조 가게들에서는 돈까스, 우동, 정종, 소바를 팔고 있었다. 과거. 일본의 어느 소도시에 온 느낌이 들었다.

길을 건너 동국사 쪽으로 걷는데 길 담벼락에 군산상고 야구부 이야기가 적혀 있었다. '역전의 명수 군산상고!' 나는 기억하고 있다. 1972년 7월 19일 밤, 황금사자기 전국 고교대회 야구 결승전에서 군산상고와 부산고등학교가 맞붙었다. 그 시절에는 고교야구가 큰 인기를 끌었고 나는 중학교 2학년이었다. 군산상고는 4대 1로 뒤지다가 9회 말 공격에서 4점을 뽑아내며 5대 4로 역전승을 거두었다. 그날 군산 시내는 다 뒤집어졌다고 한다. 인구 12만의 조그만 도시의 고등학교 야구부가 창단 4년 만에 우승을 했으니 얼마나 자랑스러웠겠나? 서울에 응원 갔던 시민, 학생 등 150명을 태운 전세 버스 3대가 군산 시청 앞에 도착하자, 새벽 2시 반인데도 잠자던 시민들까지 나와 만세를 불렀다고 한다. 그때 경기 했던 선수들이 김봉연, 김일권, 김준환, 김성한 등 모두 해태 타이거즈에서 크게 활약했던 노장 선수들이다. 훗날 선동열, 이종범 등은 광주일고 출신인데, 초기의 해태 타이거즈는 군산상고 출신들이 중심이 되었었다. 그 후에도 군산상고는 많은 경기에서 역전을 해 '역전의 명수, 군산상고'라는 이름을 얻게 된다. 역전승은 사람을 감동시키고 희망을 준다. 서울 사람이었지만 나는 중, 고등학교 시절 군산상고 팬이 되었다. 어둑어둑해진 길을 조금 더 가니 길 끝에 동국사가 나왔다. 지금은 조계사에 속해 있지만 1909년에 만들어진 국내에 남아 있는 유일한 일본식 사찰이다. 고즈넉한 절 풍경은 옛날 일본 여행의 추억을 다시 살아나게 했다.

바닷가 쪽으로 가는 길에 100년이 넘었다는 유명한 이성당 빵집이 있었다. 그곳에서 산 단팥빵과 야채빵으로 저녁을 때웠다. 줄을 서서 간신히 샀는데 듬뿍 들어간 팥이 입에서 살살 녹았다. 근대역사박물관에 도착하니 어둠이 짙게 깔려 있었다. 인적 뚝 끊긴 주변의 근대미술관, 근대건축관 등의 일본풍의 건물에서 새어 나오는 불빛이 화려하면서도 쓸쓸해 보였다. 다시 숙소로 돌아와 주변을 걷다가 공사장의 안내판을 보았다.

"근대역사 체험 공간(1권역), 2012년 11월 오픈, 근대역사 체험 공간(2권역), 2013년 상반기 오픈 예정. 이 일대는 일제강점기 쌀 수탈을 통해 막대한 부를 축적한 일본인들이 집단으로 거주한 곳이며 지금도 주변에서 일본식 사찰, 일본식 건축물을 볼 수 있다. 1930년대 일본인들이 자기네 땅인 양 건물을 짓고 거주했던 이 공간에서 나라 잃고 서러워했던 시대의 아픔을 되새겨 보고자 한다."

낯선 이국적인 풍경 속에서 낭만적인 기분에 젖어 있던 나는 '나라 잃고 서러워했던 시대의 아픔을 되새겨 보자'는 글에서 약간 혼란을 느꼈다. 감옥의 현장이라면 모를까 편한 잠자리, 일본식 선술집, 소바집, 일본풍의 카페 앞에서 아픔이 쉽게 느껴지지 않았다.

돌아가서 역사 공부를 했다. 군산은 예로부터 살기 좋은 곳이었다. 해산물 풍부한 바다가 있고 북쪽의 금강, 남쪽의 만경강 사이에 곡창지대가 있다. 먹을 것이 많으니 음식문화가 발전했고 인심 좋은 것은 당연지사다. 그런데 좋은 곳은 남들이 탐을 내게 되어 있다. 원래 마한 지역에 속해 있던 군산은 서기 4세기경 백제에 편입되었고, 7세기 중엽 백제가 멸망하는 과정에서 전투가 벌어졌던 곳이다. 군산 건너편이 충남 장항이고 금강을 따라 상류로 올라가면 부여가 나오는데 거기서는 백마강이라 부른다. 군산과 장항 사이의 포구, 즉 기벌포는 660년 당나라군이 백제를 침입하던 통로였고 663년 왜군 400척의 배가 '백촌강전투'를 벌이다 패배한 곳이다.

고려 시대에도 군산은 중요한 곳이었다. 고려는 세금으로 거둬들인 곡식, 즉 세곡을 보관하는 창고와 운반하는 관청을 전국 60개 포구에 두었는데 군산에도 두었다. 이곳 창고에 모인 곡식은 배를 통해 고려의 수도 개성으로 옮겨졌는데 고려 말에 왜구들이 세곡을 탈취하기 위해 엄청나게 침략했다. 1200년대 초부터 약탈 행위를 한 왜구의 침입은 1300년대에 들어와 더 빈번해지고 규모가 커졌다. 고려는 최영장군의 주도로 왜를 진압해나간다. 그는 수군을 강화하여 제주에서 몽골계 토호세력의 반란을 진압하고 이어서 1380년 8월, 진포대첩을 승리로 이끌었다. 왜구 1만 명은 500척에 이르는 대 선단을 이끌고 와 대다수 병력이 육지로 들어와 노략질을 했다. 백성들의 죽은 시체가 산과 들을 뒤덮었고 약탈한 곡식을 나르면서 흘린 쌀이 한 자도 넘게 땅에 쌓였다고 한다. 최무선 장군이 지휘하는 고려군은 이런 왜구들을 화통, 화포를 사용해 공격했고 왜구의 배 500척을 모두 파괴시켰다. 퇴로를 차단당한 왜구들은 경남, 전남 일대의 내륙으로 들어와 약탈을 했는데 고려의 장수 이성계는 남원

운봉에서 왜구들을 소탕하는 황산대첩을 승리로 이끈다. 이성계가 영웅으로 탄생하는 순간이었다. 조선 시대 초기에도 왜구의 노략질은 계속되었다. 세종대왕은 고군산에 수군 진을 설치했고 훗날 진포(현재의 군산)에 진을 옮겼다고 한다. 군산 앞바다에 있는 고군산도, 특히 선유도에는 비가 많이 와도 처마 밑으로 다니면 비에 젖지 않을 정도로 집이 많았고 고깃배들이 모여들어 풍족한 곳이었다고 한다.

이처럼 군산은 조선 시대에도 경제적, 군사적 요충지였는데 1876년 강화도조약 이후 부산, 원산, 인천, 목포, 진남포, 마산에 이어 1899년 5월 1일에 개항된다. 대한제국은 군산을 국제 조계지로 만들려고 했으나 결국 일본인들이 장악하게 되고 군산은 일제의 필요에 의해 근대 도시로 성장했다.

이러니 군산을
안 좋아할 수가 있나

————

2주일 후, 다시 군산에 와서 천천히 돌아보았다. 근대역사관, 박물관 등을 돌아보고 신흥동의 일본식 가옥도 보았다. 군산에서 포목점을 하고 소규모 농장 지주였던 히로쓰라는 일본인이 1925년 무렵에 만든 일본식 정원이 있는 2층 가옥이었다. 다다미방이 대부분이고 온돌방도 있었다. 금고가 방 하나 전체를 차지할 정도로 컸으니 돈을 잘 벌었나 보다. 문화해설사의 말에 의하면 2010년 즈음에 88세의 일본 할머니가 찾아왔다고 한다. 본인은 이 집에서 어릴 때부터 자랐으며 자기 방은 2층이었고 여기서 오래 살 줄 알았던 자기 아버지는 마당에 아들 집도 만들려 했고 수영장도 있었다고 한다. 히로쓰 가옥에서는 영화 〈장군의 아들〉과 〈타짜〉 촬영도 했었다. 또 〈8월의 크리스마스〉를 촬영한 초원사진관이 근처에 있었다. 원래 차고지였다는데 영화 촬영 세트로 만들어 사용한 후, 지금은 시에서 운영을 하고 있다. 군산을 갔다 와서 영화를 보았는데 눈물 좀 흘렸다. 〈8월의 크리스마스〉는 슬픈 영화다. 영화를 보고 나서 갔으면 그 앞에서 가슴이 저렸을 것이다. 이렇게 두 번째 군산 여행도 과거로 돌아가는 여행이었다. 하지만 미래를 열어주는 순간도 있었다. 군산근대역사관 옆에 있는 어느 카페에 우연히 들어갔다가 작은 칠판에 적힌 글을 보았다.

"세상은 생각대로 되지 않는다고 하지만 생각대로 되지 않는 건, 멋진 일이에요. 생각지도 못한 일이 일어나는 걸요." – 빨강머리 앤

한동안 그 글을 음미했다. 그 시절 나는 50대 중반을 통과하고 있었다. 산 넘고, 강 건너면 다른 세상이 나올 줄 알았는데 산 넘으면 또 산이요, 강 건너면 또 강이었다. 내 마음대로 되는 것은 별로 없었다. 이제 내리막길, 이렇게 뻔한 삶을 살다가 가는 것인가? 모든 게 심드렁하고 무기력함이 가슴을 적시던 시절이 있었다. 열정, 기백은 사라지고 '맛집'이

나 찾아다니는 배 나온 아저씨가 되어가고 있었다. '인생 뭐 있냐. 잘 먹고 잘 살면 되는 거지'라며. 그런데 이 '천진난만해 보이는 글'이 뒤통수를 쿵 때린 것이다. '생각지도 못한 일'은 우리를 넘어선 초월적인 힘과 연결이 된다. 그동안 이 힘을 잊고 살지 않았나? 모든 것에 나를 중심으로 두면서, 내 마음대로 되면 좋아하고 내 마음대로 안 되면 실망했었다. 컴컴한 밤, 텅 빈 카페에 앉아 나를 생각했다. 삶에 대한 '잃어버린 설렘'을 다시 찾고 싶었다. '생각지도 못한 일'을 주관하는 초월적인 힘을 영혼의 차원에서 찾고 싶었다. 나는 그 후『빨간머리 앤』을 읽었고『중년독서』라는 책에 이 이야기를 썼다. 이러니 내가 군산을 안 좋아할 수 있나?

낭만과 각성 사이,
시간여행 속의 충돌

————

2021년 7월 21일, 다시 군산에 왔다. 35도의 뜨거운 날씨였다. 시외버스터미널에서 경암동 철길마을까지 걸었다. 20분 정도 걸어가니 철길이 보였다. 철길 따라 낡은 집들이 이어지더니 담벼락에 '경암동 철길마을 (1944-2008)'이란 글자가 보였고 추억의 불량식품이나 기념품들을 파는 가겟집들이 들어서 있었다.

"천천히 보고 가세요. 안에도 볼 것이 많습니다."

주인 사내는 친절하게 말했고, 내부에는 라면땅, 쫀드기, 달팽이 과자,

달고나 등등 어릴 때 많이 사 먹던 것들이 보였다. 검정 고무신, 하얀 고무신도 팔고 있었다. 캔들집, 문방구, 교복대여점도 있었다. 전시한 사진들 속에는 할아버지, 할머니들이 많았다. 노인들이지만 교복을 입은 얼굴들이 악동으로 돌아가 있었다. 예전에 인기 있었던 만화영화 〈달려라 하니〉 그림도 보였다. 물방개로 뽑기하는 곳도 보이고 못난이 인형집도 있었다. 계속 가니 철길에서 교복을 입고 사진을 찍는 사람들이 보였다. 얼핏 보면 10대 같았는데 자세히 보니 30대다.

조금 더 가니 '달고나' 하는 곳이 나왔다. 서울에서는 '뽑기'라고 불렀는데 이곳에서는 '달고나'라고 불렀나 보다. 뽑기는 설탕을 녹인 후 소다를 넣어 부풀린 다음에 쇠틀을 얹어서 여러 모양을 찍어 내는 것이다. 영화 〈오징어 게임〉에 나오는 것이다. 반면에 달고나는 하얀 각설탕 같은 것을 녹여 먹는 것이었다. 나는 어릴 때 뽑기를 너무나 좋아해서 장래 꿈이 '뽑기 장수'였을 정도였다. 구경만 하고 가기에는 아쉬웠다. 직접 하는 '달고나 체험'은 3000원이었다. 손잡이 달린 작은 국자에 설탕을 듬뿍 넣고 녹이다가 소다를 넣으니 봉긋하게 부풀어 올랐다. 가난했던 그 시절 우리에게 뽑기, 달고나는 최고의 간식이었다. 별표나 갖가지 형태의 모습을 찍은 형태를 그대로 잘라내면 다시 하나를 주었는데 바늘로 찍고, 혀로 핥으며 별짓을 다 했었다. 조금 더 걸으니 철길이 끝나는 지점에 작은 기차가 있었고 50대 중, 후반쯤 되어 보이는 여인들이 교복을 입고 기차에 매달려 사진을 찍고 있었다. 뒷모습은 영락없는 말괄량이 여고생들이었다.

추억 여행을 마치고 뙤약볕 내리쬐는 길을 걸어 군산 양키시장으로 갔다. 군산에는 미군 부대가 있다. 양키시장은 그 미군들을 상대하는 곳인데 예전에는 온갖 것들을 팔았지만 지금은 몇 집만 남았고 대개 작업복, 셔츠, 바지 정도만 팔고 있었다. 근처의 군산 공설시장은 한산했다. 중간에 물 막국수를 먹었고 속옷 가게에서 팬티, 런닝셔츠, 양말을 샀다. 1박 2일의 여정으로 속옷을 준비해왔는데 2박 3일이 될지도 모른다는 생각이 들어서였다. 가게 주인은 70대 초반의 노인이었는데 군산 토박이라고 했다. 얘기를 하고 싶었던 나는 이런저런 질문을 했다. 주인은 느긋한 군산 사투리로 점잖고 자상하게 대답을 해주었다.

"군산에 짬뽕이 유명하다고 하는데 그것이 무슨 이유지요?"

주인은 한숨을 푹 내쉬더니 말했다.

"그것이 다 실없는 소리요. 우선 군산에서는 짬뽕에 들어가는 해물들이 많이 나질 않아요. 저 남쪽에서나 많이 나지…. 그것이 다 인터넷 때문이요."

노인에 의하면 화교들은 인천, 부산, 군산 등에 많이 모여 살았는데 그들은 주로 포목점을 하고, 식당, 철물점, 또 채소 장사를 했었다. 지금 식당들 중에서 빈해원, 국제반점 등은 화교들이 하던 유명한 중국식당인데 변변한 식당이 없던 옛날에는 군산 시민들의 유명한 외식 장소였다고 한다. 화교들이 짜장면과 요리를 잘 만들다 보니 한국 사람들은 대신 짬뽕을 내세웠는데 얼큰하게 만들어서 좋아하는 사람들도 있겠지만 군산 사람들은 서울 사람들이 줄 서서 기다리는 짬뽕집에는 가지 않는다고 했다.

"군산에는 묘한 매력이 있는 것 같습니다. 1930년대 일본 건물들도 많고 시간여행을 하는 기분이 듭니다."

"좋게 이야기해 주니 고맙기는 하지만 군산 시민으로서 그런 말을 들으면 불쾌한 기분도 들지요."

그는 솔직하게 이런저런 이야기를 해주었다. 사실 주인 행세를 하던 일본인들의 흔적을 외지인들이 와서 기웃거리는 행위가 군산 시민들과 무슨 상관이 있겠는가? 노인의 그 말은 나에게 숙제가 되었다.

군산의 박물관들은 뜨거운 날씨만큼 반일, 항일, 민족의 열기가 그득했다. 근처의 '근대건축관'은 조선은행 군산지점으로 은행에 대한 이야기도 있었지만 경술국치, 일제의 만행과 수탈에 대한 기록이 많이 전시되어 있었다. '근대미술관'에는 현대 화가의 작품이 전시되어 있었지만 나가는 통로와 이어진 공간에는 안중근의사의 여순감옥을 재현했고 월명동의 '군산항쟁관'에서는 3·1운동에 이어 일어난 군산에서의 3·5 만세운동, 또 부두 노동자들의 항쟁 등에 관한 전시를 했다. '일제강점기 군산역사관'에서는 일본의 토지 약탈에 대한 실태를 전시했으며 어떤 카페에서는 '1920년대 노동운동'의 깃발이 걸려 있었다. 7~8년 전에 비해 항일 열기가 더 뜨거워졌고 새로운 박물관들도 생겼다. 군산은 일본풍의 가옥, 시간여행의 낭만이 있으면서도 동시에 항일, 반일의 열기가 가득찬 묘한 곳이었다. '군산 근대역사박물관'도 마찬가지였다. 군산의 역사, 일제의 수탈, 군산인들의 삶 등에 대해 다양한 전시가 되어 있었는데 그중에서도 쌀 수탈이 눈에 띄었다. 일본인 지주들은 군산농사조합을 통해 대량으로 땅을 사들이거나 간척사업을 해서 농장을 만들었다고 한다. 그런 과정에서 대부분의 조선 농민들은 토지를 잃고 소작농, 혹은 빈곤한 노동자가 되어 갔다. 1930년대 군산부의 토지 80%를 일본인들이 소유했고 옥구의 경우에는 60%를 소유했다고 한다.

박물관에서는 '생산된 쌀의 대부분이 일본으로 수탈되어'라고 표현했는데 이에 대해 수탈이 아니라 수출이라는 반론도 있다. 수탈이라고 하면 얼핏 생각하기에 돈 안 주고 뺏어간 것처럼 느껴지고 수출이라고 하면 나라끼리 정상적인 무역을 한 것으로 보인다. 나는 어떤 단어를 써야할지 좀 망설여진다. 이런저런 책, 자료들을 찾아보니 일본 농장주나 조선 농장주들은 일본 미곡중개업자들을 통해서 돈을 받고 일본에 쌀을 팔았다. 흔히 상상하듯이 일본경찰이 조선 농민들의 쌀을 강제로 뺏어서 수탈, 반출한 것이 아니다. 다만 중일전쟁 후인 1939년부터 일제는 전시 체제 하에서 공출이라는 미명 하에 쌀을 수탈해서 농민들이 많은 고통을 받았다. 어쨌든 그때까지는 일본인이든, 조선인이든 농장주들은 쌀을 미곡중개업자를 통해 일본에 팔았다. 그 당시 언론에서는 군산에서 나가는 쌀에 대해 '군산미 수이출輸移出'이란 식으로 표현했다. 일제강점기 시절에 일본과 조선은 다른 나라가 아니라고 여겼기에 수이출이란 표현을 쓴 것 같다.

그런 용어를 떠나서 문제는 농장주들이 조선 농민들로부터 어떻게 쌀을 거둬들였는가이다. 군산 옥구의 어떤 농장에서는 일본인 농장주들이 생산물의 75%를 소작료로 요구해서 조선 농민들이 저항했었다. 그 당시 전국 평균 소작료가 42.4~46.7%임을 감안하면 이것은 수탈이다. 악질 농장주에 저항했던 조선 농민들은 감옥에 가고 쫓겨났다. 이것을 옥구 농민 항일항쟁이라 부르고 있었다. 이런 악질 농장이 많았다면 전체적으로 수탈이라 말할 수 있다. 하지만 정상적인 소작료를 받는 농장들이 많았다면 수탈이라고 표현하기에는 과한 것 같다. 하여 전체적이고 세부적인 통계를 잘 모르는 나로서는 '한 마디'로 단정하기가 힘든 상태다. 그러나 소작료 분쟁이 일어나면 식민 구조 속에서 일본 경찰, 관료, 사법 시스템은 당연히 일본 농장주들 편을 들었고 조선 농민들은 불리했을 것이다.

그런데 일본만 성토하면 우리는 당당할까? 조선 중기 이후 일어난 수많은 민란, 도적들은 왜 생겼겠나? 조선 정부, 관리들 역시 힘없는 백성들을 가혹하게 수탈했었다. 부패한 시스템, 국제 정세에 어두운 조선 지도층, 중국에 대한 사대주의로 무장한 사대부들, 종주권을 행사하려고 했던 청나라, 영토적 야욕을 갖고 접근하던 러시아, 일본 등의 상황을 냉정하게 검토해 보면 한숨이 나온다. 일제가 그러지 않았으면 다른 세력이 또 백성을 수탈했을 것이다. 그것이 일제에 강점당하기 직전, 구한말의 상황이었다. 그런데 그런 고백과 반성은 자칫하면 '그러므로 일본의 지배를 받은 것이 당연하다'라는 논리를 지지해 주는 꼴이 된다. 하여 우리들은 아픈 역사적 사실을 종종 회피하고 일본만 성토하는 것이 일반적인 현상이다. 그러나 이제 극복할 수 있는 시점이 왔다는 느낌을 나는 갖고 있다. 비록 근대화 경쟁에서 뒤쳐졌었지만 이제 일본과 당당하게 경쟁할 수 있는 토대를 우리 스스로 만들었기 때문이다.

도시가 커지면 일자리가 창출된다. 우선 군산에는 일본인들이 많이 모여들었다. 처음에는 행상, 소매상인들이 왔었는데 차차 미곡상, 건축업자들이 진출해서 군산의 시민들 중에서 일본인들이 반을 차지했다고 한다. 내항을 중심으로 한 시가지는 대부분 일본인이 주거하는 지역이었고 현재 원도심(구도심 지역)의 건물 가운데 약 20%는 일제시대에 지어진 가옥이라고 한다. 결국 자본, 법, 인맥, 근대화 경험, 기술 등에서 앞선 일본인들은 부자가 되어갔고 이런 것에 익숙지 못한 대부분의 조선인들은 뒤쳐졌다. 부익부 빈익빈 현상 속에서 민족적 차별과 갈등도 심화되었다. 지금 군산의 많은 박물관들은 이런 일제의 소행과 조선인의 저항을 밝히며 역사적, 민족적 각성을 촉구하고 있었다.

그런데 나는 처음에 와서 느꼈던 혼란을 다시 느꼈다. 밖으로 나오니 이곳저곳에 '시간을 건너 군산에 빠지다', '1930년대 시간여행, 군산'이란 글이 보였다. 길을 걷다 보니 '군산이 당신의 기억을 힐링해줄 거야'라는 글도 보였다. 아, 이 얼마나 낭만적인 말들인가? 사실 나는 저런 분위기에 젖고 싶어 군산에 온 것이다. 하지만 곳곳에 있는 박물관, 항쟁관에서 강조하는 항일 투쟁 전시를 보면서 힐링할 수는 없었다. 1930년대 시간여행이라는 낭만적인 기운과 치욕스런 역사적 사실을 상기시키는 전시물들 사이에서 감정이 오락가락했다.

군산의 저력,
역전의 명수

———

월명동의 분위기는 조금 변해 있었다. 일본풍의 가옥들은 더 많아졌고 고우당 게스트하우스는 여미랑 게스트하우스로 이름이 바뀌어 있었다. 다른 일본식, 한국식 게스트하우스들도 곳곳에 많이 보였다. 또한 테디베어박물관도 생겼고 일본 가옥에 베트남 쌀국수를 파는 곳도 보였다.

하루 종일 걸었던 나는 너무 지쳤다. 중복 더위가 보통이 아니었다. 그렇다고 식당에 들어가 밥을 먹기도 싫었다. 지나가다 '집밥'을 판다는 식당에 들어가 저녁 때 포장이 되냐고 물으니 재료가 남으면 된다며 명함을 주었다. 저녁 6시쯤 전화를 걸어보니 된다고 했다. 복날이니 삼계탕을 주문했다. 주인아줌마, 종업원들이 어찌나 친절한지 고마웠다. 뜨끈뜨끈한 삼계탕을 싸주면서 반찬이 많이 안 남아 조금밖에 못 준다며 미안한 표정을 지었다. 메뉴표를 보니 1만1000원. 현금으로 주자 여종업원이 받는데 주인아줌마 표정이 안 좋다. 포장비를 주는 건가? 서울에서는 그런 곳도 있다. 그런데 주인아줌마는 여종업원의 손에서 돈 천 원을 뺏어서 도로 주었다. 감동이다. 삼계탕에 반찬이 여섯 가지면 괜찮은 것 아닌가? 그런데 반찬을 푸짐하게 못 주었다고 빼준 것이다. 아, 군산의 푸짐한 인심 앞에서 나는 감동했다. 삼계탕도 넉넉하고 맛있었다. 하루 종일 지쳤지만 먹고 나니 힘이 났다.

잘 먹고 저녁에 거리를 걷다가 문득 월명동 부근에는 일본풍 가옥만 있는 것이 아니라는 것을 새삼스럽게 깨달았다. 아파트도 있고 한국식 주택도 있으며 한식당들도 곳곳에 있었는데 관광객의 시선으로 바라보니 일본풍의 분위기에만 빠져 있던 것이다. 특히 근대역사박물관에서부터 이성당 쪽으로 내려오는 길에는 수많은 식당들과 삶의 터전들이 있었다. 복탕집, 통닭집, 쌀집, 게스트하우스, 시장, 한의원, 생선구이집, 콩나물 국밥집 등이 끝없이 펼쳐졌다. 대로로 나가면 편의점도 있고 롯데리아도 보였다. 100년의 전통을 갖고 있는 이성당 빵집도 있었다. 일본풍의 가옥은 군산 전체에서 얼마 안 되는 것이며 월명동 쪽에 조금 있을 뿐이었다. 또 군산근대역사박물관 건너편의 영화동에는 화교들이 하는 중화반점들과 작은 화교박물관도 있었다. 곳곳에 들어선 수많은 맛 좋아 보이는 식당들은 다 열거할 수조차 없을 정도로 많아서 군산에서 한 달 살이하며 골고루 맛보고 싶을 정도였다. 새벽 3시부터 한다는 '한일옥'에서 아침으로 먹은 '무우국'은 어찌나 맛있는지 지금도 입맛을 다시고 있다.

어찌 군산의 매력이 1930년대 시간여행에만 있겠는가? 군산은 크다. 한국인들이 버텨가며 살아낸 삶의 터전이 즐비하다. 화교들의 역사도 100년이 넘었다. 군산은 1930년, 일제 시대를 넘어서 더 깊고, 더 넓고, 더 풍요로운 시간으로 가는 통로였다. 근대문화유산을 넘어서 눈길을 돌리면 자연이 펼쳐진다. 새만금방조제, 선유도. 금강철새조망대, 은파호

수공원이 있다. 다음에는 봄이나 가을에 와서 바다와 하늘을 보고, 맛있는 아구찜과 복탕을 먹고 일본요리, 중국요리, 베트남요리도 먹고 군산 시민들과 대화를 나누며 정을 나눌 것이다.

길을 걷는데 어디선가 옛날 샹송이 들려왔다. 하늘의 구름은 어느새 황금색 노을로 물들어 있었다. 아, 핑크색 노을에 프랑스 샹송이라니. 샹송은 일본식 가옥에서 흘러나오고 있었다. '군산과자조합'이란 간판이 걸려 있었고 위로 올라오면 100년 전, 일본식 건물 내부를 볼 수 있다는 글이 보였다. 올라가니 목조건물 인테리어가 펼쳐졌고 널찍한 공간 구석에 두 사람만 있을 뿐 텅 비어 있었다. 구석에 앉아 샹송을 들으며 레몬에이드를 마셨다. 문득, 이곳은 일본풍의 가옥이지만 1930년대 조선 예술가들의 아지트 같다는 생각이 들었다. 그들은 비록 일본 치하에 살고 있었지만 저 꿈나라 같은 프랑스, 영국, 미국을 그리며 근대적인 문화, 지식, 예술에 목말라 했을 것이다.

여행자들은 현실에서 자꾸 이탈한다. 비록 시를 쓰지 못해도 '가슴은 시인'인 여행자들이 많다. 시인은 세상의 드러난 형상, 소리, 빛, 맛에 감동하고 그것을 국적을 넘어서 느끼고 표현한다. 정치와 역사는 또 다른 영역에서 전개된다. 우리의 굳건한 터전이 버티고 있으면 외부의 것들은 거기에 녹아들어 '우리의 것'이 된다. 여행자들은 일본풍보다도 그것을 포용하고 녹인 '군산'을 좋아한다. 상처를 치유해 주는 것은 분노가 아니라 밝은 미래의 꿈과 희망이다. 아픈 역사의 상처를 안고 꿋꿋하게 버텨

온 군산을 나는 사랑한다. '역전의 명수'라서 더욱 좋아한다.

우리의 근대화는 강점된 가운데 기형적으로 성장하고 치욕과 상처, 모순이 혼재했다. 스스로 자학도 하고 청산되지 못한 과거에 대해 부끄러움도 느꼈다. 그러면서도 죽어라 살기 위해 일했다. 그 생존의 발버둥을 치다 보니 어느새 우리는 부쩍 커버렸다. 대한민국은 짧은 시간 안에 근대화를 성공적으로 이루어낸 세계사에 유례없는 자랑스런 나라다. 반일, 항일은 필요했다. 그것이 없었다면 일본인들은 우리를 지금도 깔볼 것이다. 그러나 이제 그 상처를 넘어서 더 넓은 세계로 나가는 대한민국과 군산은 '멋져부러' 보인다.

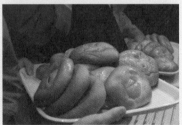

1. 1930년대 일본의 어느 마을로 돌아온 느낌 2. 일본풍의 목조 게스트 하우스들이 곳곳에 있다 3. 일본에 온 느낌을 주는 동국사 4. 이성당 빵을 먹으려면 인내심이 필요하다 5. 단팥이 얼마나 많은지 행복해진다

1. 백제가 패망하던 날, 피로 물들었을 군산 앞바다 2. 영화 〈8월의 크리스마스〉를 보고 가면 눈물 흘리는 '초원 사진관' 3. 노을이 질 때, '군산과자조합'에서 상송이 흘러 나왔다 4. 고등학생 시절로 돌아가는 경암철길

PART
4

섬

X 세상의 끝이라
여겼던 섬

너무 가까워진 제주도

제주도 저가 항공권이 갈 때는 편도 2만2800원, 올 때는 3만6400원이었다. 부산이나 목포 가는 KTX 값보다 훨씬 쌌다. 김포공항에 7시 15분쯤 도착한 나는 깜짝 놀랐다. 사람들이 와글거리고 있었다.

3년 만에 타는 비행기다. 비행기 창밖으로 하얀 구름을 내다보며 감개무량할 줄 알았는데 담담했다. 늘 그래 왔던 것 같은 느낌이다. 사람은 지나온 일을 금방 잊는 습성이 있다. 코로나 사태도 꿈처럼 여길 날이 오겠지. 제주도는 20여 년 전부터 몇 번 왔었다. 공항에 도착하자마자 보았던 야자나무들, 어디서나 보이던 한라산, 수많은 오름, 여름에는 강렬한 뙤약볕, 겨울에는 엄청나게 심했던 바람과 비, 도깨비도로 그리고 화산암으로 이루어진 돌담길들의 인상이 강렬했었다. 그 후 2007년부터 올레길 열풍이 불고 제주 한 달 살기, 제주 이주 등이 유행할 때는 오히려 제주가 멀게 느껴졌다.

이번에 제주도에 오며 궁금했던 것은 제주의 역사, 문화였다. 물론 제주도가 겪은 근대의 아픈 상처들에 대해서는 알고 있었지만 탐라의 자체적인 역사에 대해서 아는 게 별로 없었다. 이번에는 그런 것들에 초점을 맞추어 돌아보기로 했다.

단군 시대부터 시작된
탐라국의 역사

———

제주시 중심부에는 '삼성혈三姓穴'이란 유적지가 있다. 세 가지 성을 가진 신인神人들이 땅에서 솟구친 곳인데 입구의 안내판에 이런 소개 글이 적혀 있었다.

삼성혈은 제주도 사람의 전설적인 발상지다. 삼신인三神人(고을나高乙那, 양을나良乙那, 부을나夫乙那)이 이곳에서 태어나 수렵 생활을 하다가 오곡의 종자와 가축을 가지고 온 벽랑국碧浪國 3공주를 맞이하면서 농경 생활이 비롯되었으며 탐라왕국耽羅王國으로 발전하였다.

삼신인이 솟구쳤다는 삼성혈을 전망대에서 내려다보니 구멍 세 개가 있고 주변에 작은 돌기둥들이 둘러싸고 있었다. 나무들이 구멍을 향해 약간 굽은 모습이었다. 자신들의 조상이 땅속의 구멍에서 나왔다는 신화는 매우 독특하다. 한반도에서 건너간 사람들일까? 해양에서 건너온 사람들일까?

안쪽의 전시관에서 삼성혈에 관한 설명을 볼 수 있었다. 동해의 벽랑국^{碧浪國}에서 오곡의 종자를 갖고 와 삼신인의 배필이 된 공주들을 맞이한 곳은 서귀포시 성산읍 온평리 해안에 있는 연혼포^{延婚浦}고 근처에는 삼신인이 세 공주와 혼인하기 위해 목욕했다는 혼인지^{婚姻址}, 신방을 차린 신방굴도 있다 했다. 삼신인이 나타난 것은 4300년 전이며 한반도에서 가장 오래된 유적이라고 한다. 단군신화가 시작된 무렵이다. 기원전 2300년 무렵인데 이런 논리에 의하면 5세기 무렵『삼국사기』「백제본기」에 등장하기까지 탐라국은 무려 2800년 동안 외부에 알려지지 않은 채 자기들끼리 살아온 셈이다. 그런데 벽랑국^{碧浪國}은 어디일까? 상상 속의 나라지만 굳이 위치를 따지면 제주도의 동쪽 즉 대마도나 큐슈 서부의 섬들 아닐까? 이것을 일본, 왜와 연결시킬 필요는 없다. 그런 민족들이 형성되기 전인 4300년 전의 일이니까.

바로 옆의 민속자연사박물관 야외 전시관에는 수많은 돌들이 전시되어 있었다. 화산 폭발 후 분출된 용암이 굳어서 만들어진 현무암들이었다. 제주스런 풍경은 현무암으로 만들어진 돌담과 올레 아닐까? 원래 올레란 길에서 집까지 연결된 아주 좁은 골목길이다. 제주도는 집집마다 올레를 갖고 있는데 곡선형의 올레가 센 바람을 약화시키는 역할을 한다. 제주도에 샤머니즘, 무속신앙이 성행한 이유를 알 것 같다. 화산 폭발, 지진, 해일 등의 큰 자연 변화를 체험하면 그렇게 된다. 요즘에도 이사할 때 '손 없는 날' 즉, 해코지 하는 귀신이 하늘로 올라간 사이에 이사를 해서 그날에는 이사 비용이 비쌀 정도라고 한다.

전시된 돌하르방들이 익숙하면서도 낯설었다. 돌하르방은 본래 읍성의 대문 앞에 세워진 지킴이였다. 옛날에는 우석목, 벅수머리, 수문장, 장군석, 돌미륵, 백하르방 등 여러 명칭으로 불렸고 그중 우석목이 가장 널리 쓰였는데 1971년 지방문화재로 지정되면서 돌하르방으로 등록되었다. 그것은 원래 아이들이 애칭으로 부르던 이름이었다고 한다.[•]

나는 시베리아 횡단을 하던 중, 바이칼호수 부근에서 장승을 본 적이 있었고 투바공화국의 수도 키질에서 돌하르방 비슷한 석상들을 본 적이 있다. 비전문가라서 뭐라 말할 수 없는데 돌하르방이 북방에서 온 것인지, 남방에서 온 것인지, 자생적인 것인지 매우 궁금하다. 현재 정확히 알려진 것은 없다 한다.

민속박물관 안에는 46억 년 전 지구의 탄생부터 생긴 화석들, 제주의 암석, 식물, 동물, 곤충들과 함께 제주인들의 가옥, 음식, 풍속 등이 전시되어 있었다. 약 180만 년 전부터 10만 년 전까지 있었다는 화산분화를 상상하니 으스스했다. 인간은 미미한 존재다. 우리는 지구의 주인

[•] 『나의 문화유산 답사기7, 돌하르방 어디 감수광』 유홍준, 창비, 2012

이 아니라 그저 46억 년의 세월 중에서 잠시 좋은 시절을 살다가 사라지는 생물일 뿐.

'고으니 모르' 제주국립박물관은 201번 버스를 타고 쉽게 갈 수 있었다. '고으니'는 고운, '모르'는 언덕, 동산이란 뜻으로 '고운 언덕, 제주국립박물관'이니 이름이 예쁘다. 그곳에는 선사 시대와 역사 시대의 제주도 유물이 전시되어 있었다. 박물관의 설명, 역사서, 각종 자료, 인터넷 정보 등을 취합해서 제주의 역사를 간략하게 정리해 본다.

약 4만 년 전에는 제주, 한반도, 중국, 일본, 큐슈 지역이 육지로 서로 연결되어서 사람과 동물이 자유롭게 이동할 수 있었다. 2만5000년 전쯤 제주에 구석기 문화가 본격적으로 들어왔고 1만 년 전쯤 빙하기가 끝나면서 바다 수위가 높아지자 제주는 육지와 분리되어 섬이 되었다. 그 후 2, 3천 년 전에 지금의 기후와 비슷해진다. 제주의 신석기인은 배를 타고 나아가 한반도 남해안 지역과 교류하였고 청동기 문화를 거치면서 마을이 성장한다. 기원 전후, 한반도에는 마한 54국, 진한 12국, 변한 12국 등 수많은 나라들이 있었는데 이때 제주는 중국과 한국, 일본을 연결하는 해상 교역로의 역할을 했다. 중국의 사서 『삼국지』 「위서동이전」에 이런 기록이 있다 한다.

"주호가 있는데 마한 서쪽 바다 가운데의 큰 섬이다. 배를 타고 왕래하며 한중과 교역한다."

『삼국사기』 「백제본기」에 의하면 문주왕 2년인 476년 4월에 탐라국耽

羅國이 토산물을 바치니 왕이 기뻐하여 사자를 은솔恩率로 삼았다. 이때 제주는 처음으로 '탐라국'이란 이름으로 알려졌다. 동성왕 20년, 498년 8월에는 탐라가 공부貢賦(공물)를 바치지 않자 친히 처벌하려고 했다는 기록도 있다. 탐라가 이를 듣고 사신을 보내 죄를 (용서해 달라고) 빌었으므로 그만두었다는 것을 보면 제주는 백제의 영향력 하에 있었다. 660년에 백제가 신라에 망하자 이제 탐라는 신라에 사절을 보낸다.『삼국사기』「신라본기」에는 문무왕 2년, 662년에 "탐라국의 우두머리 좌평 도동음률이 항복해 왔다. 탐라는 무덕 이래로 백제에 예속되어 있었기 때문에 좌평을 관직 호칭으로 삼았는데 이때 이르러 항복하여 신라의 속국이 되었다"는 기록이 나온다. 또 문무왕 19년, 679년 2월에 사신을 보내 탐라국을 다스렸다는 기록도 보인다.

『삼국사기』「고구려본기」에도 탐라국은 '섭라'라는 이름으로 등장한다. 장수왕의 손자인 문자명왕文咨明王 13년, 504년 4월에 고구려는 사신을 위나라에 보내 조공했는데 '섭라'에서 나는 흰 마노를 위나라에 바쳤다고 한다. 마노는 수정류와 같은 광물이다. 『일본서기』에도 제명천황 7년, 661년 5월에 탐라가 처음으로 왕자 아파기阿波伎 등을 보내 공물을 바쳤다는 기록이 있다. 그 후에도 천지천황 때 2회, 천무천황 때 3회, 지통천황 때 2회에 걸쳐 사신을 파견했다고 한다.

이런 기록들을 보면 탐라국은 5, 6세기에는 백제의 영향력 하에 있었고, 백제가 망한 후 신라에 접근했으며 일본, 고구려에도 공물을 바치면서 명맥을 유지했다. 그 후 탐라왕국은 925년에 고려 태조에게 사신을 파견해 조공했다. 이때까지도 고려의 번국으로서 독립적인 체제를 유지한 왕국이었으나 1105년 숙종 때, 고려의 지방행정구획인 1개의 군으로 개편되면서 탐라국은 사라지고 1153년에는 탐라현으로 격하된다. 그 후 성주와 왕자의 관직만이 남아 상징적인 존재로 유지되다가 1295년에는 '바다 건너 고을'이라는 뜻의 제주로 이름이 바뀌었다.

제주는 고려 시대에 곡절을 겪는다. 육지의 중앙정부에서 온 탐관오리가 세금을 수탈하면서 1168년 양수의 난이 일어난다. 이것이 제주인이 최초로 일으킨 민란이었다. 그 후 무신정권이 무너지고 삼별초가 제주도로 이동하면서 1271~1273년 제주도는 삼별초 항쟁에 휘말려 든다. 삼별초가 몰락한 후 1275년, 원(몽골)은 탐라총관부를 설치하여 1356년까지 직접 통치를 하며 군사 1500명 정도를 주둔시켰다. 몽골은 제주에 국립목장을 설치해서 말을 조달했다.

그 후 중국 대륙을 명나라가 차지하고 고려에서 반원 정책이 일어나는 가운데 명나라는 1374년 고려에 좋은 말 2000필을 요구했다. 고려 정부는 주려고 했으나 제주에서 토호 세력이 된 몽골족 목호는 명나라에 300필만 준다. 결국 공민왕은 최영을 앞세워서 제주도를 정벌했고 목호 세력은 소멸되었다. 고려와 몽골족 사이에 일어난 싸움에 휘말려 제주인들도 많이 희생되었다.

그 후 조선 세종 27년, 1445년에는 탐라의 귀족 계급은 완전히 평민화되었다. 제주인의 삶은 조선 중기를 넘어서면서 더 힘들어진다. 중앙정부와 지방 토호 세력들의 이중 수탈, 왜구들의 침입, 부역의 증가, 대기근 등에 의해 제주도민들은 제주를 떠나 유랑생활을 했다. 그러자 인조 7년 1629년 8월부터 순조 23년인 1823년까지 약 200년에 걸쳐 제주도 민이 육지로 못 나가게 하는 '출륙금지 정책'을 취했다. 제주도민은 간힌 상태에서 수탈을 견디며 고통을 겪었다. 살기가 너무 어려워진 제주도 민들은 난을 일으킨다. 1862년 강제검의 난(임술농민 봉기), 1890년 경 인민란, 1894년 병신민란, 1896년 무술민란(방성칠의 난), 1901년 이재 수의 난이 계속 이어진다. 이재수의 난은 제주 천주교도들의 범죄와 탐 관오리의 결탁에 분노한 난이었고 그 외의 난들은 생존의 위협을 받자 일어난 것이었다. 특히 말을 바치는 일을 하는 목자들은 집이 풍비박산 이 났다고 한다. 또 전복 등의 해산물을 바치는 일을 맡은 남자들은 '포 작'이라 불리는 어부였는데 조선 후기에 이르면 전복 진상에 과중한 군 역까지 더해져 견디다 못한 어부들이 도망을 가거나 죽었다고 한다. 이 들은 장가를 가지 못한 홀아비가 많아서 소멸되었는데 이후 전복 채취 와 진상은 주로 해녀들이 했다. 이들을 잠녀라고 불렀는데 그들도 목숨 을 바쳐 일해야 했다.

　귤나무가 있는 집도 고통을 받았다. 매년 7, 8월에 관리들이 돌아다니 며 귤에 붓을 칠하여 수량을 확인한 후 바람, 비, 새들에 의해 손상되어 이를 채우지 못하면 집주인에게 그 나머지를 징수했다고 한다. 이런 과 중한 공납 속에서 200년간 간힌 채 살아온 제주 사람들은 강한 생존력 과 공동체의식을 갖게 되면서 육지 사람들에 대한 배타적 의식을 갖게 된다. 근대에도 4·3사건 같은 아픈 상처가 있었지만 제주도민은 이미 몇

백 년 전부터 너무도 힘든 환경 속에서 살아왔다. 그런 가운데 유배 온 학자나 정치인들은 제주인들에게 정치, 사회, 문화적으로 많은 영향을 주었다. 광해군과 추사 김정희가 대표적인 사람이었다.

그런데 제주도에 온 나는 지방에 온 느낌이 들지 않았다. 웬만한 사람들이 다 표준어를 쓰고 있었다. 육지에서 살다가 제주로 돌아온 지 9년 되었다는 제주 토박이 택시기사는 이런 말을 했다. "나도 깜짝 놀랐어요. 다들 표준어를 써서요. 제주 사람들끼리 이야기해도 이 사람이 서울에서 왔는지 원래 토박이인지 알 수가 없거든요."

신기했다. 제주도 사투리는 가장 소통이 안 되는 말인데 역설적으로 제주도 사람들은 거의 다 표준어에 익숙하여 가장 세계화된 지역이 되고 있다는 것이.

"외지인들이 와서 문화충돌이 있지요?"

"그렇기는 하지만 어쩔 수 없지요. 제주도 젊은이들은 육지 나가서 안 들어와 인구가 줄어드니까 외지인들이라도 와서 인구가 늘면 좋지요. 문화충돌은 감수하고 살아야지요."

지방에서는 다들 인구 감소 때문에 걱정하고 있었다. 하지만 제주도는 이제 억압받고 수탈받는 곳이 아니라 대한민국이란 정체성 속에서 세계화된 섬으로 다시 태어나고 있다. 제주는 대한민국에서 가장 사랑받는 섬이 되었다.

광해군의 선물,
광해우

———

　네이버 지도앱에서 '이도1동 1474-1'을 친 후, 광해군 적소터를 찾아
갔다. 칼호텔을 지나 중앙로를 따라가다 계속 직진하니 왼쪽에 국민은행
지점이 나왔다. 가까이 가서 보니 국민은행이 2021년 6월 7일에 이전했
다는 안내문이 붙어 있었고 그 앞에 조그만 표지석이 있었다.

　"광해군의 적소로 전해져 온 터. 1623년(광해 15년) 인조반정으로 쫓겨
난 광해군은 처음 강화 교동에 안치되었다가 1637년(인조 15년) 제주에
이배되어 귀양살이를 하였으나 1641년(인조 19년) 이곳에서 병사했다.
1653(효종 4년) 하멜 일행이 표착되었을 때도 이곳에서 수용되었다."

　약 400년 전에 광해군이 갇혀있던 곳이다. 광해군은 1575년생이고 왕
위에 있던 기간은 1608년부터 1623년까지 15년이다. 인조반정 후, 유배
기간은 1623년부터 1641년까지 18년이었으니 왕위에 있던 것보다 유배
기간이 더 길었고 강화도에서 14년, 제주도에서 4년을 보냈다. 광해군
은 이곳에 위리안치 되었다. 위리안치란 가시나무로 집주변을 둘러싸서
죄인을 가두는 것을 말하는데 가시나무 대신 탱자나무를 많이 썼다고 한
다. 가택연금인 셈이다.
　광해는 어린 시절부터 불행했었다. 두 살에 어머니 공빈 김씨가 죽었

고 형 임해군은 성질이 포악했다. 1592년 임진왜란이 일어나자 선조는 의주로 도망쳤다. 선조는 여차하면 명나라로 피신할 생각을 하는 비겁한 왕이요 아버지였다. 광해군은 세자로 책봉되어 조선에 남아 뒷일을 맡는다. 광해는 분조(임진왜란 때 임시로 세운 조정)의 수반이 되어 평안도, 강원도, 황해도 등지를 돌며 민심을 수습하고 군사를 모았다. 광해는 이때 불과 18세였다. 그리고 1597년 정유재란 때도 활약을 했다. 그런데 선조는 전쟁이 끝나자 세자였던 광해군을 폐하고 이복동생인 영창대군을 세자로 바꾸려고 한다. 광해군은 후궁 공빈 김씨의 둘째 아들로 적장자(정식 부인이 낳은 맏아들)가 아니었기 때문이다. 선조의 첫 번째 왕비 의인왕후는 자식을 두지 못한 채 일찍 세상을 떴고, 후에 새로 맞아들인 인목왕후가 영창대군을 낳았으니 그가 적장자였다.

이런 구도와 선조의 의중 속에서 줄서기가 발생하고 광해군을 지지하는 대북파, 영창대군을 지지하는 소북파로 나뉘게 된다. 그런데 영창대군은 너무 어렸고 선조의 병환은 깊었다. 결국 이이첨을 중심으로 한 대북파의 지원으로 광해는 1608년 33세의 나이에 왕이 되었다. 그 후 왕권에 도전하는 사건들이 일어난다. 광해군의 친형 임해군이 왕권에 도전하는 말을 함부로 하고 다니며 포악한 성질을 보이다 죽임을 당하고, 또 소북파를 중심으로 한 역모 사건이 일어난다. 선조의 중병과 일찍 죽은 광해군의 어머니 공빈 김씨의 원한에 얽힌 추측, 궁녀들의 말, 점쟁이들의 개입으로 인해 뒤숭숭한 소문들이 퍼졌으나 아무런 결말을 보지 못했다.

그 후 광해군 5년(1613년)에 살인강도가 행상인을 죽이고 은자 700냥을 탈취한 사건이 발생하는데 범인 중의 한 명인 노비가 자신들의 배후가 명문대가의 서자들이라고 밝힌다. 그들 중의 한 명인 영의정 박순의 서자였던 박응서가 돈을 모아 반역하려 했다고 실토하자, 단순한 강도 사건이 역모 사건으로 변하면서 엄청난 피바람이 몰아친다. 이렇게 되자 역모의 배후는 영창대군과 그 어머니 인목대비, 그리고 영창대군의 외할아버지 김제남이 된다.•

훗날 대북파 이이첨이 소북파를 숙청하기 위해 조작했다는 설도 나오지만 실제 반역 모의를 했다는 심증이 들 만한 상황이기도 했다. 명문대가의 서자들은 같은 서얼 출신인 광해군이 자신들에게 신분 상승의 기회를 줄 줄 알았지만 오히려 '서얼금고법(서얼들의 관직 진출 제한법)'을 더 강화하는 바람에 실망했을 것이라는 설도 있다.••

이런 상황을 광해군은 심각하게 받아들였다. 왕위에 힘들게 오른 그는 권력에 대해 매우 예민했다. 그는 친국을 수없이 하면서 역모 사건을 기정사실화 하는 데 앞장섰다. 그 결과 영창대군은 서인이 되어 강화도로 유배되고 그의 외할아버지 김제남은 처형되며 어머니 인목대비는 폐비가 된다. 그리고 이듬해 영창대군은 죽게 된다. 1614년, 영창대군의 나이 여덟 살이었다.

광해군은 자기 친어머니는 아니지만 어머니를 폐위시키고 이복형제를 죽인 '폐모살제'라는 패륜을 저지른 것이다. 그런데 광해군이 직접 죽음

• 『왕을 위한 변명』 신명호 지음. 김영사. 2011
•• 『역사저널 그날』 KBS 역사저널 그날 제작팀. 민음사. 2016

을 명한 기록은 없다. 『조선왕조실록』을 찾아보니 광해군 5년, 6년의 기록에 영창대군을 죽이라는 신하들의 상소가 수없이 많이 보인다. 그때마다 광해군은 윤허하지 않았다, 윤허하지 않았다… 라는 식의 기록이 수없이 이어진다. 또 인조의 형인 능창군을 왕으로 추대하는 역모가 발생했을 때 광해군은 조카 능창군을 죽일 수도 있었지만 유배형으로 끝냈는데 나중에 능창군은 자살했다. 그런 기록만 보면 광해군은 폐모살제를 적극적으로 실행한 독한 사람은 아니고 이이첨 등 강경 대북파에 의해서 끔찍한 일들이 주도되었을 가능성이 있다. 반정이 일어나 피신할 때 광해군은 "반란자가 이이첨인가?"라고 물었다 하니 자신이 왕위에 오르는데 도움을 준 이이첨이었지만 갈등이 있었음을 알 수 있다.

그러나 광해군은 살인을 방조했다는 의심도 받고 있다. 자기 친형인 임해군이 처음에는 병사했다고 보고되었지만 나중에 목이 졸려 죽은 것으로 알려졌는데 광해군은 조사하지 않았다. 또 영창대군이 죽고 난 후, 죽음의 원인을 조사하지 않았다. 영창대군은 밀실에 가두어져 아궁이에 불을 지펴 죽임을 당했다, 병사해 죽었다, 굶어 죽었다, 양잿물을 먹여 죽게 했다는 등 여러 설이 있지만 확실치가 않다. 광해군은 겉으로는 원하지 않는다면서도 속으로는 그들이 죽기를 바랐던 것일까? 이이첨의 소행일까? 그 밑에서 충성 바치는 자들의 소행일까? 아니면 인조반정 후 광해군의 인성을 나쁘게 묘사하기 위해 죄를 과장한 것일까? 어쨌든 광해군은 패자가 되었다. 1623년에 조카인 능양군이 일으킨 인조반정에 의해 쫓겨난 후, 긴 유배생활을 하게 된다.

인목대비는 자기 자식을 죽인 광해군을 죽이고자 하였으나 인조는 광해를 죽이지는 않았다. 광해는 15년간 왕위에 있던 30대, 40대에도 늘 불안했고 폐위된 후 50대, 60대 약 18년간은 비탄과 수모의 연속이었다. 적소터에서 감시하는 군인들과 계집종들은 광해군을 영감이라 불렀다. 『연려실기술』에 인용된 「공사견문록」에 의하면 유난히 광해군에게 버릇없이 구는 계집종이 있었다. 광해군이 참다못해 한마디 하자 오히려 계집종이 "영감이 임금의 자리를 잃은 건 자업자득이지만 우리는 무슨 죄로 이 가시덩굴 안에 갇혀있어야 한단 말이오"라면서 일장 연설을 했다. 또한 자신을 감시하는 별장이 웃방을 차지하고 광해군을 아랫방에 머물게 하는 등의 모욕적인 처사에도 광해군은 담담했다고 한다.

18년 동안 갇혀 살았던 그가 바라본 세상은 어땠을까? 1623년 3월 14일 몰락한 광해군과 그의 가족은 같은 해 3월 23일 강화도에 위리안치되었다. 그런데 5월 22일 폐세자인 광해군의 아들이 땅굴을 파고 도망치다 이내 붙잡히자 폐세자비는 사흘 후 자결하였으며 그해 7월 22일 폐세자는 목을 매어 죽게 된다. 그로부터 몇 달 후 광해군의 부인인 폐비 유씨는 충격을 받고 홧병으로 죽었다. 그야말로 풍비박산이었다. 이런 상황에서 더 살고 싶은 생각이 들었을까?

하루하루 밥 먹고 수모당하며 묵묵히 견디던 광해는 67살에 세상을 벗어났다. 유언은 어머니 공빈 김씨 무덤 주변에 묻어달라는 것이었다. 그는 두 살에 세상을 떠나서 얼굴도 모르는 어머니의 품으로 돌아가고 싶어했다. 그의 삶은 불행했다. 임진왜란 때 아버지 선조는 비겁하게 도망가고 10대 후반부터 분조를 이끌며 온갖 위험을 무릅쓰고 활약했지만 아버지인 선조는 광해를 경계하고 인정하지 않았다. 죽기 전에 그의 심정은 어땠을까? 만약 광해군이 정말로 임해군, 영창대군의 죽음을 방조했다면 그들에게 용서를 빌지 않았을까? 그러나 그들의 죽음이 광해군의 뜻과 전혀 상관없이 일어난 일이라면 그는 얼마나 억울했을까? 정치 투쟁에서 패하자 모든 죄를 다 뒤집어 쓴 것일 테니.

광해군이 죽자 제주 목사 이시방은 소복을 입고 직접 염을 해주었다. 그는 인조반정에 참여해 광해군을 무너뜨리는 데 일조했지만 그래도 전왕에 대한 예를 지키는 덕이 있는 인물이었다. 그는 제주도민들의 애원을 담아 광해군에 대한 예를 표해야 한다며 왕실에 고했고 결국 광해군의 장례는 관덕정 앞에서 왕자에 준해 치러졌다. 불행했던 임금을 제주 목사와 제주도민들은 따스하게 보내주었다. 제주도민들은 지금도 광해군을 '광해임금'이라고 부른다. 육지에서 배척당한 광해는 가장 척박한 땅, 유배지의 사람들로부터 대우받았다. 광해군의 유해는 유언대로 경기도 남양주시 진건읍 송능리에 있는 어머니 공빈 김씨 묘 근처에 묻혔다.

광해군이 죽던 1641년, 제주에 극심한 가뭄이 들었는데 그가 죽은 후 많은 비가 내렸고 그 후에도 계속 해마다 그 무렵이면 비가 왔다고 한다. 제주 사람들은 광해군이 죽은 무렵에 내리는 비를 '광해우光海雨'라고 부른다. 제주도민들은 그 비를 광해임금이 주는 선물이라고 생각했을 것이다. (지금 이 글을 쓰고 있는 시기는 2021년 8월 10일, 음력 7월 3일로 서울에서는 비가 오고 있다. 제주도 날씨가 궁금해서 보니 광해군이 별세한 날 8월 8일, 즉 음력 7월 1일에는 비가 오지 않았지만 8월 9일, 오전에 제주도에는 비가 왔고 8월 10일에는 전국적으로 비가 오고 있다. 8월 11일부터 16일까지의 예보를 보니 다른 지방은 비가 오다말다 하는데 제주도만큼은 계속 비가 올 예정이다. 올해도 광해우는 내리고 있다. 제주도민들의 따스한 마음이 불행했던 광해임금의 영혼을 지금까지도 감동시키는 것일까?)

세상의 끝,
광해군이 도착했던 행원 포구

———

광해군이 처음 도착했던 행원 포구에 가기 위해 제주버스터미널에서 떠나는 201번 버스를 탔다. 제주시에서 서귀포까지 가는 그 버스는 15분 간격으로 있었다. 한참 후 버스는 함덕해수욕장을 지나쳤다. 흐릿한 바다와 돌하르방 그리고 해녀촌 식당과 낮은 집들도 보였다. 한적하다. 김녕을 지나자 커다란 바람개비들이 나타났다. 만장굴 입구도 지났다. 제주도를 대표하는 꽤 넓고 큰 굴이다. 드디어 행원리에 도착하니 한 시간 정도 걸리는 길이었다.

버스에서 내리니 적막하다. 슬슬 하늘로 솟구친 태양이 머리를 쪼기 시작했다. 건너편의 조그만 카페에서 젊은이들이 무슨 공사를 하고 있었다. 말투가 서울 말씨다. 바다 쪽을 향해 걷는 동안 멀리 거대한 바람개비가 보였다. 풍력발전기였다. 낮은 돌담길과 집들이 보였고 작은 카페, 기념품 가게들이 어쩌다 보였다. 행원리사무소가 나타났고 그 앞에 팻말이 있었다. '아름다운 풍차마을 행원리'란 글자 밑에 예쁜 지도와 간략한 마을 소개가 있었다.

1550년대부터 사람들이 정착하여 살기 시작한 이 마을은 어등개魚登浦라 불리었다고 한다. 바람이 세서, 바람에 날린 물고기가 포구로 올라오는 곳이라 했다. 왜의 침입을 막기 위해 쌓았던 환해장성도 있다는데 왜구들은 여기까지 왔었다. 조선 왕조 15대 광해임금이 어등포를 통해 제주도에 도착했다는 글도 보였다. 어등포구에는 큰 배와 상선을 댈 수 있었으며 목사인 이형상은 어등포의 저녁 모습인 어등만범魚登晩帆을 제주팔경 중의 하나라고 했다는데, 어등만범이 뭘까? 금방 안 와 닿았다. 어등은 고기를 잡는 데 쓰는 등이겠지. 晩은 '해질 무렵' 만이고 帆은 '돛단배' 범이니 '해 질 무렵 돛단배들이 등을 달고 고기 잡는 모습'인 것 같다. 상상 속에서 그림이 그려진다. 아름답다.

조용한 거리를 걸어 내려오는 동안 구멍이 숭숭 뚫린 화산암으로 쌓은 돌담길들이 보였다. 가장 제주다운 풍경이다. 바닷길 따라 왼쪽으로 내려오니 건물과 카페, 식당이 몇 군데 보였고 셀프 빨래방도 보였다. 한 달 살이 혹은 이주민들이 어딘가에 숨어 있을 것 같았다. 광해군이 도착한 곳은 어디일까? 바닷가를 거닐며 찾아보니 올레길 스탬프 찍어주는 곳 옆에 표석이 있었다. 광해임금의 유배 첫 기착지였다.

"광해군은 1623년 인조반정에 의해 혼란무도昏亂無道, 실정백출失政百出이란 죄로 폐위, 처음 강화도 교동으로 유배되었다. 이어 1637년 유배소를 제주로 옮겨 6월 16일 이곳 어등포로 입항하여 1박 하였다. 이때 호송책임자 이원로가 왕에게 제주도라고 알리자 왕은 깜짝 놀랐고 마중 나온 제주 목사가 "임금이 덕을 쌓지 않으면 주중적국舟中敵國이란 사기의 글을 아시지요?"라고 하자 광해의 눈에는 눈물이 비 오듯 하였다."

광해군은 이곳에서 1박을 한 후, 현재의 제주시에 있는 적소터로 옮겨져 위리안치되었다고 전해진다. 광해군과 관련된 것은 그것밖에 없었다. 한동안 근처를 돌아보다 해변 카페에서 샌드위치와 아이스 아메리카노를 마셨다. 시원한 실내가 아니라 바람 부는 2층 옥상으로 나갔다. 후덥지근한 바람을 쐬니 머나먼 남국에 온 느낌이다. 부드러운 삼바 재즈가 달콤했다. 자전거를 탄 사람들이 머리카락을 휘날리며 지나갔다. 차에서 내려 바닷가를 돌아보기도 했다. 그러나 아무도 광해군 표석에 가지 않았다. 하긴 그들에게 광해군이 중요할 이유가 없다. 나도 찾아보지 않았으면 몰랐을 것이다. 하지만 아니까 상상을 하게 된다. 광해는 바다를 건너는 동안 밖이 가려져서 어디로 가는지 몰랐다고 한다. 그런데 그는 제주에 도착한 것을 알고 난 후에 충격을 받았다. 그만큼 그 시절의 제주도는 세상의 끝이었다.

광해를 이곳으로 보낸 인조와 그 세력은 대단히 이념적이었다. 명나라를 모시는 사대주의가 철저했고 인륜과 명분을 중시했다. 광해군을 몰아낸 이유 중에 가장 크게 내세운 것이 '폐모살제'였지만 광해군이 명나라를 섬기지 않고 오랑캐 '후금(청나라)' 쪽으로 기울어졌다는 것도 큰 이유였다. 명나라의 요청을 받아 '후금'과 싸우러 갔던 강홍립장군은 추측건대 광해의 뜻을 받들어 청나라와 크게 싸우지 않고 투항했을 것이다. 광해군은 새롭게 떠오르는 강대국 후금(청)의 눈치를 보면서 적절한 거리를 유지하려고 했다. 많은 학자들은 광해군의 외교에 대해서는 긍정적으로 평가한다. 광해는 국제정치, 전쟁에서 '힘'을 알았다. 그는 18세 때부터 임진왜란을 맞아 왜군에게 속수무책으로 당하는 경험을 했고, 대국이라는 명나라 군사들의 부실함도 보았다. 또 그 후 명나라 사신들이 조선에 오면 엄청난 돈을 요구하는 현실을 보면서 사대주의를 버린 것 같다. 물론 광해군의 세자 책봉에 대한 인정을 여러 번 거절했던 명나라에 대한 서운함도 있었겠지만 전쟁을 겪어본 광해군은 나라의 앞날에 대해서 매우 걱정한 것 같다. 조선왕조실록, 광해군일기 13년(1621년) 6월 1일에 나오는 기록을 짧게 줄여 소개하면 이렇다.

"적의 형세는 날로 치열해지고 있는데 우리나라의 병력과 인심은 하나도 믿을 만한 것이 없다. 고상한 말과 큰 소리만으로 하늘을 덮을 듯한 흉악한 적의 칼날을 막아낼 수 있겠는가. 적들이 말을 타고 들어와 마구 짓밟는 날에 이들을 말로써 막아낼 수 있겠는가. 붓으로 무찌를 수 있겠는가. 널리 조정의 의견을 들어보는 것이 무슨 일에 도움이 되겠는가."

그러나 모든 신하들은 사대주의에 젖어 명과의 의리를 내세우며 임금을 성토했다. 임진왜란(1592-1598년), 정유재란(1597-1598년)으로부터 20여 년이 지난 그 시점에는 전쟁을 겪은 지도자들은 대개 죽었거나 은퇴했거나 귀양을 갔다. 또한 유성룡의 『징비록』에는 의병, 승병이 일어나 목숨을 던지고 싸우는 가운데서도 군대 안 가려는 양반집 자제들의 한심한 행태들이 보인다. 그 양반집 자제들이 벼슬아치가 되어 철저한 친명 사대주의에 젖어 말로, 붓으로 전쟁을 논하는 것을 보며 전쟁을 제대로 겪었던 광해군은 한탄했다.

결국 광해가 폐위된 후 인조(재위 1623-1649년)는 후금을 배척하고, 속이는 등의 정책으로 일관한다. 후금을 오랑캐로 깔보는 것은 왕뿐만이 아니라 신하, 백성들도 마찬가지였다. 조선 정부는 청나라 사신들을 홀대하고 아이들은 돌아가는 청나라 사신들에게 돌을 던지기까지 했다. 심지어는 훗날 청나라 태종이 되는 후금의 홍타이지황제 즉위식에 간 조선의 사신 두 사람은 다른 이들이 모두 엎드려 절할 때 꼿꼿이 서 있었다고 한다. 청나라는 이들을 죽이지는 않고 적당히 때려서 조선으로 돌려보냈다. 결국 1627년 조선은 정묘호란을 맞고, 1636년 병자호란을 맞는다. 인조는 삼전도에서 청 태종에게 무릎을 꿇고 '삼배구고두례'를 한다. 한 번 무릎 꿇고 절을 할 때마다 세 번 이마를 땅에 대는 것인데 이것을 세 번 했다. 인조뿐만이 아니라 신하들도 다 했다. 백성들의 고통은 더 심했다. 수많은 백성들이 끌려갔고 그들을 다시 조선으로 데려오기 위해서는 돈을 주고 사와야 했다. 여인들은 만주족, 한족 장수들의 첩이 되어야 했고 고향에 돌아온 여인들은 '환향녀(화냥년)'로 경멸당하고 이혼당했다. 관념, 이념, 시대에 젖어 군사력과 냉혹한 국제질서를 파악하지 못한 사대부들은 여전히 명에 대한 사대를 주장했다.[•] 심지어는 인조가 청나라에게 항복했기에 인조 밑에서 벼슬하지 않는 것을 고상하게 여기는 풍조까지 있었다고 한다. 명에 대한 사대는 거의 사이비종교 수준이었다. 차라리 그런 나라는 망했어야 하는데 대체할 세력도 없었다. 이때부터 조선은 망하는 길로 간다. 영·정조 시대에 잠깐 기회가 있었지만 그것을 놓치고 조선은 더욱 내려앉기 시작했다.

수양의 길과 도의 세계, 추사 김정희 유배지

———

추사 김정희 유배지는 제주도 서귀포시 대정읍에 있었다. 마라도를 갔다 온 후, 모슬포 운진항 바로 앞의 버스터미널에서 253번 버스를 타니 바로 추사관 앞에 섰다. 20분도 채 안 걸렸다. 버스에서 내리니 근처에 '제주 추사관'이란 간판이 보이고 그 너머로 낮게 깔린 하얀 구름이 하늘을 뒤덮고 있었다. 남쪽 하늘은 언제나 낮았다.

기념관 안으로 들어가니 추사 김정희의 가계에 대한 이력이 죽 적혀

———

[•] 『역사저널 그날』 KBS 역사저널 그날 제작팀, 민음사, 2016

있었고 그 유명한 세한도歲寒圖가 보였다. 최고의 작품이라는 세한도는 집한 채와 주변에 초라한 소나무 몇 그루가 있는 그림이었고 주변에 글들이 전시되어 있었다. 솔직히 그림 자체에 대한 감동은 와 닿지 않았다. 돌아와서 유홍준 선생의『추사 김정희, 산은 높고 바다는 깊네』를 읽고 난 후, 머리로나마 그 세계를 이해했다.

김정희(1786-1856년)의 증조할아버지 김한신은 영조의 딸인 화순공주와 결혼했지만 자식을 낳지 못하고 일찍 죽는다. 화순공주 역시 남편을 따라 식음을 전폐하다가 세상을 떴다. 후손이 없는 그들을 위하여 조카인 김이주가 양자로 들어가 대를 이었는데 그가 김정희의 할아버지다. 그 덕에 김정희의 집안은 부와 권세를 누릴 수 있었다. 어린 김정희는 북학파의 거두였던 박제가에게 가르침을 받고 1809년에는 아버지 김노경을 따라 북경에 가서 두 달을 머무는 동안 중국 제일의 금석학자 옹방강과 완원을 만난다. 추사는 그들의 글씨를 열심히 연마했다. 아버지 김노경은 당파싸움에 말려들어 고금도에 유배를 가기도 했다. 후에 김정희는 병조참판에 올랐지만 당파싸움에 말려들어 제주도로 유배당한다. 그 세월을 9년 동안 견뎠다. 이 시절에 독특한 추사체가 탄생하고 세한도가 그려졌다. 세한도는 역관 이상적에게 준 선물이었다. 그는 추사가 제주도에 유배 가 있는 동안에도 중국에 가면 늘 귀한 책을 사서 보냈는데 추사는 이에 대해 매우 고맙게 여겼다고 한다. 김정희는 공자가 말했듯이 "날이 차가워진(세한歲寒) 뒤에야 소나무와 측백나무가 늦게 시든다는 것을 알게 된다"며 이상적의 의리와 정에 매우 감사했다. 이상적

1. 제주공항을 나오면 동남아에 온 느낌 2. '혼저 옵서예'는 '혼자 오세요'가 아니라 '어서 오십시오' 3. 물 긷는 여인은 행복해 보이지만 제주인들의 삶은 가혹했다 4. 광해군이 도착했던 행원포구 5. 김정희가 제 주 유배 시절 그렸던 세한도

은 '세한도'를 받고 중국에 가서 학자들에게 보여주었고 그들의 찬사를 적어 갖고 왔다. 이것이 세한도에 붙어 있는 '청유 16가'이다. 이처럼 세한도는 실제 풍경을 묘사한 것이 아니라 마음속 이미지를 그린 문인화로 이 그림의 가치는 그림 자체보다도 그림과 함께 있는 추사체 글씨의 아름다움, 제작 경위와 내용, 그리고 갈필과 건묵이라는 매체 자체의 특성에 있다고 한다.•

갈필은 붓에 먹물을 슬쩍 스친 듯이 묻혀서 그리는 기법이고 건묵은 수분이 적은 마른 먹을 의미하는데, 내 눈에도 그것이 보였다.

제주도 유배 후 추사는 서울에 올라왔으나 다시 모함을 받아 북청에서 1년 동안 유배생활을 했다. 그 후 과천에서 살며 죽을 때까지도 글을 썼다. 그는 천재이면서 완벽을 추구하는 지독한 노력파였다. 그는 이렇게 말했다.

"내 글씨엔 아직 부족함이 많지만 나는 칠십 평생에 벼루 열 개를 밑창 냈고 붓 일천 자루를 몽당붓으로 만들었다."

그가 죽기 전에 마지막으로 쓴 글씨가 板殿(판전)이다. 천진난만한 어린아이가 성의 없이 쓱쓱 쓴 분위기였다. 추사가 쓴 다른 서체의 글씨들은 멋져 보이는데 왜 이 글씨는 이럴까? 추사의 글씨체는 계속 변했는데 제주 유배 시절 9년 동안 남의 눈치를 보지 않는 개성이 넘치는 괴이한 글씨체를 만들었다. 또 제주 유배에서 풀려 난 후, 다시 북청에서 유

• 『추사 김정희, 산은 높고 바다는 깊네』 유홍준 지음. 창비, 2018

배생활을 1년 한 후, 과천에 머무는 동안에는 '졸拙'의 경지를 추구했다고 한다. 기교를 드러내는 것이 아니라 오히려 감추고 졸함을 존중한다는 것. 노자가 말한 대교약졸大巧若拙, 즉 '큰 재주는 졸해 보인다'는 경지에 이르렀다는 것이다. 추사 글씨의 본질은 '괴와 졸의 만남'이라는 것이다.••

아, 이래서 전문가들이 추사, 추사 하는 거구나. 나 같은 문외한들은 '글씨가 좀 이상해' 하는데 고수들은 그 안에 깃든 '대교약졸'의 세계를 보는 것이다. 노자의 도덕경에 나오는 이야기들이다. 크게 강직한 것은 굴종처럼 보이고(대직약굴大直若屈), 큰 기교는 졸렬하게 보이며(대교약졸大巧若拙), 말 잘하는 것은 어눌하게 보인다(대변약눌大辯若訥).

'대교약졸'의 세계는 흉내 낸다고 되는 것이 아니다. 한 길을 지극 정성으로 가다가 어느 순간, 열매가 툭 떨어지듯이 자연스럽게 얻어지는 세계일 것이다. 그래서 옛사람들이 추사체를 흉내 내지 말라고 했던 것 같다. 추사체는 배우는 글씨체가 아니다. 추사체는 추사의 삶, 추사의 천재성, 추사의 노력이 만들어낸 추사만의 글씨며 남들이 흉내 낼 수 없는 하늘의 별이 된 것 같다. 版殿(판전)이란 글씨는 봉은사에서 만든 화엄경판을 보관하는 경판전에 붙인 현판이었다. 추사는 병든 몸에도 불구하고 '板殿(판전)'이란 글을 쓴 후, 사흘 뒤에 세상을 벗어났다. 나이 71세였다. 유홍준 선생은 이 板殿(판전) 글씨야말로 신령스러운 작품이라고 말한다. 도대체 저런 경지에 가려면 어떻게 해야 하는 것일까?

•• 「추사 김정희, 산은 높고 바다는 깊네」 유홍준 지음. 창비, 2018

추사가 거하던 유배지는 기념관 바로 뒤에 있었다. 쨍쨍 내리쬐는 뙤약볕 밑을 조금 걸어가니 돌담으로 둘러싼 집이 보였다. 추사가 제주도에 와서 두 번째로 있던 곳인데 그 당시 부자였던 강도순의 집이었다. 추사는 이곳을 귤중옥橘中屋이라 불렀는데 가시나무 대신 귤나무로 울타리를 둘렀다고 한다. 안에 들어가니 초막집 세 채가 보였다. 가장 안쪽이 안거리로 강도순 가족이 살던 곳이요, 맞은편은 밖거리라고 해서 추사가 어린 학생들을 가르치던 곳이었다. 그리고 중간 옆쪽에 모거리는 추사가 기거하던 집이었다. 안에는 추사를 방문했던 초의선사와 차를 마시는 인형이 있었다. 추사는 이 좁은 집에 갇혀서 외로움과 병마를 견디며 9년을 보냈다.

추사는 다정다감하고 입맛이 까다로웠던 것 같다. 추사의 편지를 모아 분석한 『천리 밖에서 나는 죽고 그대는 살아서』라는 책을 보면 추사는 아내에게 반말이 아닌 '하옵니다', '하옵소서' 등의 존칭어로 편지를 보냈고 늘 집안 대소사에 신경을 썼다. 첫 번째 부인이 죽은 후, 두 번째 부인이 된 예안 이씨는 최선을 다해 추사를 수발했다. 추사는 꼬박꼬박 자신의 상황을 예안 이씨에게 편지로 알렸고 이런저런 의복이나 반찬들을 많이 요구했다. 추사는 편지로 침채(김치)를 얻어먹을 길이 없고, 또 새우젓과 젓국은 달리 구할 길이 없으니, 젓무우(깍두기)와 젓국 한두 병을 보내달라고 한다. 또 북어 20마리 정도, 어란(숭어나 민어 등 생선의 알을 소금에 절인 것)도 부탁했다. 보낸 인절미, 약식, 반찬들이 다 상해서 속상하다는 편지도 보냈다. 빨라야 두어 달, 길면 일곱 달이 걸리니 다 상할 수밖에 없었다. 제주도 대정현은 도무지 저자와 시장이 없어서 모든 것이 매매가 없고, 있어도 몰라서 얻어먹기 어려웠다고 한다. 이런 추사에게 최선을 다하던 예안 이씨는 유배 2년 만에 병으로 세상을 떴다.●●●

추사는 대성통곡을 하며 실의에 빠졌고 그런 추사를 위해 초의선사가 제주도에 와서 6개월 동안 같이 있으며 슬픔을 달래준다. 또 제자 소치 허련이 세 번을 방문하면서 추사를 수발했다. 그런 곳에서 추사는 추사체를 완성했던 것이다. 그것은 글씨를 넘어선 수양의 길, 도의 세계가 아니었을까?

이 집 구석의 화장실이 인상적이었다. 말로만 듣던 제주도 화장실에는 돼지우리가 붙어 있었다. 사람이 일을 보면 비스듬하게 경사진 통로를 따라 똥이 밑으로 굴러 내린다. 그럼 우리에 있던 돼지들이 와서 먹는데 제주도 사람 얘기 들어보면 옛날, 어릴 때 늘 막대기로 돼지들을 밀어내면서 일을 보았다고 한다. 돼지들이 코를 들이밀고 화장실까지 침범해서.

밖으로 나오니 뙤약볕 밑에 추사 김정희의 동상이 서 있었다. 풍채가 좋은 노인이 웃으며 붓을 잡고 있는 모습이다. 추사는 원래 금석학자였다. 바위의 글들을 탁본을 떠 와서 내용과 서체를 연구했는데 1816년 북한산에 있는 바위가 '진흥왕순수비'였음을 추사가 밝혔다고 하니 다방면

●●● 『천리 밖에서 나는 죽고 그대는 살아서』 정창권 지음, 돌베개, 2020

으로 활동한 학자였다. 여전히 나는 추사에 대해 모르지만 이렇게 제주 여행을 통해 또 하나를 배웠다. 역시 여행은 좋다.

모슬포에서
한라산 소주를 마시며

———

모슬포에는 항구가 두 군데 있다. 마트, 식당, 호텔들이 많이 들어선 중심지에 모슬포 북항인 하모항이 있고 해변 따라 약 1킬로미터 떨어진 곳에 모슬포 남항인 운진항이 있다. 원래 가파도, 마라도 가는 여객선은 2017년 7월 12일 이전까지는 하모항에서 떠났지만 7월 13일부터 운진항에서 떠나게 되었다. 옮긴 지 4년이 되었지만 아직까지도 여행자들을 위한 편의시설은 하모항 근처에 많다. 모슬포에서 동쪽으로 4킬로미터 정도 떨어진 송악산 부근의 송악항에도 가파도와 마라도를 향해 떠나는 배가 있다. 나는 예전에 친구와 함께 그곳에서 배를 타고 마라도를 돌아본 적이 있다.

하지만 이번에는 모슬포의 운진항에서 들어가기로 했다. 제주버스터미널에서 출발한 152번 버스는 공항에 들른 후 제주를 종단해 산방산과 송악항 부근을 거쳐 모슬포 운진항 근처의 버스터미널로 왔다. 1시간 20분 동안 드라이브 잘했다. 버스 여행의 즐거움이다. 늘어진 마음으로 창밖을 구경하면 된다. 짙은 구름이 둘러싼 절벽처럼 우뚝 솟은 산방산은 장관이었다. 음산하면서도 장엄했다. 운진항 근처의 버스터미널에서 내리니 해가 서서히 지고 있었다. 모슬포 중심지까지 걷는 동안 짙은 회색 구름 밑에서 파도가 사납게 쳤다. 멋있다. 이 길은 제주 올레길 10코스의 끝부분이다. 한참을 가다 보니 '해녀의 뱃노래'라는 노랫말이 적힌 비석이 보였다. 뱃사공들이 부르는 민요 같았다.

삼천리 금수강산 평화의 낙원이요
한라산 높아 높아 이 강산 정기로다.
후렴 : 이어도사, 이어도사, 이어 이어 이어 이어도사나

이어도사를 보며 나는 오키나와를 떠올렸다. 관광객을 맞는 그곳의 식당들에서는 늘 노래 후에 이런 후렴구가 들려왔다. 이야사사, 이야사사…. 이어도사, 이야사사는 어떤 연관성이 있을까? 제주의 가장 남쪽 항구에 와서 나는 더 멀리 떨어진 오키나와 고대의 시절을 상상했고 커다란 물고기와 돌하르방 조각을 보며 먼 남국의 땅에 왔음을 실감했다. 바닷가에는 낭만적인 카페가 보였고 한참을 걸어가자 번듯한 건물들이 나타나기 시작했다. 횟집들은 한산했고 거리는 조용했다.

숙소를 예약하지 않은 나는 괜찮아 보이는 모텔에 짐을 푼 후, 근처 마트에서 사온 한치회에 한라산 소주를 마셨다. 자, 이제 내일 대한민국 최남단인 마라도로 간다. 갔다 온 지 25년이 넘는다. 많이 변했을 것이다. 특히 짜장면집이 많아졌다고 한다. 그러나 먼저 가파도를 들르기로 했

다. 가파도는 제주도와 마라도 사이에 있는 섬으로 모슬포에서 10분이면 갈 수 있는 섬이니 가파도를 먼저 돌아본 후, 마라도에 가서 1박을 하기로 했다. 좋은 날씨를 기원하면서 한 잔!

아침 8시쯤 모텔을 나와 운진항까지 걸었다. 길거리에 물을 뿌리는 노란 차가 지나가는데 거기에 적힌 글이 제주 방언이었다.

"곱닥헌 서귀포시 혼디 모다들엉 멩글어 봅주마씸"

무슨 뜻일까? "고운 서귀포시 모두 만들어 봅시다"란 뜻일까?

제주도 말은 보물과도 같다. 저런 제주도 방언을 보고 들어야 비로소 제주도에 온 맛을 느끼게 된다.

대한민국 최남단, 다시 보자 마라도야!

———

가파도는 제주도 운진항에서 10분밖에 안 걸렸다. 지정된 왕복 배표라 나에게 허락된 시간은 두 시간. 그러나 충분히 돌아볼 수 있는 작은 섬이었다. 작은 항구에서 나와 언덕으로 올라가 큰길을 따라 걸어갔다. 사방으로 드넓은 청보리밭이 펼쳐졌다. 7월 중순, 추수가 끝난 청보리밭은 푸른 초지로 변해 있었고 가끔 해바라기도 보였다. 주민은 보이지 않고 관광객들만 삼삼오오 걸어갔다. 큰 도로 양쪽으로 돌담에 둘러싸인

집들이 보였다. 멀리 커다란 하얀 바람개비도 보였다. 풍력발전기다. 남쪽으로 더 내려가니 학교도 보이고 깔끔한 건물들이 나왔다. 거의 다 단층이었다. 게스트하우스, 식당, 카페들도 보였다.

중간에 전망대에 올랐다. 전망대는 가파도에서 제일 높은 곳이지만 해발 20.5미터 밖에 되지 않는다. 멀리 구름 사이로 제주도의 산과 오름들이 펼쳐지고 산방산도 보였다. 해풍을 먹고 자란 풀들이 사방 천지에 파르스름하게 펼쳐졌고 주황색, 초록색 지붕들이 점점이 박혀 있다. 집들 사이에 작은 밭들이 들어서 있는 평화로운 풍경이다. 계속 길을 더 가니 고인돌 유적지 안내판도 보였다. 오래전부터 사람들이 살아왔다는 흔적이다. 가파초등학교도 나왔고 근처 담에 재미있는 글들이 쓰여 있었다.

"제주 주변의 섬 다섯 개 중에서 샘물이 솟는 곳은 가파도뿐. 가파도는 해풍으로 자란 목초를 먹고 사는 흑우를 임금님에게 진상했다. 가파도 초등학교는 매년 한 명씩 졸업하는데 혼자서 15개의 상장과 장학금을 받는다. 가파도는 하멜이 '게파트'라는 이름으로 서양에 소개했다."

하멜이 처음 도착한 곳은 가파도였다. 네덜란드 동인도 회사 소속 선박 선원이었던 하멜은 1653년 나가사키로 가던 중, 가파도의 암초에 부딪혀 일행 36명과 함께 난파당한다. 이들은 후에 광해군이 갇혀 있었던 제주시의 적소터에 있다가 한양으로 갔고 다시 전라도 지방에 유배되었는데 1666년 하멜은 7명의 동료와 함께 나가사키로 탈출하게 된다. 그 후 그가 쓴 '하멜표류기'에 의해 조선이라는 나라가 서양에 알려지게 된다.

가파도는 조용한 곳이었다. 마을을 돌아본 후, 중간에 있는 깔끔한 카페에서 아침으로 핫도그에 아이스 아메리카노를 마시며 쉬었다. 이번 가파도는 잠시 맛만 보았다. 다음에는 자전거를 타고 가파도 구석까지 다 달려볼 것이다. 4, 5월 푸른 청보리밭이 펼쳐질 때가 좋겠지.

가파도에서 마라도는 빤히 보이지만, 가파도에서 마라도까지 가는 배는 없다. 일단 다시 제주의 운진항으로 와서 마라도 가는 배를 타야만 했다. 내가 마라도에서 하룻밤을 잔다고 하니 매표소 직원은 서약서를 쓰라고 했다. 날씨가 나빠서 못 나와도 배 회사의 책임은 없고 살레덕 항구, 자리덕 항구 어디에서 배가 떠나는지 본인이 책임지고 확인하라는 것. 마라도에서 하룻밤 자는 것이 대단한 일로 여겨졌다. 마라도에는 항구가 북쪽 모서리에 두 군데 있다. 북동쪽의 항구가 살레덕 항구, 북서쪽의 항구가 자리덕 항구다. 두 항구는 500미터 정도 떨어져 있어서 가까운 편이다. 네이버 지도를 보니 마라도 운진항에서 오는 배는 자리덕 항구로 오고, 송악산 부근의 송악항에서 오는 배는 살레덕 항구까지 오는 것처럼 뱃길이 표시되어 있었다. 나중에 알고 보니 잘못된 것이다. 출발지에 따라 항구가 고정된 것이 아니라 기상 상황에 따라서 변한다고 했다. 즉, 운진항에서 출발하든, 송악항에서 출발하든 그날은 배들이 모두 살레덕 항구로 향했다. 25분 만에 배는 살레덕 항구에 도착했다.

마라도는 가파도보다 작지만 바다 위에 거대한 절벽이 솟구쳐 있어서 풍경이 드라마틱하다. 승객들은 100여 명 정도. 아이들 손을 잡고 오는 가족들도 보였다. 드디어 마라도에 올라가니 드넓은 목장처럼 푸른 초지가 펼쳐졌다. 20여 년 전의 풍경과 같았다. 마라도는 세계 어디서도 쉽게 볼 수 없는 독특한 풍경을 자랑하는 섬이다. 한 바퀴 도는데 빠른 걸음으로 30분 정도면 되어서 부담도 없다.

7월 초순의 마라도는 더웠지만 바람이 시원했다. 큰길을 따라 오르자 드디어 짜장면집들이 나타났다. 편의점도 보였다. 예전엔 없던 풍경이다. 짜장면집이 10개가 넘는다는 이야기를 읽은 적이 있다. 길을 따라 짜장면, 짜장면, 짜장면…. 거의 다 방송에 나온 집들이다. '맛없으면 돈을 안 받겠다' 혹은 '원조'라는 간판이 많은 곳에 붙어 있었다. 20여 년 전 짜장면 1호점이 잘 되자 2호, 3호 계속 늘어났고, 방송을 타면서 사람들이 구름떼처럼 몰려들었다고 한다. 짜장면집들이 밀집된 곳을 빠져나와 조금 내려가니 편의점과 밖에 널찍한 자리들이 마련되어 있는 식당이 보였다. 좋다. 명당자리다. 밖의 식탁에 앉으니 멀리 바다 건너 어슴푸레하게 제주도가 보이고 비틀즈의 예스터데이가 흘러나오고 있다. 드디어 짜장면이 나왔다. 톳이 들어가서인지 면발은 매끈하지 않았지만 구수했고 전복은 쫄깃쫄깃했다. 별로 기대하지 않았는데 매우 맛있었다. 나이 지긋한 종업원도 친절하고 음식을 만드는 주방의 노인과 할머니도 인상이 좋았다. 운이 좋았다. 마라도의 식당들 대부분은 3시 반이면 문을 닫는다. 관광객이 타고 가는 마지막 배가 운진항으로는 3시 50분에 떠나고 송악항으로는 4시 10분에 떠나니 그 무렵이면 손님이 없다. 그러니 이곳에서 숙박하는 사람은 저녁을 식당에서 미리 3시 반 무렵에 먹거나, 편의점에서 먹을 것을 미리 사두거나(여기도 저녁나절이면 닫는다), 민박집에 부탁해서 1만2000원 짜리 식사를 해야 한다. 나는 편의점에서 산 빵으로 저녁을 때우기로 했다.

관광객들이 다 빠져나가자 늦은 오후의 마라도는 텅 비었다. 골프카를 타고 다니며 해변에서 일을 보는 주민들과 낚시하는 이들이 몇 명 보였을 뿐 고요했다. 어느 펜션에 짐을 푼 나는 천천히 섬을 돌다가 해변가에 돌이 쌓인 '할망당(애기업개당)'이란 곳에서 한동안 발을 멈추었다. 여기에는 슬픈 이야기가 서려 있다. 제주의 모슬포에 살던 이씨 여인이 어린아이를 데려다 딸처럼 키웠다. 아이가 여덟 살이 되었을 때 이씨 부인은 자기 딸을 낳았다. 그후 주워 온 여덟 살의 아이는 아기를 돌보는 '애기업개'가 되었다. 어느 날 이씨 부부는 아기, 애기업개, 모슬포 해녀 예닐곱 명과 함께 배를 타고 마라도에 물질하러 왔다가 폭풍우 때문에 빤히 보이는 바다를 건너 제주도로 갈 수 없었다. 식량이 떨어져 위기에 처했는데 어느 날 밤 한 해녀가 꿈을 꾸었다. 애기업개를 놔두고 떠나야 바다가 잠잠해진다는 것. 일행은 의논 끝에 애기업개에게 심부름을 시키고는 모두 배를 타고 떠나 버렸다. 신기하게도 바다는 고요해졌다. 3년 후에 다시 물질하러 마라도에 와보니 애기업개는 죽어서 백골만 남아 있었다. 해녀들은 유골을 추려 장사를 지내고 그 후 당을 짓고 1년에 한 번씩 제를 지냈다고 한다.

　가슴이 먹먹해졌다. 심부름하고 돌아와 보니 아무도 없는 상황. 버림받은 애기업개. 배는 고프고, 비바람은 몰아치는데 그 어둠 속에서 죽어가던 애기업개. 전설이라기보다는 실화에 바탕을 둔 것 같았다. 하, 모진 사람들. 애기업개를 놓아두고 떠난 일행이 원망스럽다가도 이 척박한 제주도에서 살아가는 사람들의 험한 생존 조건을 상상했다. 우리가 영화에서도 보지만 조난을 당하면 극한 상황에 다다르고 심지어는 제비뽑기를 해서 서로 죽여 인육을 먹기도 한다. 생존 앞에서 도덕적 판단은 물러선다. 그리고 옛날 사람들은 꿈, 계시, 점 등 샤머니즘에 빠져 살았었다. 우리가 지금 보는 세상과 달랐을 것이다. 그 바람 부는 할망당 앞에서 나는 한동안 발길을 돌릴 수 없었다. 삶은 무서운 것이다.

　바다를 구경하다 대한민국 최남단비로 갔다. 동경 126도 16분 30초 북위 33도 06분 30초. 대한민국의 남쪽 끝이다. 멀리 회색빛 군함이 지나가고 있었다. 가슴이 뭉클해졌다. 이 더운 날, 우리의 바다를 지키기 위해 수고하는 해군 장병들. 젊은 시절에는 군대와 군인이 싫었다. 그런데 우리 조카들이 군대에 갔다 올 무렵부터 군인만 보면 애틋해졌다.

　마라도 남쪽에는 이어도라는 전설의 섬이 있다. 죽어서 간다는 전설 속의 섬인데 아마도 실존하는 바닷속 수중 암초(바다밑 4.6미터)인 '파랑도'를 이어도라고 불렀을 것이다. 인근 수역은 다양한 어종이 서식하는 황금어장으로 해양수산부는 2003년 6월, 이어도 해양과학기지를 설치했는데 중국과 수역이 겹쳐서 문제가 있다고 한다. 동쪽에서는 독도 문제로 일본을 경계하고 남쪽에서는 이어도로 중국을 경계해야 한다. 우리는 방심하며 살 수가 없다. 광해군이 '글과 붓으로 어떻게 나라를 지키냐'고 한탄했던 말이 떠오른다. 대한민국 최남단에서 바다를 바라보니 이 땅이 너무도 소중하게 여겨졌다.

그날 일몰을 보았다. 7시 30분경, 긴 회색빛 구름과 하늘이 옅은 오렌지색으로 물들어 가고 있었다. 가라앉을수록 해는 커졌고 온 세상이 황금빛으로 변했다. 낚시꾼 두 명이 지는 해를 배경으로 낚시를 하고 있었다. 갈매기들이 하늘을 가로질러 갔다. 역시 남쪽으로 내려올수록 노을이 멋지다. 해가 넘어가니 아, 저게 무엇인가? 수평선에 불들이 반짝이며 이어지고 있었다. 오징어잡이배인가? 예전에 부산에서 페리호를 타고 시모노세키까지 간 적이 많았다. 현해탄을 건너는 그 배 갑판에 나오면 캄캄한 밤에 오징어배 불빛이 끝없이 이어지고 있었다. 그런데 마라도 남단도 그렇다. 저것이 우리 배일까? 중국 배일까? 평화로워 보이지만 생존의 현장이다.

다음날은 새벽 5시 반에 일어나 일출을 보러 나갔다. 아직 해가 안 떴는데도 이미 날은 밝아 있었다. 살레덕 항구 쪽으로 걷는데 푸른 목초지 어디선가에서 새소리가 들려왔다. 멀리 제주도 쪽 하늘, 즉 북쪽 하늘이 보라색이고 동쪽 하늘은 연분홍빛이다. 동남쪽 언덕으로 계속 올라가니 붉은 오렌지색 하늘이 펼쳐졌다. 서쪽 하늘을 보니 분홍색이다. 마라도는 좁다 보니 한 곳에서 동서남북의 바다를 다 볼 수 있었다. 세상에, 이런 다양한 색깔의 일출 풍경은 처음이었다. 빨간 해가 솟구치자 하늘은 파란색으로, 초지는 푸른색으로, 바다는 희뿌연 색으로 제자리를 찾아 갔다. 내 평생 기억에 남을 빛의 향연을 보았다.

마라도는 생각보다 가까운 곳이다. 김포공항에서 오전 7~8시대 비행기를 타면 9시 이전에 제주에 도착한다. 거기서 모슬포 운진항 가는 버스를 타면 대략 11시 전에 도착한다. 운진항에서 11시 20분 배를 타고 들어가 돌아보고 1시 50분 배를 타고 나와 운진항에서 제주공항까지 버스를 타면 4, 5시에 도착하고 그 무렵 비행기를 타면 김포공항에 6, 7시면 도착한다. 너무 빡빡하면 한두 시간 정도 여유를 주어도 된다. 부지런 떨면 서울에서 대한민국 최남단 마라도까지 당일치기가 가능한 시대다. 이런 세상이 된 것이다. 봄, 가을에 꼭 다시 가볼 것이다. 특히 억새풀 가득한 가을에. 다시 보자. 마라도야.

'세상에서 가장 멋진 일출을 마라도에서 보았다'

"여행 작가는 새와 같은 존재다. 다른 세계와 이 세계를 오가는 전령이다. 여행을 하며 접한 수많은 것들을 이 책에 담았다. 역사 시간 여행 속에서 더 깊고, 더 넓은 세계를 즐기시기 바란다."

예전부터 신라, 가야, 백제, 일본의 고대사에 대해서 흥미를 갖고 공부해왔지만 내가 직접 쓰는 것은 달랐다. 이런저런 남들의 이야기들을 적당하게 짬뽕해서 소개하거나 상상력이란 이름하에 무책임한 글을 쓸 수도 없었다. 학자들의 설을 참고하되 내 중심을 잡고 길을 헤쳐나가기 위해 원전을 수없이 들여다보며 비교 분석했다.

역사여행기는 답사기와 달리 역사와 유물 소개는 물론, 여행의 감흥, 즐거움, 주관적 체험을 잘 녹여야 한다. 여행하는 기분을 느끼며 역사도 여행하는 것, 그것이 내가 생각한 역사여행기였다. 또 독자들의 여행에 도움이 되는 정보도 포함되면 더욱 좋다. 이런 것들을 적절하게 배합하되 분량이 너무 많으면 곤란했다. 이런 조건을 맞추기 위해 수없이 쓰고, 보충하고, 자르고, 다듬는 가운데 '글 멀미'가 날 정도였다. 내가 애쓰는 만큼 독자들이 더 쉽게 읽을 것이란 생각 하나만 붙잡고 노력했다.

또한 주제를 넘나들며 글을 쓰는 가운데 내 여행의 폭이 더 넓고, 깊어지는 체험을 했다. 코로나 이후에 다가오는 환경과 의식은 어떤 것일까? 곧 극복하고 적응할 수도 있고 더 오랫동안 시달릴 수도 있다. 하지만 어떤 상황에서도 삶은 전진해야 한다. 인류는 빙하기에서도 살아났다. 조만간 이 코로나 난국을 극복하리라 믿고 있다. 그러나 '코로나가 끝나면'이 아니라 '코로나 속에서도' 사는 각오를 하며 이 책을 썼다. 여행하며 엄청나게 코로나 조심을 했다. 마스크를 쓰고, 손 소독을 늘 하고, 점심과 저녁은 아주 이르게 먹거나 늦게 먹고 또 혼자서 먹으며 사람들을 피했다. 이 시국에 '여행 떠나자'고 부추기기 위해 책을 쓰지는 않았다. 여행이 절박할 이유는 없다. 여행이 인생의 문제를 해결해주는 것은 아니다. 소비행위로만 끝나도 아쉽다. 중요한 것은 여행이 아니라 일상이다. 일상이 부실하고 헛바람 들어가면 끈 떨어진 연 꼴이 된다. 그러나 떠나는 꿈은 우리의 일상에 활력을 주는 것도 분명하다. 내가 여행을 포기할 수 없는 이유다.

오래된 여행자의
주제 넘는 여행기

초판 1쇄 발행 2022년 5월 10일

지은이 | 이지상

펴낸이 | 박선영
디자인 | 문수민
교정·교열 | 김수영
마케팅 | 이경희
인쇄 | 제이오

펴낸 곳 | 의미와 재미
출판신고 | 2019년 1월 30일 제2019-000034호
주소 | 서울특별시 서초구 방배천로18길 11, 106-1704
전화 | 02-6015-8381 **팩스** | 02-6015-8380
이메일 | book@meannfun.com
홈페이지 | www.meannfun.com

ISBN 979-11-972582-7-5(03910)